Simone Seitz | Caroline Ali-Tani | Nina-Kathrin Joyce-Finnern

Inklusion in Kitas

Simone Seitz | Caroline Ali-Tani |
Nina-Kathrin Joyce-Finnern

Inklusion in Kitas

Grundlagen und Schlüsselthemen

Unter Mitarbeit von Timm Albers

Die Autor_innen

Dr. Simone Seitz ist Professorin für Allgemeine Didaktik und Inklusion in der Fakultät für Bildungswissenschaften und im Kompetenzzentrum für Inklusion im Bildungssystem der Freien Universität Bozen/Italien, vorab war sie Professorin an der Universität Paderborn/Deutschland. Ihr Forschungsschwerpunkt ist Inklusion in Kita und Schule.

Caroline Ali-Tani ist wiss. Mitarbeiterin am Institut für Erziehungswissenschaft der Universität Paderborn; Mitarbeit im Rahmen der wiss. Begleitstudie „Eine Kita für alle – Vielfalt inklusive" sowie in themenähnlichen Projekten.

Dr. Nina-Kathrin Joyce-Finnern ist Fachberaterin bei „KiTa Bremen" für den Bereich Inklusion; vorab wiss. Mitarbeiterin am Institut für Erziehungswissenschaft der Universität Paderborn; Mitarbeit im Rahmen der wiss. Begleitstudie „Eine Kita für alle – Vielfalt inklusive".

Dieses Buch ist erhältlich als:
ISBN 978-3-7799-3828-6 Print
ISBN 978-3-7799-4916-9 E-Book (PDF)

1. Auflage 2022

in der Verlagsgruppe Beltz · Weinheim Basel
Werderstraße 10, 69469 Weinheim

Herstellung und Satz: Ulrike Poppel
Druck und Bindung: Beltz Grafische Betriebe, Bad Langensalza
Printed in Germany

Weitere Informationen zu unseren Autor_innen und Titeln finden Sie unter: www.beltz.de

In Erinnerung an André Dupuis, Prozessbegleiter und jahrzehntelanger unermüdlicher Entwickler, kritischer Beobachter und Begleiter von Inklusion in Kindertageseinrichtungen

Inhalt

Grußwort der BASF SE

Wie können alle Kinder ihr Recht auf Partizipation, Selbstbestimmung und Bildung wahrnehmen? Was zeichnet eine Kindertageseinrichtung aus, die Inklusion lebt? Pädagogische Fachkräfte, die sich mit diesen Fragen auseinandersetzen, schaffen mit ihrer Arbeit in der Kita wichtige Voraussetzungen für eine erfolgreiche Teilhabe aller Kinder an unserer Gesellschaft. Seit 2014 unterstützen wir sie dabei mit dem Projekt „Eine Kita für alle – Vielfalt inklusive" der „Offensive Bildung."

„Teilhabe und Integration zu fördern" ist ein zentrales Ziel des gesellschaftlichen Engagements der BASF SE. Gemeinsam mit unseren Partnern möchten wir an unserem Standort Ludwigshafen ein lebenswertes Umfeld schaffen, das von Offenheit, Neugier und einem aktiven Miteinander geprägt ist. Es gilt, Chancen zu eröffnen und so die Teilhabe aller Menschen an unserer Gesellschaft zu verbessern.

Das Projekt „Eine Kita für alle – Vielfalt inklusive" bietet solche Chancen. Es begleitet Kitas auf ihrem Weg zu mehr Inklusion und leistet so einen Beitrag zu Teilhabe als Grundlage für eine erfolgreiche Bildungsbiografie. Damit ergänzt es das Angebot der „Offensive Bildung", in der sich seit 2005 Unternehmen, Schulen, Wissenschaftler sowie Trägerorganisationen von Kitas und Vertreter der Fachpraxis gemeinsam für eine gute und vielseitige frühe Bildung in der Metropolregion Rhein-Neckar engagieren. Die Deutsche UNESCO Kommission ist Schirmherrin der „Offensive Bildung".

Das Projekt wurde 2014 bis 2016 unter Leitung des Caritasverbands der Diözese Speyer e.V. und der Alice Salomon Hochschule Berlin entwickelt und von der Universität Paderborn wissenschaftlich begleitet. Wir wünschen Ihnen Anregungen durch die in diesem Buch zusammengestellten Ergebnisse und positiven Praxiserfahrungen aus seiner Umsetzung in Kitas.

Mit den besten Grüßen

D. Kalweit ¶

Daniela Kalweit
Corporate Citizenship – Bildung – bei BASF SE

Grußwort des Caritasverbandes für die Diözese Speyer e. V.

In ihren „Leitlinien für die Bildungspolitik“ verweist die Deutsche UNESCO-Kommission darauf, dass frühkindliche Bildung der Weg ist, um nachhaltig das Recht aller Kinder auf Bildung zu sichern und Inklusion, im Sinne der Anerkennung von Vielfalt, gesamtgesellschaftlich umzusetzen.

Kinder sammeln in der Kindertageseinrichtung durch Interaktionen nachhaltige Erfahrungen, in Bezug auf sich selbst und ihre eigene Persönlichkeit und in Bezug auf den Umgang mit anderen. Doch was braucht es, damit jedes Kind sein Recht auf Partizipation, Selbstbestimmung und Bildung wahrnehmen kann? Was zeichnet eine Kindertageseinrichtung aus, die Inklusion lebendig gestaltet? Was bedeutet Inklusion ganz konkret für den Alltag, das Miteinander, das Bild vom Kind und die pädagogische Haltung? Wie gelingt es, inklusives Denken und Handeln als Normalität zu implementieren und was genau braucht es dafür?

Diese Fragen wurden im Projekt „Eine Kita für alle – Vielfalt inklusive“ mit allen Beteiligten fokussiert. Ziel des Projektes war es, Kindertageseinrichtungen für Inklusion zu sensibilisieren und zu vermitteln, dass es bei Inklusion um die Individualität und die Vielfalt aller Menschen geht. Der „Index für Inklusion in Kindertageseinrichtungen – gemeinsam leben, spielen und lernen“ (GEW 2015) steht dabei als Instrument der Selbstevaluation und der Organisationsentwicklung im Mittelpunkt. Mit ihm werden inklusive und individuelle Handlungsbedarfe erkannt und Lösungen für den Alltag entwickelt.

Dank der Unterstützung der BASF „Offensive Bildung“ konnte das Modellprojekt im Zeitraum von 2014 bis 2016 in Trägerschaft des Caritasverbandes für die Diözese Speyer e. V. realisiert werden. Geschätzte Kooperationspartner waren die Alice Salomon Hochschule in Berlin mit Blick auf die fachwissenschaftliche Begleitung und die Universität Paderborn mit Blick auf die wissenschaftliche Begleitforschung.

Sie halten hier die Erfahrungswerte und die Erkenntnisgewinne des Modellprojektes in den Händen.

Viel Freude beim Aufspüren der inklusiven Momente wünschen

Vinzenz du Bellier
Caritasdirektor
Caritasverband für die Diözese Speyer e.V.

Daniela Gerards
Referentin für Kindertageseinrichtungen l Projektleitung.

1 Zur Einführung in den Band

Jedes Kind, das uns in der Kindertageseinrichtung (Kita) begegnet, ist zuallererst Kind. Wir können davon ausgehen, dass alle Kinder die gleichen grundlegenden Bedürfnisse haben, z. B. nach Nahrung, Geborgenheit und Entwicklungsanregungen. Auch haben sie die gleichen grundlegenden Rechte. Sie lassen sich aber zugleich – je nach Blickwinkel – in vielerlei Hinsicht als verschieden beschreiben. Sie sprechen zum Beispiel eine oder mehrere unterschiedliche Sprachen, leben in verschiedenen Familienkonstellationen und ihre Familien verfügen über unterschiedlich viele finanzielle Mittel. Kinder sind natürlich auch ganz verschieden in ihrer Entwicklung und ihren Lernfortschritten. Kein Kind entwickelt sich genauso wie ein anderes. Aber alle Kinder brauchen Anregung und Unterstützung von Erwachsenen und vor allem von anderen Kindern, um sich zu starken Persönlichkeiten entwickeln und ihre Potenziale entfalten zu können.

Inklusive Kindertageseinrichtungen (Kitas) heißen alle Kinder willkommen. Sie fragen nicht, ob ein Kind oder eine Familie bestimmte Voraussetzungen erfüllt, um dort aufgenommen zu werden, sondern, wie die Arbeit in der Kita aussehen muss, damit sich jedes Kind dort wertgeschätzt und sozial eingebunden fühlt und sich gut entwickeln kann.

Kitas sind folglich gefordert, allen Kindern, unabhängig von ihren Ausgangsbedingungen die bestmöglichen Bildungs- und Entwicklungsmöglichkeiten anzubieten und ihnen die Möglichkeiten zu geben, sich dazugehörig zu fühlen. In der Umsetzung dieses zweifellos hohen Qualitätsanspruchs kann das Feld der Frühen Bildung insgesamt auf umfassende, bereits vorliegende Erfahrungen im Umgang mit Verschiedenheit zurückblicken. Denn Kitas sind im deutschen Bildungssystem ihrem Auftrag gemäß und im Unterschied zu vielen Schulen keine Orte der „Sortierung" von Kindern nach gezeigten Lernerfolgen in verschiedene Gruppen, sondern Orte des selbstverständlichen Umgangs mit sozialer und entwicklungsbezogener Vielfalt. Verschiedenheit ist in Kitas Programm, Kinder können hier daher besonders gut die Grundlagen demokratischen Miteinanders von Kindern unterschiedlicher Lebenslagen erlernen. Auch das „Ordnen" der Kinder nach ihrem chronologischen Alter in Kitas ist in der Praxis fast vollständig überwunden und immer mehr Einrichtungen haben mittlerweile langjährige Erfahrungen in der Bildung, Erziehung und Betreuung auch sehr junger Kinder. Zudem kann konzeptionell auf eine mehr als vier Jahrzehnte währende integrative Kitapraxis mit entsprechender Konzeptentwicklung zurückgegriffen werden (vgl. Kron 2006; Seitz & Finnern 2012). In den letzten Jahren wird allerdings vermehrt kritisch auf das Problem „neuer" sozialer Homogenität in Kitas hingewiesen, das durch stärkere sozialräumliche Segregation, segregierende Praktiken der

Vergabe von Betreuungsplätzen (etwa nach Konfession), Kostenunterschiede und das selektive Anwahlverhalten von Familien entsteht (vgl. Groos, Trappmann & Jehles 2018, S. 30 ff.).

Im Ganzen betrachtet stellt jedoch die Anforderung, inklusive Kitas in der Breite zu entwickeln, wie dies seit der Unterzeichnung der UN-Behindertenrechtskonvention (United Nations 2006) in Deutschland im Jahr 2009 verpflichtend ist, keine grundlegend neue Aufgabe dar. Es liegen vielfältige und umfassende Erfahrungen mit inklusiver Praxis, in Verbindung mit verschiedenen pädagogischen Konzeptionen vor. Diese gilt es, noch stärker in der Breite zu etablieren, zugänglich zu machen und konzeptionell in eine insgesamt an Verschiedenheit ausgerichtete Erziehung, Bildung und Betreuung in Kitas einzubetten und ungleichheitskritisch zu reflektieren.

Diese notwendige Weiterentwicklung ist aber in den einzelnen Kitas vor Ort kein „Selbstläufer“, sondern in jeder Einrichtung ein Prozess der Qualitätsentwicklung und Qualitätssicherung. Dies aufnehmend wurden im Projekt „Eine Kita für alle – Vielfalt inklusive“ zehn Kindertageseinrichtungen in Rheinland-Pfalz im Zeitraum von 2014 bis 2016 bei der Entwicklung von Inklusion als Leitbild und Qualitätsmerkmal in den Strukturen, Praktiken und Kulturen der Einrichtungen beraten, begleitet und unterstützt. Dabei wurden die Kita-Teams nach einem eigens entwickelten Konzept (vgl. Dennig, Dupuis, Heck, Hösel & Schmude 2017; Schmude & Pioch 2015) qualifiziert und anschließend in ihrem eigenständigen Prozess der Qualitätsentwicklung mit dem Index für Inklusion (GEW 2015) prozessbezogen fachlich begleitet und auch die Träger aktiv mit eingebunden.

Die eng mit den Projektmaßnahmen verknüpfte wissenschaftliche Begleitung zielte darauf, empirisch verankerte und übertragbare Erkenntnisse zur Entwicklung und Gestaltung inklusiver Strukturen, Kulturen und Praktiken in Kitas zu erlangen und zur Verfügung zu stellen. In diesem Buch greifen wir hierauf zurück und stellen die gewonnenen Erkenntnisse in einen aktualisierten konzeptionellen Gesamtrahmen zur Fundierung und Realisierung inklusiver Kitapraxis, den wir auch methodisch zugänglich machen. Wir wollen damit vor allem dazu anregen, Inklusion in Kitas als integralen Baustein zukunftsfähiger und demokratischer Erziehung zu konzeptualisieren.

Gendergerechte Schreibweise wird in diesem Buch durch einen Doppelpunkt gewährleistet, da diese Schreibweise den Einsatz von Screenreadern und damit ein höheres Maß an Barrierefreiheit ermöglicht.

Teil A

2 Im Überblick: Kindertageseinrichtungen

Jedes Kind ab dem vollendeten ersten Lebensjahr verfügt in Deutschland über einen Rechtsanspruch auf Bildung, Erziehung und Betreuung in einer Kita oder der Tagesbetreuung. Fast alle Kinder zwischen drei und sechs Jahren besuchen in Deutschland eine Kita, im Jahr 2018 waren es 94 % (vgl. Autorengruppe Bildungsbericht 2020, S. 63 f.). Dabei wächst die Zahl an Betreuungsplätzen bedarfsbedingt stetig, insbesondere bei den Kindern bis zu drei Jahren, von denen derzeit 39 % eine Kita besuchen oder einen Tagespflegeplatz in Anspruch nehmen (vgl. ebd.).

Es gibt aber wichtige Unterschiede, denn Kinder steigen ungeachtet dieser hohen Gesamtzahlen weiterhin zu unterschiedlichen Zeitpunkten in die Tagesbetreuung ein – manche mit vier Monaten und andere mit 36 Monaten – und sie verbringen dort unterschiedlich viele Stunden pro Tag. Interessant ist also auch mit Blick auf die weiterhin knappe Zahl an Betreuungsplätzen die Frage, warum welche Kinder und Familien in welcher konkreten Form an der staatlicherseits zur Verfügung gestellten Bildung, Erziehung und Betreuung partizipieren (vgl. Fuchs & Peuker 2006; Fuchs-Rechlin 2014). Denn unumstritten ist, dass insbesondere Kinder mit sozioökonomisch schwacher Ausgangslage von qualitativ guter früher Bildung profitieren (vgl. zusammenfassend Groos, Trappmann & Jehles 2018; Seitz & Korff 2008). Es ist also relevant, welche Kinder in welchem Alter und zu welchen Bedingungen einen der knappen Betreuungsplätze im Ganztag erhalten und welche konkrete Einrichtung ihnen offensteht oder eben möglicherweise auch nicht. Diese Frage prägt die Entwicklung von Kitas als Institution seit langem entscheidend, denn alle Kinder verfügen gleichermaßen über das Recht auf Bildung (United Nations 1989). Die Frage nach der Zugänglichkeit früher Erziehung, Bildung und Betreuung liegt daher diesem einführenden Kapitel zugrunde.

Wir fassen hierfür im Folgenden Grundlagenwissen zu Kitas zusammen, stellen grob den historischen Hintergrund dar und begründen von hier aus unsere Forschungskonzeption und unsere praxisbezogenen Schlussfolgerungen und konzeptionellen Vorschläge.

2.1 Kitas als Bildungsorte für alle Kinder

Will eine Kita zukunftsbezogene Entwicklungsschritte planen oder soll diese dabei beraten und begleitet werden, lohnt es sich nicht nur, etwas über die Entstehung und Entwicklung dieser einzelnen Kita zu wissen, sondern dies auch in einen gedanklichen Rahmen setzen zu können zur Kita als Institution, ihren Aufgaben und ihrer Geschichte. Wir widmen uns daher kurz der Entwicklung institutionalisierter Bildung, Erziehung und Betreuung in Kitas unter der Perspektive von Partizipation und Bildungsteilhabe.

Unter **Bildung** verstehen wir dabei zunächst die Auseinandersetzung des Subjektes mit der Welt. Dies ist allerdings kein einseitiger Prozess, bei dem eine Person die Welt anschaut und das darin „enthaltene" Wissen in sich „aufnimmt", wie in einen Behälter. Vielmehr erkunden Kinder als Subjekte die Welt aus ihrer Subjektivität heraus und entwickeln sich so an den Dingen und Herausforderungen entlang weiter. Ein Kind, das sich etwa mit der Frage auseinandersetzt, warum die Dinge nach unten fallen, die Wolken aber nicht, verändert sich durch die Befassung mit der Frage: es wird ein fragendes Subjekt und ist dabei auf einen förderlichen Umgang mit dieser fragenden Haltung innerhalb der Umgebung angewiesen.

Ein wichtiger Vordenker früher Bildung war Friedrich Fröbel (1782-1852), der bereits 1840 den ersten Kindergarten gründete. Fröbels Arbeit ist bis heute bedeutsam sowohl in Bezug auf die sozialpolitische Rolle von Kitas als auch auf ihren eigenständigen Bildungsauftrag (Grell 2010, S. 159). Er entwarf ein Konzept des Kindergartens als Ort der Bildung und ging damit weit über die seinerzeit bereits vorhandene Idee einer Spiel- und Bewahranstalt für junge Kinder, deren Mütter sich ihnen nicht widmen konnten, hinaus. Der Kindergarten sollte vielmehr unabhängig von der sozialen Lage eine obligatorische und für alle Kinder zugängliche institutionelle Betreuung bieten (vgl. Franke-Meyer & Reyer 2010). Fröbel stellte die Selbsttätigkeit des Kindes in den Mittelpunkt und entwickelte hierüber das Konzept der anregungsreichen „Spiel-Gaben" (Grell 2010, S. 160). Dieses Bildungsverständnis führte er nicht nur mit ersten Überlegungen zur Professionalität von Erzieher:innen, sondern auch mit dem Anliegen zusammen, hierüber soziale Ungleichheiten zu minimieren (vgl. ebd.). Fröbels fortschrittliche Ideen standen im Kontrast zu der zu seiner Zeit dominierenden Idee der Durchsetzung vorherrschender sozialer Ordnungsverhältnisse in Institutionen. Denn vereinfacht gesagt lag es nicht im Interesse der privilegierten Schichten und des Staates, Kindern aus weniger privilegierten Schichten zum gesellschaftlichen Aufstieg zu verhelfen. Entsprechend löste dies im 19. Jahrhundert breite Kontroversen aus. In der Folgezeit entwickelten sich aus den Diskussionen um die vorschulische Kleinkinderziehung zwei Stränge des frühpädagogischen Auftrags, die auch die Aufgaben gegenwärtiger Einrichtungen mitbestimmen, nämlich der sozialpädagogische und der bildungsbezogene (vgl. Franke-Meyer & Reyer 2010).

Bildungsbezogen war im weiteren Verlauf vor allem Maria Montessori (1870-1952) eine wichtige Wegbereiterin weiterer frühpädagogischer Bildungskonzeptionen. In ihrem Konzept der „vorbereiteten Umgebung" (Montessori 1969, S. 47 f.) arbeitete sie die Bedeutsamkeit bildungsförderlicher Ausgestaltung der

Angebote heraus, die Kindern individualisierend gedacht gezielte Anregungen zur Selbstbildung geben und machte dies für die institutionalisierte frühe Bildung fruchtbar.

Dessen ungeachtet wurde Kindererziehung in Deutschland gesellschaftspolitisch lange Zeit vor allem als Aufgabe der Familie angesehen. Dem gutbürgerlich-christlichen Ideal gemäß sollte die verheiratete, nicht erwerbstätige Mutter die Verantwortung für das Haus und die Kinder sowie deren Erziehung übernehmen, der Ehemann die Rolle des „Ernährers". Entsprechend richtete sich die öffentliche Kleinkinderziehung zunächst ausschließlich an Familien, in denen diese sozialen Ordnungen so nicht realisiert schienen.

Die wachsende Frauenerwerbstätigkeit im fortschreitenden 19. Jahrhundert wirkte zwar als Motor für die öffentliche Betreuung von jungen Kindern. Politisch wurde dem Kindergarten damit jedoch zugleich ein eigenständiger Bildungsauftrag abgesprochen (vgl. Franke-Meyer & Reyer 2010), vielmehr sollten Familien in Armut entlastet werden. Demokratische Kräfte unterstützten demgegenüber das Ziel Fröbels, ein einheitliches Bildungssystem vom Kindergarten aus bis hin zur Hochschule zu gründen (vgl. Baader 2009). Diese Forderungen scheiterten jedoch politisch. In Preußen galt sogar von 1851 bis 1860 ein Kindergartenverbot und es setzten sich konservative Kräfte durch, die Bildung als Privileg der höheren Stände betrachteten und das Vorenthalten von Bildung in der Breite als Mittel ansahen, um die Regierbarkeit zu erleichtern.

In der Zeit des Nationalsozialismus rückten diese politischen Motive späterhin nochmals stärker in den Vordergrund und die öffentliche Kleinkinderziehung wurde dem nationalsozialistischen Familienbild entsprechend als nachrangig betrachtet. Die Arbeit in den Kindergärten selbst wurde gemäß der NS-Erziehungsideologie inhaltlich „gleichgeschaltet". Unterordnung und die Anerkennung von Autoritäten standen hier im Vordergrund (vgl. Aden-Grossmann 2002). Hierzu gehörte auch ein ideologisches Verständnis von Geschlechterrollen. Während sich die Erziehung von Jungen an körperlicher Leistungsfähigkeit, seelischer Abhärtung und Kampf- und Wettspielen orientierte, sollten Mädchen durch häusliche und pflegerische Tätigkeiten auf ihre Rolle einer „deutschen Mutter" vorbereitet werden (vgl. ebd.), was weit in die Nachkriegszeit hinein fortwirkte. Zur Kindergartenpädagogik des Nationalsozialismus gehörte auch eine antisemitische, rassistische, militaristische Orientierung sowie ein an Disziplin ausgerichteter Körper- und Gesundheitskult, wodurch z. B. Kinder mit Behinderungen starker Missachtung und Abwertung bis hin zur Tötung (Euthanasie) ausgesetzt waren (vgl. Chamberlain 1997, S. 115).

In der Nachkriegszeit schloss sich in der jungen Bundesrepublik Deutschland eine konservative Phase (Restaurationsphase) an, in der Familienbilder und Geschlechterrollen entlang dem tradierten bürgerlichen Ideal dominierten. Öffentliche Betreuungseinrichtungen wurden daher in den 1950er Jahren vorrangig als familienergänzende Maßnahme gesehen, aber auch mit kompensatorischen

Funktionen versehen, um Umweltfaktoren wie der Technisierung, Verstädterung und sinkenden Geschwisterzahlen entgegenzuwirken. Dies führte schließlich dazu, dass dem Kindergarten ein pädagogischer Auftrag zugebilligt wurde. Mit der Sorge um die Zukunft des Bildungswesens in den späten 1960er Jahren wurde die Früherziehung kurzzeitig zu einem zentralen Thema bildungspolitischer Debatten und es rückten die „Bildungsreserven" in den Fokus. Dennoch wurde in der Forschung dieser Zeit weiterhin dem gesellschaftlich vorherrschenden Familienbild entsprechend auch nach der möglichen „schädlichen" Wirkung von „Fremdbetreuung" gefragt.

Im Zusammenhang mit den 1968-er Bewegungen setzte dann die Kinderladenbewegung kritische Impulse in Richtung einer Erziehung zur Mündigkeit (vgl. Baader 2009). Im Zuge der Bildungsreformen und im Kontext der Empfehlungen des Deutschen Bildungsrats (1970; 1973) wurde mit der Frühförderung und der Forderung nach integrativer Erziehung dem Kindergarten eine neue Bedeutung zugemessen. Dabei wurden Bildungsaufgaben stärker thematisiert, es dominierten allerdings an Defiziten ausgerichtete kompensatorische Konzepte, die Bildungsbenachteiligungen auszugleichen suchten (kritisch Hasselhorn 2010). Vor diesem Hintergrund fanden vor allem strukturierte Förderprogramme verstärkt Einzug in die Praxis der Kitas. Parallel entstand aus der Kritik an der damit verbundenen zunehmenden Verschulung der Kitas eine Gegenbewegung, in welcher die konzeptionelle Entwicklung des Situationsansatzes ihren Ausgangspunkt nahm. Mit dem „Curriculum Soziales Lernen" wurde der Situationsansatz zwischen 1972 und 1976 vom Deutschen Jugendinstitut unter der Leitung von Jürgen Zimmer gemeinsam mit Erzieherinnen in Rheinland-Pfalz und Hessen fundiert. Ziel war es, von der Lebenswelt der Kinder ausgehend Lernprozesse in soziale Handlungsbezüge zu setzen. In den folgenden Jahren wurde das Curriculum in zahlreichen Kitas erprobt und erhielt bundesweit öffentliche Anerkennung. Der Situationsansatz wurde Mitte der 1990er Jahre im Rahmen der „Nationalen Qualitätsinitiative im System der Tageseinrichtungen" gemeinsam mit Kita-Fachkräften unter Federführung von Christa Preissing am Institut für den Situationsansatz der Internationalen Akademie der FU Berlin weiterentwickelt. Mit seinen Grundsätzen der Unterstützung von Selbstbestimmung und Partizipation sowie der Orientierung an der Verschiedenheit sowie Gleichberechtigung der Kinder zeigt der Situationsansatz weiterhin hohe Aktualität und Anschlussfähigkeit an inklusionspädagogische Leitideen. Die Grundsätze des Situationsansatzes haben die Elementarpädagogik wesentlich beeinflusst und tauchen als Qualitätskriterien in einer Vielzahl von Kitakonzeptionen und pädagogischen Programmen auf. Sie finden sich heute explizit in den Bildungsplänen mehrerer Bundesländer und prägen auch den Praxisdiskurs in Rheinland-Pfalz entscheidend (Kobelt-Neuhaus, Macha & Pesch 2018).

Nahezu zeitgleich zu dem Startpunkt dieser konzeptionellen Entwicklung wurde sich in den bereits erwähnten Empfehlungen des Deutschen Bildungsrates

(1973) explizit für das – damals so genannte – gemeinsame Spielen und Lernen von „behinderten“ und „nichtbehinderten“ Kindern in Kitas und Schulen ausgesprochen. Im Anschluss hieran wurden entsprechende Modellversuche realisiert, die sich schnell in der Breite etablierten (Feuser 1982; Kreie, Kron & Reiser, 1986a; 1986b; Kron 2006) und die elementarpädagogische Praxis und Konzeptentwicklung insgesamt wesentlich beeinflussten. Integrative Erziehung in Kindertageseinrichtungen entwickelte sich in den Folgejahren im Elementarbereich insgesamt quantitativ weit erfolgreicher als in der Schule. Im Zuge des Anwachsens integrativer Praxis und der gleichzeitig zunehmenden Diversifizierung elementarpädagogischer Konzepte insgesamt (u. a. Waldpädagogik, Bewegungskindergärten etc.) haben sich neben dem Situationsansatz vor allem offene Bildungskonzepte breit etabliert. Geäußerte Kritik hieran macht sich dabei an einer Beliebigkeit der Umsetzung fest sowie an dem Punkt, voraussetzungsvoll zu sein und insofern innerlich weniger gut strukturierte Kinder zu benachteiligen (Grell 2010). Bei qualitativ hochwertiger Umsetzung und vor allem Eingewöhnung hat sich das Konzept in anderen Studien jedoch gerade als besonders geeignet für einen konstruktiven Umgang mit Diversität und für inklusive Praxis in Kitas erwiesen, auch in Bezug auf jüngere Kinder (Seitz & Korff 2008; Seitz & Hamacher 2020).

Die mit der Konzeptbildung verbundene Professionalität der pädagogischen und bildungsbezogenen Arbeit in Kitas erhielt dabei in der Bundesrepublik lange Zeit wenig Anerkennung und die Arbeit in Kitas wird in Deutschland bis heute unverhältnismäßig schlecht entlohnt, wenngleich es in den letzten Jahren zu einer deutlichen Ausdifferenzierung der Qualifizierungswege und zu einer teilweisen Akademisierung des Berufs kam (vgl. König, Leu & Viernickel 2015; Wadepohl 2015).

In der DDR wurde demgegenüber Erziehung als staatliche Aufgabe gesehen und zügig ein flächendeckendes Netz an Krippen und Kindergärten mit Ganztagesbetreuungsplätzen aufgebaut. Bereits 1975 war hier eine Betreuungsquote von 90,6 % erreicht, im Jahr 1989 lag diese bei 97,4 % (vgl. Reyer 2013, S. 295) und damit höher als die aktuelle gesamtdeutsche Quote (s. u.). Das favorisierte Familienmodell war hier das der gleichberechtigten Vollzeitarbeit beider Elternteile. Zugleich wurde über engmaschige staatliche Steuerung in den staatlichen Einrichtungen eine Erziehung zur „sozialistischen Persönlichkeit“ realisiert. Kindliche Entwicklungsverläufe wurden über die regelhafte diagnostische Überprüfung kontrolliert, womit staatlicherseits tief in die Familien eingegriffen wurde (vgl. Berger o.J.; Israel 2015). In diesem Zuge kam es zu einer Professionalisierung der frühkindlichen Bildung, die weit über die in Westdeutschland hinaus ging (Reyer 2013, S. 295) und sich etwa in dem eigenständigen Qualifizierungsweg zur Krippenerzieherin ausdrückte.

Erst ab den 1990er Jahren stieg in den westdeutschen Bundesländern die Zahl der Betreuungsplätze deutlich an, einhergehend mit dem Rechtsanspruch auf einen Kindergartenplatz für Kinder ab dem dritten Lebensjahr bis zum Schuleintritt (1996). Im Nachgang zu den enttäuschenden Ergebnissen internationaler Leistungsvergleichsstudien (PISA-Studien, IGLU-Studien und „Starting Strong") und den hierüber gewonnenen Erkenntnissen zur Korrelation von Kitabesuch bzw. dessen Dauer und späterem Bildungserfolg von Kindern in der Schule wurde der frühen Bildung politisch eine höhere Bedeutung zugemessen. Damit verbundene Forschungsaktivitäten und Entwicklungen mündeten in verschiedene Instrumente zur Qualitätsentwicklung und politische Vereinbarungen (vgl. Tietze 2008; BMFSJ 2017). Diese politische (Wieder-)Entdeckung des Kindergartens als Bildungsort (vgl. Hemmerling 2007) zeigte zugleich den strukturellen Nachholbedarf etwa bei der Schaffung von Ganztagsbetreuungsplätzen im Kitabereich, aber auch bei der Bildung, Erziehung und Betreuung junger Kinder. In Bezug auf Kinder bis zu drei Jahren dauerte es bis in die 2000er-Jahre hinein, bis sich in Deutschland insgesamt der fachliche Konsens durchsetzte, dass eine qualitativ hochwertige Betreuung in Kitas einen wichtigen Baustein in der Bildungsbiografie darstellt (Siraj-Blatchford et al. 2002). Unterschiedliche normative Auffassungen über die Familie und insbesondere die damit verbundenen Geschlechterverhältnisse wirken dabei bis heute in die Debatten um die Gestaltung frühkindlicher Bildung, Erziehung und Betreuung in Kindertageseinrichtungen hinein.

Diskussionen um die Professionalität und Professionalisierung für die Bildung, Betreuung und Erziehung von jungen Kindern wurden lange Zeit von berufspolitischen Bemühungen mitgeprägt. Zwar hatte Fröbel bereits im 19. Jahrhundert eine spezifische Ausbildung für Fachkräfte konzipiert, dies wurde jedoch politisch motiviert lange Zeit auf der vorprofessionellen Ebene gehalten und als familiennahe Tätigkeit definiert. Erst im Zusammenhang mit der Anerkennung von Kitas als Bildungsorten entwickelte sich auch in Deutschland eine neue breite Debatte um die Professionalität pädagogischen Handelns in Kitas (Fried 2008; Dippelhofer-Stiehm 2012; Wadepohl 2015).

Im Kontext der Diskussion um die Akademisierung der Ausbildung wurden mehrere Forschungs- und Entwicklungsprogramme ins Leben gerufen (u. a. „Profis in Kitas" der Bosch-Stiftung; Wiff-Programm des DJI). Als zentral bedeutsam für professionelles Handeln im Feld der frühen Bildung schälte sich dabei die Fähigkeit heraus, in der Handlungspraxis fallbezogen und situationsangemessen reagieren zu können (Nentwig-Gesemann, Fröhlich-Gildhoff, Harms & Richter, 2011). Eine kritische, rückblickende Selbstreflexion ist demnach Voraussetzung dafür, in Situationen für die es keinen erprobten Lösungsweg gibt, handlungsfähig zu bleiben (Friederich, 2017, S. 93). Es geht somit im täglichen pädagogischen Handeln in Kindertageseinrichtungen um Flexibilität im Umgang mit den erworbenen Handlungsroutinen (Hamacher & Seitz 2020). Das hierauf beruhende Kompetenzmodell (Fröhlich-Gildhoff, Nentwig-Gesemann & Pietsch, 2011, S. 17 ff; Nentwig-Gesemann, Fröhlich-Gildhoff, Harms & Richter,

2011, S. 11 ff.) zielt daher auf eigenverantwortliches und fachlich begründetes Handeln in komplexen, mehrdeutigen und nicht vorhersehbaren Situationen. Ausgehend von der konkreten Handlungssituation (Performanz) wird dabei in den Blick genommen, was das Handeln hintergründig leitet (Disposition). Diese zum Teil auch unbewussten Prozesse sind dabei nicht einfach auf individuell zu verantwortende „Haltungen" zu reduzieren, sondern stehen in einem engen Zusammenhang mit den Kulturen und Strukturen der Kita als Ganze – insbesondere mit den hier wirksamen Aufträgen (Hamacher 2020).

Fragen wir also nach inklusionsbezogenen Qualitätsanforderungen, lässt sich dies nicht allein anhand des (professionellen) Handelns der einzelnen Fachkräfte bearbeiten, dies würde zu kurz greifen (Kuhn, 2013; Hamacher & Seitz 2020). Angezeigt ist vielmehr eine bewegliche, wechselnde Perspektive auch auf strukturelle Bedingungen und die hiermit verknüpften Einrichtungskulturen. Denn bildungs- und sozialpolitische Dynamiken, die den Umgang mit Benachteiligung und Differenz betreffen, leiten sich auf die Strukturen und den fachlichen Austausch in Kitas durch und das Handeln und die Orientierungen der Fachkräfte sind daher nicht unabhängig hiervon (Schmude & Pioch 2014).

Ungeachtet des breit geführten Diskurses zum Bildungsanspruch in der Kindertagesbetreuung in Politik und Fachwelt, der sich u. a. in den Bildungsplänen der einzelnen Bundesländer ausdrückt, bleibt die Freiwilligkeit des Kita-Besuchs ein zentraler Unterschied zur schulischen Bildung. Zudem ist der Kita-Besuch meistens gebührenpflichtig. Es ist somit in Deutschland auch heute noch eine weitgehend individuelle Entscheidung, ob und wann Eltern bzw. Sorgeberechtigte ihr Kind in der Kita anmelden.

Zusammenfassend gesagt zeigt sich damit, dass die Frage der Zugänglichkeit öffentlicher frühkindlicher Bildung, Erziehung und Betreuung nicht allein von bildungsbezogenen, sondern auch von familienpolitischen und gerechtigkeitsbezogenen Vorstellungen und Überzeugungen abhängt und nicht unabhängig von den entsprechenden politisch dominierenden Steuerungsstrategien zu verstehen ist.

2.2 Inklusion in Kindertageseinrichtungen

Der Umgang mit Verschiedenheit ist keine neue Aufgabe für Kitas, wird jedoch mit der Anforderung, inklusive Bildung, Erziehung und Betreuung zu realisieren in ein neues Licht gerückt. Dabei entsteht in den öffentlichen Debatten schnell der Eindruck, Inklusion sei eine gänzlich neue gesellschaftliche Idee und Herausforderung, die erst mit der Unterzeichnung der UN-Behindertenrechtskonvention (United Nations 2006) Eingang in die pädagogische Praxis gefunden habe. Demgegenüber ist jedoch festzuhalten, dass die Thematik im Kontext des Erziehungs- und Bildungssystems insgesamt eine lange Geschichte aufzuweisen hat, die eng mit der Frage nach Bildungsteilhabe bzw. nach Bildungsgerechtigkeit verknüpft ist (vgl. Seitz 2009).

Der Begriff Inklusion entstammt der Soziologie und bezeichnet zunächst ganz allgemein die Möglichkeit der Teilnahme von Individuen in einer bestimmten sozialen Rolle (z. B. als Patient:in) an den Leistungen und der Kommunikation sozialer Systeme (also z. B. an ärztlicher Versorgung). Hieran geknüpft ist dann die Frage, wer bei der Verteilung der Leistungen wie berücksichtigt wird und wer nicht (Exklusion), was für den hier verfolgten Fokus bedeuten kann: Wer erhält unter welchen Bedingungen und in welcher Form Zugang zu Bildung und wer wird hiervon ausgeschlossen? In früheren Gesellschaftsformen war diese Frage leicht zu beantworten, denn dies galt für eine Person als Ganze und hing ganz einfach von Geschlecht und Stand (Bauern, Adlige etc.) ab, dem diese zugerechnet wurde - damit standen die Zugangsmöglichkeiten zu Bildung bereits bei der Geburt mehr oder weniger fest.

In heutigen, funktional differenzierten Gesellschaften erfolgt der Zugang zum Erziehungs- und Bildungssystem jedoch nicht als ganze Person, sondern jeweils über soziale Rollen, z. B. in der Rolle als „Schulkind". Konkret wird in Deutschland jedes Kind, das ein festgelegtes Alter erreicht, regelhaft als „Schulkind" adressiert und die Familie erhält eine entsprechende Benachrichtigung – eine unrühmliche Ausnahme bildet hier lediglich vereinzelt der Umgang mit Kindern mit unklarem Aufenthaltsstatus (vgl. Panagiotopoulou & Rosen 2017). Somit ist Inklusion auf dieser grundlegenden Ebene der Institution Schule weitestgehend abgesichert. Damit ist allerdings noch keine Aussage über die Organisation, d. h. die konkrete Schulform getroffen, in der einem Kind Bildung und Erziehung zur Verfügung steht. Es ist in Deutschland nämlich weiterhin möglich, Kinder bereits vor Schulbeginn von der Grundschule auszuschließen und sie einer Förderschule mit reduziertem Curriculum und geringeren Chancen auf einen Schulabschluss zuzuweisen, was derzeit etwa 4 % der Kinder eines Jahrgangs betrifft (Kultusministerkonferenz 2020, S. XVII). Der Zugang zu Bildung erfolgt damit in diesen Fällen nur begrenzt: Einschluss in das Bildungssystem Schule (Institution) wird gewährt und zugleich Ausschluss aus der allgemeinen Schule (Organisation) durchgesetzt. Dies lässt sich auch als „inkludierende Exklusion" beschreiben – praktizierter Ausschluss durch (nur) teilweisen Einschluss (Stichweh 2009; 2013). Das gleiche trifft zu, wenn Familien dahingehend beraten werden, ihr Kind in einer - oft weit entfernten - Heilpädagogischen Kindertageseinrichtungen anzumelden, weil dort die bessere personelle Ausstattung gegeben sei, die Gruppen kleiner seien u.ä., als in der wohnortnahen – hier wird die Verantwortlichkeit für die Entscheidung über praktizierten Ausschluss, der u. a. mit dem Verzicht auf soziale Einbindung einhergeht, in die Verantwortlichkeit der Familie übertragen, zugleich jedoch über unterschiedliche strukturelle Bedingungen eingeschränkt.

Politisch gestritten wird daher, dies wird hier bereits deutlich, vor allem um diese Fragen konkreten Ausschlusses auf der Ebene von Organisationen, die bereits in der frühen Bildung beginnen und in die spätere Bildungsbiografie hineinwirken (Seitz & Finnern 2015). Dies liegt vor allem daran, dass in einem gegliederten Bildungssystem mit Gymnasien, Realschulen, Verbundschulen, Förderschulen etc. (dies variiert stark nach Bundesländern) der mögliche Bildungserfolg eines Kindes und die späteren Berufschancen von Erwachsenen immer vorwegnehmend gesteuert werden, d. h. die Begründungen erfolgen jeweils auf der Basis zukunftsbezogener Einschätzungen und in Deutschland ungewöhnlich früh. Im Falle des Ausschlusses von der Grundschule auf der Basis des Besuchs einer Heilpädagogischen Kindertageseinrichtung werden so bereits im Alter von zumeist sechs Jahren spätere berufliche Platzierungschancen entscheidend beschnitten.

Bildung steht also in einem gegliederten Bildungssystem keinesfalls allen gleichberechtigt zur Verfügung. Vielmehr sorgen ungleich vorstrukturierte Bildungswege wirksam für Bildungsungleichheit, vor allem weil sich bei den kindbezogenen Prognosen an Übergängen vielfach normalitätsgeleitete Vorstellungen durchsetzen (kritisch Kelle, Schmidt & Schweda 2017; Hamacher & Seitz 2020). Dies betrifft zum Beispiel die Vorstellung von Einsprachigkeit als Norm, die sich bis heute in den diagnostischen Praktiken bis hinein in die verwendeten Testinstrumente finden lässt und mehrsprachige Kinder benachteiligt (vgl. Allmendinger 2012; Gomolla & Radtke 2007). Aus der Kritik an der ungleichheitsverstärkenden Wirksamkeit von Ausschlussprozessen im deutschen Bildungssystem entwickelte sich in den 1970er Jahren die Integrationsbewegung (bzw. Inklusionsbewegung).

Die spezifische Geschichte der integrativen bzw. inklusiven Erziehung und Bildung begann in Kindertageseinrichtungen und umfasst mittlerweile fast fünf Jahrzehnte (vgl. Eberwein & Knauer 2009; Kreuzer 2008; Kron 2006; Seitz 2009). Die Idee, alle Kinder gemeinsam in Kitas zu betreuen, wurde im Zuge der Bildungsexpansion und des wachsenden politischen Bewusstseins in der Bundesrepublik in den 1970er Jahren wesentlich von Eltern angestoßen und von Fachkräften und Wissenschaftler:innen mitgetragen und weiterentwickelt. Direkt im Anschluss an die ersten Modellversuche in Kitas (vgl. im Überblick Kaplan 1993) schlossen sich integrative Modellversuche in Grundschulen und weiterführenden Schulen an, die auf Konzepte und Erfahrungen der Kindertageseinrichtungen zurückgriffen.

Zur Ausgangslage gehörte damals ein in (West-)Deutschland in beispielloser Weise ausdifferenziertes System von Sonderinstitutionen: Neben Sonderkindergärten, die zum Teil auf bestimmte Beeinträchtigungsformen spezialisiert waren (z. B. für blinde, gehörlose oder sprachbehinderte Kinder) gab es bis zu dreizehn verschiedene Sonderschultypen. Dieses Sortieren von Kindern wurde von Beginn an wissenschaftlich kritisiert. Denn in den Bildungs- und Erziehungswissenschaften hatte sich bereits die Erkenntnis durchgesetzt, dass Begabung keine statische Eigenschaft von Kindern ist (vgl. Roth 1969), sondern sich umfeldbezogen entwickelt, sodass die Lernausgangslage und das Entwicklungspotenzial von Kindern über Bildungsangebote verändert werden kann. Daher macht es wenig Sinn, Kinder entlang einer früh und einmalig gestellten Diagnose dauerhaft zu „sortieren" und so die Bildungschancen der Einzelnen entweder zu bestärken oder zu verhindern. Besonders stark kritisierte Schattenseiten des Systems spezialisierter Einrichtungen und Schulformen bestanden vor allem darin, dass auf diesem Weg die Lern- und Erfahrungsräume insbesondere der Kinder mit den schwierigsten Ausgangsbedingungen systematisch eingegrenzt wurden. Denn ausgeschlossen vom Besuch einer allgemeinen Kita oder Schule waren und sind bis heute vor allem Kinder in Armutslagen, denen so ein gesellschaftlicher Aufstieg durch Bildung verwehrt wird (vgl. Edelstein 2006; Weiß 2010).

Zudem bestätigte sich die Hoffnung der Sonderpädagogik, in Sondereinrichtungen über spezifische Förderung von Kindern einen effektiven Beitrag zu deren Integration im späteren Erwachsenenleben leisten zu können, nicht. Vielmehr zeigte sich, dass eine frühe Verbesonderung für die Betroffenen zumeist den Start in eine durchgehende „Sonderbiografie" bedeutete: Von der häuslichen Frühförderung in den Sonderkindergarten, in die Sonderschule und oftmals schließlich in die staatliche Grundsicherung bzw. eine „Werkstatt für Behinderte" (heute: Werkstatt für behinderte Menschen) und ein Wohnheim. Die entgegenstehende Einschätzung, dass es gerade in den frühen, für die Sozialisation entscheidenden Jahren wichtig ist, alle Kinder mit der Bandbreite gesellschaftlicher Vielfalt vertraut zu machen, wurde deutlicher geäußert und leitete auch die frühe wissenschaftliche Begleitforschung, die schnell die positive Wirksamkeit integrativer Erziehung und Bildung für alle Kinder zeigte (zusammenfassend Eberwein 2009; Kron 2006). Integrative Erziehung in Kitas wurde in der Folge quantitativ ausgebaut und geeignete pädagogisch-didaktische Konzepte wurden entwickelt und überprüft.

Die bedeutendsten frühen Konzepte sind die Theorie integrativer Prozesse und die Allgemeine (integrative) Pädagogik. Die Theorie integrativer Prozesse folgt einem psychologisch fundierten Verständnis des Begriffs Integration. Die Forscher:innen beobachteten damals gezielt „integrative Prozesse" in integrativen Kindergruppen, also die soziale Dynamik (vgl. Kreie, Kron & Reiser 1986a; 1986b). Das hieran anknüpfende Konzept bezieht sich insbesondere auf Grundlagen der Themenzentrierten Interaktion nach Ruth Cohn, denen zufolge sich Menschen nie allein selbst erfahren können, sondern immer nur sich selbst mit anderen bei einer gemeinsamen Aufgabe, denn *„alles Lernen vollzieht sich interaktionell"* (Cohn 1997, S. 166). Das Konzept wurde später in schulbezogenen Forschungen weiterentwickelt und beeinflusste auch den Ansatz der Pädagogik der Vielfalt (Prengel 1993).

Parallel wurde an anderer Stelle das Konzept einer „Allgemeinen (integrativen) Pädagogik" und entwicklungslogischen Didaktik entwickelt (vgl. Feuser 1982). Dieses nimmt viele Grundgedanken aus Klafkis Bildungstheorie auf

(Klafki 1974) und führt diese zusammen mit entwicklungspsychologischen Erkenntnissen russischer Prägung (vgl. Wygotski 1986). Pädagogisch-didaktische Angebote sollen aus dieser Sicht jeweils im Vorgriff auf das, was ein Kind als Nächstes lernen kann, die „Zone der nächsten Entwicklung", konzipiert werden (Wygotski 1986, S. 237), sodass es herausgefordert wird. Basis hierfür ist eine sehr genaue Diagnostik. Zugleich sollen Angebote an einem „gemeinsamen Gegenstand" erfolgen, also über die gemeinsame Befassung unterschiedlicher Lernender mit einer Problemstellung (Feuser 1989). Das Konzept zeichnet sich insgesamt durch eine deutliche Didaktisierung des Lernens auch junger Kinder aus.

Ein wichtiger Impuls für die konzeptionelle Weiterentwicklung war der Ansatz der Pädagogik der Vielfalt in den 1990er Jahren (vgl. Prengel 1993). Dieser geht von der Beobachtung struktureller Parallelen im Umgang mit der Heterogenität der Geschlechter, der Kulturen und der Befähigungen bzw. Behinderungen aus und bereitete damit wesentlich den Diskurs um Diversität vor. Prengel entwickelt einen demokratischen Begriff von Vielfalt in der Pädagogik, der Gleichheit (Egalität) und Verschiedenheit (Differenz) verknüpft: „Egalitäre Differenz meint Gleichberechtigung und Freiheit der Verschiedenen" (Prengel 1993, S. 141). Aus dieser Sicht kann Gleichheit nicht ohne Verschiedenheit bestimmt werden und umgekehrt. Beide Perspektiven gehen ineinander auf. Verständnisweisen von Gleichheit und Verschiedenheit bestimmen hintergründig unser Handeln in vielerlei Hinsicht und sind nicht nur vom einzelnen Beobachter oder der Beobachterin abhängig, sondern auch gesellschaftlich verhandelt, d. h. sie sind zugleich geprägt von Zeitströmungen und den gerade vorherrschenden Denkweisen. Sowohl individuelle (z. B. Alter) als auch kollektive Differenzen (z. B. Geschlechterdifferenzen) sind also letztlich Konstruktionen, die im sozialen Miteinander „hergestellt" werden. Leitend für die Pädagogik der Vielfalt ist daher die Anerkennung der Verschiedenen auf der Basis von Gleichberechtigung (vgl. Prengel 1993; 2007). Gleichberechtigung wird aus diesem Verständnis heraus weniger als „alle sind gleich" verstanden, sondern als Gleich*wert*igkeit, was u. a. bedeutet, dass alle Kinder ohne Ausnahme das gleiche Recht auf Bildung haben. Eine Pädagogik der Vielfalt richtet sich hiervon ausgehend gegen jegliche Form von Missachtung, womit das Konzept nicht nur an Ideen und Erfahrungen der Reform- und Demokratiepädagogik anknüpft, sondern auch menschenrechtlich fundiert ist und als Grundlage einer inklusiven Pädagogik verstanden werden kann.

2.3 Zusammenfassung und aktuelle Fragen

In den vorherigen Abschnitten wurde deutlich, dass Inklusion zunächst die diskriminierungsfreie Zugänglichkeit früher Bildung, Erziehung und Betreuung betrifft und damit eine Frage der Bildungsgerechtigkeit ist. Eine Konzeption inklusionspädagogischen Handelns kommt damit nicht umhin, sich mit Gerechtigkeitsfragen zu befassen. Gerechtigkeit zeigt sich dabei in der frühpädagogischen Praxis nicht daran, dass alle Kinder zur gleichen Zeit das Gleiche tun, sondern daran, dass sich alle sozial zugehörig fühlen können und abgestimmte Anregungen und Impulse zu ihrer Entwicklung und ihrem Lernen erhalten.

Dies ist zugleich die pädagogische Konkretion der UN-Behindertenrechtskonvention, nämlich die konzeptionelle Zusammenführung von Partizipation (participation) im Sinne von sozialer Zugehörigkeit und von demokratischer Mitbestimmung sowie der Möglichkeit zur Entfaltung des eigenen Entwicklungs- und Bildungspotenzials in einem inklusiven Setting und auf der Basis gleicher Rechte der Kinder (Albers, 2011; Kreuzer & Ytterhus 2008; Prengel 2014; Seitz 2014; Seitz & Finnern 2015). Hiervon ausgehend lässt sich dann fragen, welche Barrieren sich Kindern in der einzelnen Kita stellen und ihre Partizipation und/oder Bildungs- und Entwicklungsprozesse beeinträchtigen können und welche Ressourcen sich erschließen lassen, die Partizipation, Bildung und Entwicklung aller Kinder unterstützen (GEW 2015).

Entgegen der weit verbreiteten Annahme, inklusive Praxis erfordere eine Fokussierung auf zu erwartende Beeinträchtigungen von Kindern, gilt es somit vor allem, den Blick auf die Gemeinsamkeiten aller Kinder und die Potenziale der Einzelnen zu lenken sowie mögliche vorurteilsgebundene Erwartungshaltungen an Kinder selbstkritisch zu reflektieren, um diese gedanklich „umformen" zu können.

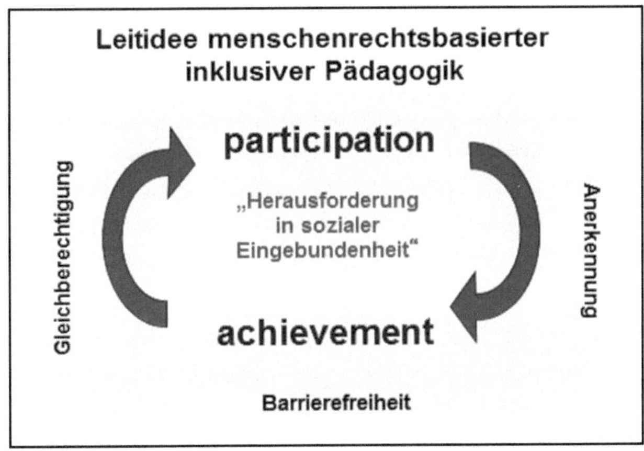

Abb. 1: Leitidee menschenrechtsbasierter inklusiver Pädagogik

Die strukturelle Ausgangslage für inklusive Handlungspraxis in Kitas stellt sich in Deutschland äußerst heterogen dar: Während in einigen Bundesländern – z. B. in Hessen bereits seit den 1980er Jahren – integrativ bzw. inklusiv arbeitende Kitas mehr oder weniger als Standard gelten, existiert in anderen Bundesländern weiterhin ein breites Spektrum an heilpädagogischen Einrichtungen. Entsprechend schwanken die Inklusionsquoten und Angebotsformen insgesamt stark zwischen den Bundesländern, die zum Teil auch im Elementarbereich weiterhin separierende Angebote vorhalten, zugleich steigt die Zahl der Kinder mit Eingliederungshilfe in der Kindertagesbetreuung insgesamt kontinuierlich (Autorengruppe Bildungsbericht 2020, S. 88). Damit ist jedoch noch keine Aussage zur konkreten pädagogischen Ausgestaltung auf der Gruppenebene möglich, die ebenfalls bundeslandspezifisch stark schwankt (ebd.). Zugleich steigen Kinder, deren Eltern niedrige Bildungsabschlüsse haben sowie Kinder aus Familien mit Migrationshintergrund tendenziell später in die Tagesbetreuung ein (vgl. ebd., S. 54; Fuchs-Rechlin 2014, S. 133 ff.). Diskriminierungsmechanismen und Benachteiligungen wirken in der Kindertagesbetreuung somit nur noch selten über einen konkret erzwungenen Übergang von Kindern von einer bereits besuchten Kita in eine Heilpädagogische Einrichtung, sondern vorwiegend indirekt auf struktureller Ebene und zum Teil bereits im Vorfeld oder in Verbindung mit sozialer Segregation in der Stadt oder Kommune (vgl. Groos, Trappmann & Jehles 2018).

Eine wichtige hiermit verknüpfte Herausforderung im Elementarbereich ist daher weiterhin der Ausbau und die qualitative Absicherung der (inklusiven) Kindertagesbetreuung für junge Kinder bis zu drei Jahren (vgl. Seitz et al. 2012). Mit dem früheren Einstieg von Kindern in Tageseinrichtungen gehen veränderte Anforderungen an die Professionalität von pädagogischen Fachkräften einher - sie sind mit einer größeren Verantwortung hinsichtlich der Einschätzung von Kindesentwicklung und deren Spannbreite und zur Zusammenarbeit mit Unterstützungssystemen aufgefordert (vgl. Seitz & Korff 2008). Diese Facette der Arbeit wirft auch ein neues Licht auf die Zusammenarbeit mit Sorgeberechtigten und Familien. Denn pädagogische Fachkräfte sehen sich oftmals in der Situation, zur Beantragung von unterstützenden personellen Ressourcen in der Einrichtung, die Familien von (jungen) Kindern von der Vergabe einer Diagnose zu überzeugen, die dies rechtfertigt (vgl. Hamacher 2020; Seitz, Hamacher & Horst 2020). Dies steht jedoch im Widerspruch zu einer Pädagogik, die sich an Stärken und der Akzeptanz von Vielfalt orientiert. Zudem sind Diagnosen bei sehr jungen Kindern angesichts der Entwicklungsvarianz in den ersten Lebensjahren sehr fragil (vgl. Largo 2000; 2010). Diese Situation führt zu unterschiedlichen Risiken der Diskriminierung – der Ungleichbehandlung von gleichberechtigten Individuen, denn diese Diagnosen „treffen“ auffällig oft Kinder in Armutslagen und Kinder, deren Familie eine Migrationsgeschichte aufweist (vgl. Weiß 2010; Diehm et al. 2013; Hamacher 2020).

Diskriminierungen und Benachteiligungen treten folglich nicht allein in offen erkennbarer Form auf, etwa wenn Zuschreibungen von Behinderungen zu der Vorenthaltung von Rechten oder Teilhabemöglichkeiten führen. Vielmehr fungiert die Zuschreibung einer Behinderung zugleich oftmals als „Deckmantel“

für fehlende Passungen zwischen den Denk- und Handlungsmustern von Kindern und ihren Familien und den "normalen" Erwartungen, die Bildungseinrichtungen an diese stellen. Vermeintliche Abweichungen von Normalitätsvorstellungen werden in diesem Kontext schnell in „Behinderungen" umgedeutet, etwa um die Inanspruchnahme von Frühförderung zu ermöglichen (vgl. Hamacher 2020). Dies führt dann z. B. zu der häufig anzutreffenden Praxis, Kinder, die sich in sozioökonomisch bedingten krisenhaften Lebenslagen befinden, als „verhaltensauffällig" zu klassifizieren. Auch das Frühfördersystem ist daher gefragt, sich kritisch mit dieser ungleichheitsbezogenen Dynamik zu befassen und sich auf inklusive Praxis und die damit verbundenen Konzepte in Kitas einzustellen, insbesondere in Bezug auf junge Kinder. Hierzu sind noch viele offene Fragen und Ambivalenzen zu verzeichnen (vgl. Seitz 2012; Hamacher 2020).

Außerdem besteht weiterhin nur in Teilen Klarheit über den Zuschnitt und die Entwicklung von inklusionsbezogener Professionalität pädagogischer Fachkräfte (vgl. Prengel 2014). Teilweise werden „Fachkräfte für Inklusion" im Bereich der frühkindlichen Bildung, Betreuung und Erziehung weitergebildet, andernorts werden externe Fachkräfte zeitweise speziell für die Begleitung von Kindern mit genehmigter Eingliederungshilfe gemäß SGB XII hinzugezogen. Teamfortbildungen zur Realisierung inklusiver Pädagogik finden nur in Ausnahmefällen statt, ebenso heterogen ist die entsprechende Praxis der Weiterbildungen sowie der Ausbildung an Fachschulen/-akademien bzw. Hochschulen (vgl. DJI/WiFF 2013; Seitz, Finnern, Korff & Thim 2013).

Die in den letzten Jahren gestärkte Anerkennung von Kitas als Bildungsorte hat somit verschiedene Seiten. So erfährt die frühkindliche Bildung mehr bildungspolitische Aufmerksamkeit, die Qualitätssicherung frühkindlicher pädagogischer Praxis wird unterstützt und es bestehen Chancen, über den frühen Zugang aller Kinder zu Erziehung, Bildung und Betreuung einen Beitrag zu mehr Bildungsgerechtigkeit zu leisten. Dabei fällt jedoch in der Praxis zugleich eine Tendenz zu defizitorientierten Konzepten der Prävention und Intervention auf (kritisch Hasselhorn 2010). So werden in vielen Bundesländern verschiedene Diagnostikverfahren und Screenings systematisch und flächendeckend implementiert, etwa zur Sprachentwicklung, oder die ICF wird als normierendes Instrument eingesetzt, um früh „Risikokinder" negativ herauszufiltern (zur Kritik Diehm u. a. 2013; Kelle u. a. 2017).

Im Einzelfall werden auf diesem Weg dann Formen von Interventionen begründet, die am einzelnen Kind ansetzen, also gezielte Sprachförderung oder Frühförderung für die Kinder, die bei solchen Verfahren „auffallen". Ein solches systematisches Vorgehen scheint zunächst im Sinne der Kinder, denn die dahinterstehende Logik der Kompensation ist die des Erkennens und der Abfederung von Risiken der Entwicklung. Hiermit geht aber die Schwierigkeit einher, dass solchen standardisierten Verfahren Normalitätsvorstellungen zugrunde liegen, die nicht unbedingt mit der „Normalität" individuell sehr vielfältiger Kindesentwicklung übereinstimmen müssen und vielfach eher das gesellschaftlich dominante Denken hierzu spiegeln. So finden wir weit verbreitet die Annahme, einsprachige Entwicklung sei die „bessere" und „unkompliziertere" und Mehrsprachigkeit stelle ein Risiko dar. Dieses Denken wirkt dann machtvoll in die Betrachtung von Kindern hinein (vgl. Hormel 2017) und kann im Einzelfall dazu führen, dass ein mehrsprachiges Kind eher als „auffällig" gilt, insbesondere wenn dies mit kulturalisierenden Zuschreibungen von „Anderssein" verknüpft wird (vgl. Amirpur 2013; Hamacher & Seitz 2019). Damit wird einer ganz bestimmten Normalitätsvorstellung im Sinne der dominanten Vorstellung gefolgt, obgleich diese quantitativ nicht der gesellschaftlichen Normalität entspricht (denn unter jungen Kindern ist Einsprachigkeit schlicht der weniger wahrscheinliche Fall).

Deutlich wird damit insgesamt, dass inklusionsbezogene Konzeptentwicklungen ein Nachdenken über pädagogische Grundideen erfordern. Sie betreffen daher Kitas als Ganze und lassen sich nicht als additives „Zusatzprogramm" umsetzen. Inklusion kann jedoch auf die gesamte Einrichtung bezogen als Anschub für Innovation und Qualitätsentwicklung genutzt werden. Dies zeigen auch die Entwicklungen der Kitas im Modellprojekt, wie im Folgenden deutlich wird.

Teil B

3 Im Verbund: Praxisentwicklung und Forschung

Unter Mitarbeit von Timm Albers

Im Projekt „Eine Kita für alle – Vielfalt inklusive" wurde von 2014 bis 2016 in zehn Kitas in Rheinland-Pfalz erprobt, wie sich Inklusion wirkungsvoll als Leitbild und Qualitätsmerkmal in den Strukturen, Praktiken und Kulturen der Einrichtungen umsetzen lässt (vgl. Dennig et al. 2017).

3.1 „Eine Kita für alle – Vielfalt inklusive"

Im Projekt wurden die Kita-Teams qualifiziert und anschließend in ihrer eigenständigen Arbeit fachlich begleitet. Verzahnt mit Qualifizierungsangeboten für das Personal wurden die Kitas somit als gesamte Einrichtung unterstützt in dem Prozess, Inklusion auszugestalten, in den Strukturen, Kulturen und auch in den gelebten Praktiken zu verankern und kontinuierlich weiterzuentwickeln. Für eine nachhaltige Umsetzung bildete der „Index für Inklusion" (GEW 2015) einen wichtigen konzeptionellen Bezugspunkt des Projektes. Dieses Instrument für Qualitätsentwicklung wurde zunächst in Großbritannien von Tony Booth und Mel Ainscow (2002) zur Unterstützung inklusiver Entwicklung in Schulen konzipiert und regelmäßig weiterentwickelt sowie für verschiedene Handlungsfelder adaptiert. Das Instrument wurde in viele Sprachen übersetzt und findet weltweit Anwendung, 2017 erschien eine neue deutschsprachige Bearbeitung für Schulen (Booth & Ainscow 2017). Auch für die Qualitätsentwicklung im Bereich der Kindertagesbetreuung wurde ein spezifischer Index entwickelt und anschließend in die deutsche Sprache übersetzt (Booth, Ainscow & Kingston 2006a; 2006b) sowie später für die Anwendung in Deutschland überarbeitet und weiterentwickelt (GEW 2015).

Ein zentraler Gedanke der Arbeit mit dem Index für Inklusion ist die partizipativ gestaltete Einrichtungsentwicklung (Booth et al. 2006b, S. 31 ff.). Das hierfür hinterlegte pädagogische Konzept ist systemisch und zielt darauf, Partizipation für alle Kinder sicherzustellen (ebd., S. 14). Auf dieser Basis wird dann gefragt, welche partizipationshinderlichen Barrieren es im Umfeld (z. B. eines Kindes) abzubauen gilt und welche Ressourcen im System aktiviert werden können, um Partizipation zu stärken (GEW 2015, S. 19). Führen wir uns hierfür das Praxisbeispiel vor Augen, dass alle Kinder gleichzeitig auf ein Zeichen hin den Raum verlassen, ihre Jacken anziehen und die Schuhe wechseln sollen, um im

Außenbereich spielen zu gehen: Gelingt dies einem Kind erst mit großer Zeitverzögerung, so würde dies indexgeleitet nicht in der Empfehlung münden, mit dem einen „zu langsamen" Kind isoliert das selbstständige Anziehen der Schuhe zu trainieren, um es effektiv auf den gleichen Stand zu bringen wie alle anderen Kinder. Denn dies würde die Ursache beim Kind verorten. Aus der systemisch angelegten Frage nach den Barrieren rückt demgegenüber in den Blick, wie Aktivitäten gestaltet sind und welche Methoden und Strukturen im konkreten Fall Partizipation erschweren oder verhindern. Aus dieser Sicht zeigt sich nämlich, dass die Erwartung gleichen Tempos beim Anziehen der Schuhe (Gleichbehandlung Ungleicher) die gleichberechtigte Partizipation für Einzelne an der Situation verhindert, da eben nicht alle Kinder gleich sind, sondern insgesamt verschieden in Tempo und Handlungsplanung. Es wird somit nicht nach Defiziten einzelner Kinder, die diese von anderen Kindern unterscheiden, gefragt, sondern nach dem pädagogischen Setting, das von allen Kindern ein ritualisiertes, gleichzeitiges und reibungslos funktionierendes Anziehen bei unterstellten gleichen Voraussetzungen und zu einem nicht von ihnen bestimmten Zeitpunkt verlangt. Denn dies wirkt im Beispiel zusammengenommen als Barriere. Pädagogische Handlungsalternativen fokussieren dann nicht die "Behandlung" einzelner, sondern ein Setting, das insgesamt Heterogenität und Selbstbestimmung zugrunde legt, alle Kinder mit ihren unterschiedlichen Erfahrungen und Motive im Blick hat und daher mehr Flexibilität ermöglicht.

Das Instrument arbeitet im Kontext der Analyse und Reflexion pädagogischen Handelns mit offenen Fragen, die im Team fallbezogen als Impuls in der Teamarbeit herangezogen werden können. Kennzeichnend für die Arbeit mit dem Index für Inklusion ist außerdem die gedankliche Ordnung der Einrichtungsentwicklung in die drei Dimensionen (GEW 2015, S. 24 ff.; Booth et al. 2006b, S. 21):

A Inklusive Kulturen: Werte und Haltungen entfalten: Inklusive Werte verankern – Gemeinschaft bilden
B Inklusive Strategien (Leitlinien): Strukturen, Konzepte, Leitlinien etablieren: Eine Einrichtung für alle entwickeln – Vielfalt als Ressource nutzen
C Inklusive Praxis: Potenziale nutzen, Umsetzung gestalten: Spiel und Lernen gestalten – Ressourcen mobilisieren

Die Projektteilnehmenden erarbeiteten mit diesem Instrument ihre einrichtungsspezifischen inklusionsbezogenen Ziele und Bedarfe. Dabei wurde sowohl auf den Index für Inklusion in der Fassung aus dem Jahr 2006 (Booth et al., 2006 a; 2006b), als auch auf die neuere Übersetzung und Bearbeitung aus dem Jahr 2015 (GEW) zurückgegriffen. Die beiden Fassungen unterscheiden sich in Teilen. Während die erste Ausgabe eng an die britische Erstfassung gebunden ist, gestaltet die zweite vor allem die Prozessgestaltung in der Arbeit mit dem Instrument neu und hält sich weniger eng an die Vorlage. Dabei werden ausgewählte

Aspekte und Konzepte aus dem deutschsprachigen Diskurs aufgegriffen, jedoch nicht systematisch.

Die Projektteilnehmenden wurden während des gesamten Projektzeitraumes in ihrer Arbeit durch Prozessbegleiter:innen unterstützt, die hiermit verknüpft Inhouse-Fortbildungen anboten, in denen wichtige Wissengrundlagen entsprechend aufbereitet und zur Verfügung gestellt sowie Reflexionsprozesse initiiert wurden (vgl. Dennig et al. 2017). Auch wurde in jeder der teilnehmenden Einrichtungen ein Index-Team gebildet, um die Arbeit mit dem Index für Inklusion zu strukturieren. Dieses war für alle am Prozess beteiligten Akteur:innen geöffnet und bestand je nach Einrichtung aus pädagogischen Fachkräften, Leitungskräften, Eltern und Fachberatungen bzw. Trägervertretungen. Sie waren für die Lenkung und Gestaltung des inklusionsbezogenen Entwicklungsprozesses (haupt)verantwortlich und wurden in ihrer Arbeit ebenfalls durch die Prozessbegleitung unterstützt.

Im Anschluss an die Fortbildungen wurden die Einrichtungen über einen Zeitraum von 15 Monaten von den Prozessbegleiter:innen weiterhin kontinuierlich beraten und begleitet. Hierbei spielten die Index-Teams eine zentrale Rolle. Orientiert am „Index-Prozess“ (GEW 2015, S. 30) wurden spezifische Themen der einzelnen Einrichtungen aufgegriffen, um vor Ort konkrete Entwicklungsschritte gezielt planen und umsetzen zu können. Darüber hinaus fanden im Verlauf des Projektes drei kitaübergreifende Workshops mit allen zehn Einrichtungen zu spezifischen Themen statt, um Austausch und Vernetzung zwischen den beteiligten Einrichtungen abzusichern. Zudem fanden zur strategischen Gesamtplanung drei Workshops auf Steuerebene mit Vertreter:innen aus Projektleitung, Trägerebene, Kitaleitung, Prozessbegleitung und wissenschaftlicher Begleitung statt.

Zur Projektsteuerung traf sich regelmäßig ein Lenkungskreis als ständiges Gremium zur Abstimmung und Planung von Projektmaßnahmen im Einzelnen. Dieser setzte sich aus fachwissenschaftlicher und strategischer Projektleitung, den Prozessbegleiter:innen und der wissenschaftlichen Begleitung zusammen.

3.2 Zielstellung, Fragestellung und Sampling der Begleitforschung

Die wissenschaftliche Begleitstudie zielte im Zusammengehen von Theorie- und Praxisentwicklung darauf, die in der Umsetzung des Projekts stattfindenden Veränderungen von Wissen, Orientierungen und Handlungspraktiken der Akteur:innen einer Beschreibung zugänglich zu machen und sie in Konzepte für Praxis und Qualifizierung Eingang finden zu lassen.

Dabei wurde davon ausgegangen, dass Orientierungen das pädagogische Handeln entscheidend vorstrukturieren (vgl. Fröhlich-Gildhoff, Nentwig-Gesemann & Pietsch, 2011) und diese in den einzelnen Kitas – bewusst und unbewusst – kommuniziert und ausgehandelt werden. Daher findet hier der Begriff der Orientierungen Anwendung, auch an den Stellen, an denen im Index für Inklusion (GEW 2015, S. 25) von Haltungen gesprochen wird. Hiervon ausgehend wurde ein methodischer Zugang gewählt, der primär qualitative Forschungsmethoden umfasste und sie sinnvoll mit quantitativen Methoden verknüpfte. Eine besondere Rolle spielten reflexive, auf die pädagogische Praxis in den Kitas und die konzeptionelle Arbeit im Bereich der Fort- und Weiterbildung zielende ethnografische Untersuchungsmethoden, die konkret vor allem Beobachtungen umfassten (vgl. Joyce-Finnern 2017).

Die wissenschaftliche Begleitstudie war prozessual ausgerichtet. Bereits im Verlauf des Projekts selbst konnten über die regelmäßige Kommunikation mit den Projekt- und Umsetzungsverantwortlichen sowie durch Besuche in den Kitas wissenschaftlich gewonnene Eindrücke, Erkenntnisse und (Zwischen-)Ergebnisse in den Arbeitsverlauf eingespeist werden und einer gemeinsamen Diskussion und Reflexion mit den Projektpartnern zugänglich gemacht werden, sodass sie direkt für die weitere Projektumsetzung nutzbar waren.

Über die Beschreibung, Analyse und Reflexion wurden so konzeptionelle Anforderungen einerseits sowie die konkreten Handlungsanforderungen an die unterschiedlichen Akteur:innen inklusiver Praxis andererseits herausgearbeitet. Dem Projektdesign und dem zugrunde gelegten theoretischen Rahmen entsprechend wurde diese Analyse anhand der drei Dimensionen inklusiver Kulturen, Strukturen und Praktiken strukturiert (s. o.). Die Dimensionen lassen sich dabei nur analytisch trennen – sie sind inhaltlich eng miteinander verwoben und wirken im Umsetzungsprozess zusammen. So haben geteilte Werte und Überzeugungen im Team der pädagogischen Fachkräfte, wie sie sich etwas in einem Leitbild ausdrücken können, eine zentrale Bedeutsamkeit für die Entwicklung inklusiver Kulturen. Diese sind aber nicht unabhängig zu denken von Gesetzeslagen und Rahmenbedingungen, die in Einrichtungskulturen hineinwirken sowie von der konkreten Organisation der Arbeit vor Ort, etwa Vernetzungsstrukturen oder vereinbarte Regeln und Organisationsformen der kollegialen Mitbestimmung (inklusive Strukturen). Das konkrete pädagogische Handeln schließlich (inklusive Praxis) vollzieht sich in diesem Rahmen. Dabei prägen die Orientierungen der Einzelnen und die Kommunikation hierüber innerhalb der Einrichtung das Handeln, zugleich jedoch wirken gemachte Erfahrungen der professionell Tätigen auf die Orientierungen zurück und können an dieser Stelle der Reflexion zugänglich gemacht werden. Dies kommt auf mehreren Ebenen zum Tragen:

- in Praktiken der Kooperation im Team und mit weiteren Partnern
- in pädagogischen Praktiken der unmittelbaren Interaktion mit den Kindern
- in Praktiken der Zusammenarbeit mit den Familien der Kinder

Da es sich bei inklusiver Qualitätsentwicklung um einen interaktiven Prozess aller Beteiligter handelt, erforderte dies in der wissenschaftlichen Begleitstudie treffsichere und ertragreiche Aussagen zur Umsetzung inklusiver Praxis in dem umrissenen Rahmen, sowohl aus der Perspektive der Leitungskräfte als auch aus der der pädagogischen Fachkräfte. Vertiefend erfolgte über die Beobachtung von pädagogischer Praxis und Peer-Interaktionen (zumindest mittelbar) eine Annäherung an die Perspektive der Kinder in den Kitas. Die zentrale Fragestellung der Untersuchung lautete: Wie gelingt es, Inklusion strukturell, kulturell und praktisch in Kindertageseinrichtungen umzusetzen und zu verankern?

In der Konkretisierung der Forschungsfrage richtete sich der Fokus auf die drei Dimensionen:

a) **Strukturen:** Konzepte, Leitlinien, Arbeitsweisen und Kooperationspraktiken in den Kitas
b) **Kulturen:** Orientierungen, Kompetenzen und Praktiken der frühpädagogischen Fachkräfte
c) **Praktiken:** Partizipation, Anerkennung und individuelle Herausforderung der Kinder in Peer-Interaktionen und in der sozialen Interaktion Kind-Fachkraft

Die Erhebung erstreckte sich über alle zehn Kitas in Rheinland-Pfalz, die am Modellprojekt „Eine Kita für alle - Vielfalt inklusive" beteiligt waren und die im Vorfeld kontrastierend ausgewählt worden waren in Bezug auf das Einzugsgebiet, den Träger, die Größe und die Konzeption. Übergreifend verband die Kitas eine Vertrautheit mit dem Situationsansatz. Viele der im Projekt teilnehmenden Kitas folgten laut ihrer Selbstbeschreibung dem Konzept (siehe auch Kap. 2.1).

In vier der teilnehmenden Kitas wurden zusätzlich vertiefende Beobachtungen und Analysen vorgenommen, insbesondere mit Blick auf die Fachkräfte-Kind-Interaktionen sowie die Peer-Interaktionen. Die Auswahl sehr unterschiedlicher Kitas[1] eröffnete die Möglichkeit, Zusammenhänge zwischen Rahmenbedingungen oder anderen äußeren Faktoren und Gelingensbedingungen inklusiver Praxis zu beschreiben. Im kontrastierenden Vergleich konnte so fallbezogen analysiert werden, welche Grundvoraussetzungen bzw. vorhandenen Strukturen möglicherweise zur Etablierung inklusiver Praktiken (besonders) förderlich waren. Die angestrebten Übertragungen in die Breite (Transfer des Projekts in andere Kitas) waren auf der Basis dieses heterogenen Samples dann gut möglich, wie in den folgenden Abschnitten noch deutlich werden wird.

1 Eine vollständige Anonymität der zehn Modellkitas ist aufgrund der Öffentlichkeitswirksamkeit des Modellprojekts im Ganzen nicht möglich. Die Kitas sind aber in den Darstellungen der Auswertungen soweit anonymisiert, dass für Außenstehende aus den dokumentierten Daten oder Auswertungen keine Rückführung auf einzelne Personen oder auf einzelne Einrichtungen möglich sind.

Acht der zehn teilnehmenden Kitas arbeiteten unter einer kommunalen Trägerschaft, von den zwei weiteren war eine Einrichtung eine betriebsnahe Kita, während die andere von einem kirchlichen Träger geführt wurde. Die Größe der Einrichtungen, gemessen an den zur Verfügung gestellten Betreuungsplätzen, reichte im Erhebungszeitraum von 60 bis hin zu 180 Betreuungsplätzen. Alle Kitas betreuten auch Kinder bis zu drei Jahren bzw. teilweise ab einem Alter von drei Monaten, der überwiegende Teil der Einrichtungen wurde aber hauptsächlich von Kindern im Alter von zwei bis sechs Jahren besucht. Nur in einer Einrichtung waren im Erhebungszeitraum fast 90 % der Kinder im Alter von null Jahren bis zu drei Jahren.

Hinsichtlich der sozialen Struktur der Einzugsgebiete war die Zusammensetzung der Kitas sehr heterogen. Vor diesem Hintergrund war es wichtig zu erfahren, welche Sichtweisen auf die Sozialstruktur der Kita die Leiter:innen und Fachkräfte haben und auf welche Strukturkategorien von Differenz sie in der Beschreibung zurückgreifen. Es kann bei differenzbezogenen Fragestellungen jedoch schnell zu Reifizierungen in der Erhebung kommen, was einfach gesagt bedeutet, dass das, wonach gefragt wird, in der Frage selbst gedanklich „hergestellt" wird (vgl. Finnern & Thim 2013). Wonach gezielt gefragt wird, *muss* folglich von den Befragten gedanklich bearbeitet werden und ist damit als Begriff oder Unterscheidungskategorie nicht mehr „aus der Welt" zu schaffen - auch der Sinn einer verwendeten Kategorie kann dann nur noch schwer angezweifelt werden. In der Forschung verwendete Fragen nach Differenz drücken dabei fast zwangsläufig gesellschaftlich dominante Denkmuster aus oder müssen sich zu mindestens hierzu positionieren. In diesem Dilemma befand sich auch der Forschungsprozess, auf den wir hier Bezug nehmen, denn zum Verständnis war es wichtig, die Zahlen der Kinder zu kennen, für die diagnosebasierte spezielle Ressourcen zur Verfügung stehen – wohl wissend, dass dies in problematischer Weise Differenz aufruft und möglicherweise die Vorstellung stärken könnte, es würde sich bei diesen Diagnosen um zählbare "Eigenschaften" handeln. Es wurde daher entschieden, dies über schriftliche Befragungen der Leitungspersonen zu erheben und in dieser reflektierten Form als Teilaspekt der strukturellen Ausgangslage einfließen zu lassen.

Auf dieser Ebene zeigte sich dieser strukturelle Aspekt durchaus als relevant. Denn die Anteile der Kinder, die zum Erhebungszeitraum Eingliederungshilfe (SGB XII) erhielten, unterschieden sich laut Angaben der befragten Leitungskräfte in den Kitas erheblich: In sieben der zehn Einrichtungen erhielt zum Erhebungszeitpunkt keines der Kinder Eingliederungshilfe, während dies in drei der Einrichtungen bei 1,6 %-33 % der Kinder formalrechtlich der Fall war.

Auch die Sozialstruktur des pädagogischen Personals ist für das Gelingen und den Verlauf von Implementierungsprozessen im Kontext von Inklusion bedeutsam und wurde daher ebenfalls von uns erhoben. Die pädagogischen Mitarbeiter:innen aller Einrichtungen waren überwiegend weiblich. Lediglich in drei Einrichtungen waren auch männliche pädagogische Mitarbeiter tätig, allerdings nur zu einem sehr geringen Anteil (zwischen 6 % und 9 %). Die absolute Zahl der Mitarbeiter:innen pro Einrichtung reichte zum Zeitpunkt der Erhebung 2015 von 8 bis zu 30 pädagogischen Mitarbeiter:innen.

Im überwiegenden Teil der Einrichtungen lag der Durchschnitt der Gruppengröße bei 20-25 Kindern und war damit recht hoch, lediglich in zwei Einrichtungen, die vorwiegend Kinder unter drei Jahren betreuten, wurde in kleineren Gruppen gearbeitet: Dort lag die durchschnittliche Gruppengröße bei 10 bzw. 15 Kindern.

3.3 Vorgehen und Erhebungsinstrumente

Um sich der Wirksamkeit der Qualifizierung aus verschiedenen Blickwinkeln anzunähern und die Zusammenhänge der drei Dimensionen (Strukturen, Kulturen, Praktiken) zu erfassen, wurden für die Datenerhebung qualitative und quantitative Methoden kombiniert (Triangulation).

Erhebungsphase I **Ausgangslage** (Januar 2015-Juni 2015)	**Erhebungsphase II** **Umsetzungsprozess** (Juli 2015-Dezember 2015)	**Erhebungsphase III** **Wirksamkeit** (Januar 2016-August 2016)
Bestandsaufnahme • Diversität und Inklusion in den Kitas der Region • Projektziele und entsprechende Bewertungskriterien	**Evaluation der Fortbildungen und Prozessbetrachtung der Implementierungsphase** • Identifikation von Gelingensbedingungen bzw. möglicher Probleme im Umsetzungsprozess • Wirksamkeit der Fortbildungen	**Ergebnisorientierte Erhebungen auf den verschiedenen Wirkebenen** • Konnten die Projektziele erreicht werden?
Instrumente • Schriftliche Befragung aller beteiligten Leitungskräfte und aller beteiligten pädagogischen Fachkräfte am Anfang der Projektlaufzeit	**Instrumente** • leitfadengestützte Interviews mit teilnehmenden Fachkräften und Leitungskräften • Teilnehmende Beobachtungen in vier Modelleinrichtungen • Gruppeninterview Prozessbegleiter*innen	**Instrumente** • Interviews mit Mitgliedern der Index-Teams in vier Modelleinrichtungen • Teilnehmende Beobachtung in vier Modelleinrichtungen • Schriftliche Befragung aller beteiligten Leitungskräfte und aller beteiligten pädagogischen Fachkräfte am Ende der Projektlaufzeit
↓	↓	↓
Feedback/Reflexion der Analyseergebnisse mit Lenkungskreis Zwischenberichte/Netzwerktreffen Abschlussevaluation: Reflexion des Gesamtprojektes und Empfehlungen für den Roll-Out (Projekttransfer)		

Abb. 2: Übersicht Erhebungsphasen

Es wurden insgesamt drei Erhebungsschritte konzipiert und umgesetzt, wobei qualitative Analysen im Vordergrund standen und die quantitativen Auswertungen eher flankierende Funktion hatten. In einem ersten Schritt wurde durch schriftliche Befragung der Leitungskräfte sowie der Fachkräfte die Ausgangslage am Anfang der Projektlaufzeit erhoben. Zudem wurden die Fortbildungsmaterialen kriteriengeleitet analysiert. Mit Blick auf die Ergebnisse der ersten schriftlichen Befragung, deren Grobauswertung (Mayring 2010) am Ende der ersten Erhebungsphase erfolgte, konnte so herausgearbeitet werden, in welchem Verhältnis die Interventionen im Projekt zur Ausgangslage sowie zu den Motiven und Bedarfen der beteiligten Kitas standen.

Auf dieser Basis wurden im zweiten Schritt die Entwicklungsprozesse in den Einrichtungen genauer erfasst. Hierfür wurden mittels qualitativer Inhaltsanalyse (Mayring 2010) softwaregestützt auszuwertende leitfadengestützte Interviews mit den zehn Leitungskräften sowie mit dreizehn Fachkräften aus allen zehn teilnehmenden Einrichtungen durchgeführt und vertiefend in vier kontrastierend ausgewählten Kitas teilnehmende Beobachtungen (Scholz 2012) durchgeführt. Über die regelmäßige Kommunikation von Zwischenergebnissen mit den Projektverantwortlichen und Prozessbegleitungen wurden Anstöße für vertiefende Reflexionen und Anregungen zur Optimierung des Implementierungsprozesses im Prozessverlauf gegeben. Im Verlauf des Projektes erwiesen sich vor allem die Erfahrungen der Prozessbegleiter:innen als bedeutsam, denn es zeigte sich schnell, dass diese im Umgang mit dem Fortbildungsmaterial flexibel auf die Bedarfe der Kitas eingingen und sich damit vom vorgegebenen Manual entfernten. Daher wurde im Forschungsprozess entschieden, mit den Prozessbegleiter:innen zusätzlich ein Gruppeninterview durchzuführen.

Im dritten Erhebungsschritt stand die Frage im Vordergrund, welche Projektziele im Einzelnen realisiert werden konnten und ob bzw. welche Veränderungen stattgefunden hatten. Hierfür wurden in den vier ausgewählten Kitas abermals teilnehmende Beobachtungen durchgeführt. Des Weiteren erfolgte in jeder dieser vier Einrichtungen mit jeweils zwei Mitgliedern der im Projektverlauf gebildeten Index-Teams eine Befragung mittels leitfadengestützter Interviews. Abschließend wurde, angelehnt an die schriftliche Befragung in Erhebungsphase I, eine zweite (Online-)Befragung mit Fach- und Leitungskräften durchgeführt. Abschließend erfolgte schließlich die Zusammenführung (Flick 2008) und Gesamtauswertung aller Ergebnisse der Erhebungen.

Schriftliche Befragung der Leitungskräfte: Die erste Fragebogenerhebung zu Beginn des Projektes erfolgte in schriftlicher Form. Hierfür wurden zwei Ausführungen konzipiert: Ein Fragebogen richtete sich an alle pädagogischen Fachkräfte der beteiligten Einrichtungen, während ein zweiter speziell für die jeweiligen Leitungskräfte entwickelt wurde. Die Fragen an die Leitungskräfte bezogen sich insbesondere auf strukturelle Merkmale der Einrichtung (Träger, Schwerpunkte, Konzept usw.), auf die Kinder, die die Kita besuchen und ihre Familien sowie auf die Zusammensetzung der Teams. Des Weiteren wurden Motive zur Projektteilnahme, Informationen zu internen und externen Kooperationen sowie Ziele und Bedarfe im Zusammenhang mit Inklusion erhoben. Ziel war es, genauere Kenntnis zu Konzeption sowie Strukturen und Arbeitsweisen zu erlangen und ein Bild davon zu bekommen, welche Vorstellungen die Leitungskräfte mit der Projektteilnahme verbanden und wo sie möglicherweise Hindernisse in der Umsetzung sahen.

Schriftliche Befragungen aller pädagogischen Fachkräfte in den Modelleinrichtungen: Die schriftliche Befragung der pädagogischen Fachkräfte zu Beginn des Projektes diente insbesondere dazu, herauszuarbeiten, was die Fachkräfte im Einzelnen mit dem Themenfeld „Inklusion" verbinden und wie sie sowohl ihre individuellen Voraussetzungen als auch die Ausgangslage der Einrichtung für die (Weiter-)Entwicklung inklusionsbezogener Qualität einschätzen. Zum Ende des Projektes wurde eine zweite Fragebogenerhebung durchgeführt, die für alle Fachkräfte sowie die Leitungskräfte konzipiert war und als Online-Umfrage durchgeführt wurde. Der Fokus der zweiten Befragung lag zum einen darauf, mögliche individuelle und strukturelle Veränderungen im Laufe des Projektes zu erfassen. Zum anderen galt es, die Qualifizierungsmaßnahmen zu reflektieren. Außerdem wurde ermittelt, welche Bedarfe oder Unterstützungen die Fachkräfte im Hinblick auf die Weiterarbeit nach Projektende als relevant erachteten.

Leitfadengestützte Interviews mit allen beteiligten Leitungskräften: Anhand von leitfadengestützten Interviews mit den Leitungskräften wurden deren Sichtweisen auf die konkreten Maßnahmen zur Implementierung inklusiver Kulturen, Strukturen und Praktiken und die geplanten weitergehenden Schritte erhoben. Des Weiteren gaben die Interviews den Leitungskräften die Möglichkeit, aus ihrem individuellen Arbeitsalltag zu berichten. Mittels Erzählimpulsen wurde der Fokus auf bisherige Entwicklungen und erreichte Meilensteine, Herausforderungen sowie die Zusammenarbeit im Team und mit den Familien gelegt.

Leitfadengestützte Interviews mit pädagogischen Fachkräften: Zusätzlich zu den Interviews mit den Leitungskräften wurden aus jeder Einrichtung ein bis zwei pädagogische Fachkräfte interviewt (n=23, davon 10 mit Leitungskräften). Im Fokus lag die Wirksamkeit der Qualifizierung im Hinblick auf Einstellungen, handlungsleitende Orientierungen und Praktiken der pädagogischen Fachkräfte im Umgang mit Heterogenität. Die Annäherung an die Perspektive der Fachkräfte erfolgte insbesondere über die Reflexion der eigenen Praktiken, des Arbeitsalltages und der dort auftretenden Herausforderungen. Von Interesse war ebenfalls, wie die Fachkräfte ihren eigenen Qualifizierungsgewinn, insbesondere durch die Fortbildungen einschätzen und welche Veränderungen stattgefunden haben.

Leitfadengestützte Interviews mit Mitgliedern der Index-Teams: Zum Projektende wurden in den vier Kitas, in denen teilnehmende Beobachtungen durchgeführt wurden, zusätzlich leitfadengestützte Interviews mit je zwei Mitgliedern aus dem jeweiligen Index-Team geführt, das im Rahmen der Qualifizierungsmaßnahmen in jeder Kita gebildet worden war. Dieser Erhebungsschritt fokussierte die Arbeit mit dem Index für Inklusion und die Umsetzung inklusiver Strukturen und Praktiken in der jeweiligen Einrichtung. Von Interesse waren außerdem die Entwicklungsdynamik bei der Bildung des Index-Teams, die gewählten Arbeitsschwerpunkte und die Bewertung der Kooperation mit dem Gesamtteam. Über die Mitglieder des Index-Teams wurde in den Interviews rückgemeldet, wie diese Arbeitsform in ihrer Einrichtung funktionierte, inwieweit sich folglich der Index für Inklusion als geeignetes Arbeitsinstrument erwiesen hatte und wo Umsetzungsprobleme und Barrieren auftraten.

Gruppeninterview mit den Prozessbegleiter:innen: Das Gruppeninterview mit den Prozessbegleiter:innen wurde im Forschungsprozess ergänzend hinzugezogen, um deren Sicht auf das Verhältnis von angestrebter Qualifizierung der Fachkräfte und Einrichtungsentwicklung mittels modularisierter Materialien und situationsgeleiteter Fallbearbeitung aufnehmen zu können.

Teilnehmende Beobachtungen in vier ausgewählten Einrichtungen: Um bei der Erhebung die differenten Rahmenbedingungen von verschiedenen Kitas aufzunehmen, wurden auf Basis der ersten Erhebungsphase vier Einrichtungen ausgewählt, die sich hinsichtlich des Konzeptes, der Strukturen, des Einzugsbereiches und der Region maximal kontrastierend unterscheiden. In diesen vier ausgewählten Einrichtungen wurden an jeweils zwei Tagen teilnehmende Beobachtungen mit einem Fokus auf Peer-Interaktionen sowie auf Fachkraft-Kind-Interaktionen durchgeführt. Folgende Fragestellungen waren für die Beobachtungen relevant:

- In welcher Weise fördern die Praktiken bzw. pädagogischen Interventionen die Partizipation und Bildungsteilhabe der Kinder? Inwiefern tragen sie dazu bei, Barrieren für Partizipation abzubauen?
- Wie wird in den Praktiken auf kulturelle und sprachliche Diversität Bezug genommen?
- Wie werden Kinder dabei unterstützt, Anknüpfungspunkte für gemeinsame Aktivitäten mit anderen Kindern zu finden und Barrieren für Interaktion zu überbrücken?
- Welche sozialen Dynamiken und welche Praktiken von Anerkennung oder Abwertung / Ausgrenzung zeigen sich in der Peer-Interaktion und wie wird von Seiten der Fachkräfte damit umgegangen?
- Inwieweit und auf welche Weise werden durch das pädagogische Angebot

und die pädagogischen Interventionen Stärken und Potenziale der Kinder in den Vordergrund gestellt?

In der dritten Erhebungsphase, zum Ende des Projektes, wurden in den vier Einrichtungen erneut teilnehmende Beobachtungen durchgeführt, um etwaige Veränderungen auf der Ebene pädagogischer Prozesse beschreibbar machen zu können, ohne dabei einen systematisierten Abgleich im Sinne eines "klassischen" Pre-Post-Designs anzustreben.

Wir danken allen Beteiligten, den Prozessbegleiter:innen und verschiedenen Projektpartner:innen für die anregende und vertrauensvolle Zusammenarbeit, insbesondere aber den Kindern und ihren Familien sowie den pädagogischen Fachkräften in den Kitas für ihr Vertrauen und ihre Offenheit uns gegenüber, ohne die diese Studie nicht hätte durchgeführt werden können.

4 In der Entwicklung: Kindertageseinrichtungen auf dem Weg

In diesem Abschnitt werden die Erfahrungen mit dem Qualifizierungs- und Entwicklungskonzept zusammenfassend dargelegt und dabei zugleich die konkreten Interventionen im Praxisfeld genauer beleuchtet.

4.1 Portraits von vier Modelleinrichtungen

Die anfangs gleichen Interventionen im Rahmen des Projekts (vgl. Dennig et al. 2017) führten in den zehn sehr unterschiedlichen Kitas zu Veränderungen auf verschiedenen Ebenen und in je spezifischer Form. Um dies nachvollziehbar zu machen, werden daher im Folgenden exemplarisch die vier für vertiefende Beobachtungen ausgewählten Modelleinrichtungen zusammenfassend portraitiert. Dabei werden kontextuelle Faktoren beschrieben, welche in den jeweiligen Einrichtungen die Veränderungsprozesse in unterschiedlicher Art und Weise beförderten oder behinderten.

Kita 1 – Veränderungsprozesse in gewachsenen Strukturen integrativer Praxis: Bei der Kita I handelte es sich um eine viergruppige Einrichtung, die sich seit langen Jahren als integrative Kita „für Kinder mit und ohne Behinderung" versteht. In ihrer konzeptionellen Arbeit orientiert sich die Einrichtung, ihren eigenen Angaben zufolge, hauptsächlich am Situationsansatz. Ein Drittel aller Kinder in dieser Einrichtung erhielten im Erhebungszeitraum Eingliederungshilfe. Lediglich 5 % der Kinder waren zum Erhebungszeitpunkt unter drei Jahre alt. Insgesamt arbeiteten 15 pädagogische Mitarbeiter:innen in der Kita und zusätzlich waren hier vier Integrationshelfer:innen tätig, die jeweils für ein Kind zuständig waren. Kinder mit Eingliederungshilfe erhielten in der Kita Frühförderung bzw. individuelle Therapien, teilweise von externen Therapeut:innen.

Die Teilnahme an dem Projekt wurde aus der Sicht der befragten Leitungskraft (Interview) von dem gesamten Team unterstützt und die langjährigen Erfahrungen aus der integrativen Arbeit sowie die enge Kooperation mit den Therapeut:innen wurden als Ressource für die Inklusionsentwicklung gesehen. Die über Jahrzehnte gewachsene Struktur integrativer Praxis zeigte sich als Ressource in Form bereits gewonnenen Erfahrungs- und Spezialwissens. So war beispielsweise der Einsatz von ergänzenden Kommunikationssystemen und lautsprachenunterstützenden Gebärden für Kinder mit entsprechenden Bedarfen eine Selbstverständlichkeit. Zugleich fiel in der Einrichtung zum Projekteinstieg auf, dass sich die Fachkräfte in hohem Maße an dem Ziel individueller Förderung der Kinder sowie der Einhaltung einer klaren Struktur im Tagesablauf orientierten, während die soziale Gemeinschaft und die Partizipation der Kinder diesen Zielen gegenüber eher nachrangig erschienen. Auch zeigten die dokumentierten Befragungen und Beobachtungen, dass Formulierungen wie „Regelkinder" versus „Kinder mit Beeinträchtigung" als Differenzpraktik in dieser Kita auffallend präsent waren und auch in der Einrichtungskultur zum Ausdruck kamen. Eine langjährig gewachsene organisationale Kultur als „integrative" Einrichtung mit dem klaren Selbstverständnis einer Einrichtung für Kinder „mit und ohne Behinderung" kann als Einrichtungskultur eine hohe Beständigkeit entwickeln und so auch als Barriere für Veränderungen in Richtung einer stärker an Diversität und Partizipation ausgerichteten Einrichtungskultur wirken. In der Einrichtung schien diesbezüglich allerdings bereits ein kritisches Bewusstsein über die gewachsenen Strukturen und damit verbundenen Kulturen und Praktiken zu bestehen. Jedenfalls erhoffte sich die Einrichtungsleitung zu Beginn des Projekts eine Reflexion der bisherigen pädagogischen Arbeit und ein Aufbrechen der gedanklichen Trennung zwischen dem hier so genannten „Therapiebereich" und dem „Regelbereich".

Ein weiteres Potenzial des Projektes wurde zum Projekteinstieg in der diskursiven Auseinandersetzung mit der Thematik im Team durch die Qualifizierung des gesamten Teams im Projektrahmen gesehen. Denn auch wenn Integration und Inklusion in der Einrichtung bereits schon sehr lange im Fokus standen, wurden sie offenbar nicht in systematischer Form regelmäßig reflektiert, sondern als tradierte „Selbstverständlichkeit" in der Praxis weitergeführt, „dieses ‚wir machen das so', man hat es aber nie wieder groß diskutiert" (Leitung, Interview I). Durch das Projekt erhoffte man sich diesbezüglich neue Impulse:

> „...wir sind wieder, sind aus dem Trott ein Stück herausgekommen, den man so hat und denkt, okay, so wie es läuft, läuft es jetzt einfach und hinterfragen das mehr: Ist das eigentlich noch so? Wollen das die Kinder? Brauchen das die Kinder? Also so der Austausch ist wieder mehr." (Leitung, Interview 2015).

Nicht nur der Austausch im Team hatte hohe Relevanz und unterstützte aus Sicht der Befragten das reflexive Durchdringen des eigenen Handelns. Auch der Einbezug der Eltern und Familien, deren Mitwirkung im Projekt und die Berücksichtigung ihrer Wünsche und Ideen waren von Bedeutung. Dies kam unter anderem darin zum Ausdruck, dass Vertreter:innen der Elternschaft von Anfang an in das dort entstandene Index-Team zur Weiterentwicklung der inklusiven Praxis eingeladen wurden.

Kita II – Inklusion als konzeptioneller Ausgangspunkt für Team- und Profilentwicklung einer neu gegründeten Kita: Die sechsgruppige Kita wurde erst wenige Jahre vor Projektstart eröffnet und orientierte sich mit einem teiloffenen Konzept am Situationsansatz. Knapp 40 % der Kinder in dieser Kita waren im Projektzeitraum jünger als drei Jahre. Kinder, die Eingliederungshilfe erhielten (SGB XII oder SGB VIII) gab es zum Projektstart in der Kita keine. In der Kita arbeiteten insgesamt 20 pädagogische Mitarbeiter:innen, zudem kam eine Sprachförderkraft zweimal pro Woche für Einzelförderung ins Haus.

Da die Einrichtung noch nicht lange bestand, war der Aufbau der Kita und die Profilierung nach außen ein zentrales Thema. Die im Zusammenhang mit dem Projekt stattfindenden Teamfortbildungen gaben die Möglichkeit dazu und verlangten, dass sich das gesamte Team mit der eigenen konzeptionellen Ausrichtung auseinandersetzte, um ein gemeinsames Inklusionsverständnis zu entwickeln. Insbesondere das Thema Partizipation von Kindern spielte dabei eine zentrale Rolle. Die Leitung wirkte hier, getragen von hoher Motivation, offenbar als treibende Kraft für den Entwicklungsprozess.

Im Rahmen der Zusammenarbeit mit den Familien sah die Leitung es als nicht immer einfache Aufgabe an, das mit dem Projekt verbundene Inklusionsverständnis zu vermitteln und die von ihr auf Seiten von Eltern bzw. Sorgeberechtigten vermuteten Vorurteile und Vorbehalte abzubauen. Die Ergebnisse der zweiten Fragebogenerhebung wiesen darauf hin, dass sich die Zusammenarbeit mit den Familien durch die Projektteilnahme nicht erkennbar verbessern konnte und es wurde angeregt, diese fortan stärker in den Prozess miteinzubeziehen, um die Akzeptanz der Veränderungen in der Kita zu stärken.

Es gab im Projektverlauf eine relativ starke Fluktuation an Mitarbeiter:innen in dieser Kita. Daher war es nicht nur notwendig neue Kolleg:innen einzuarbeiten, sondern auch die „Neuen" im Prozess der Inklusionsentwicklung mitzunehmen. Dies wurde von der Leitung als große Herausforderung angesehen.

Der Weggang einzelner Fachkräfte wurde durchaus auch in Bezug zur konzeptionellen Weiterentwicklung der Kita gebracht. Einzelne Mitarbeiter:innen waren laut Darlegung der Leitungskraft wenig motiviert, nach dem zunehmend partizipativ ausgerichteten Konzept zu arbeiten. Die Mehrheit der Teammitglieder stand jedoch hinter dem Konzept. Im neu gegründeten Index-Team wurde entsprechend zunächst das Thema „neue Kolleg:innen" bearbeitet:

> „Also im Augenblick ist das eben die neuen Kollegen. Also wie stellen die sich vor? Wie erfahren die über unsere Arbeit? Wir sind ein Riesenhaus. (…) Dann haben wir so eine Art kleines Konzept geschrieben, haben wir jetzt als Index-Team schon mal angefangen, dass da die nötigsten Infos drin sind. Ja. Wo finde ich was und so. Einfach, dass wir hier gut zusammenarbeiten können. Das hat bis jetzt gefehlt, weil es eben auch ein neues Haus ist, es ist noch nichts eingespielt" (Pädagogische Fachkraft, Interview II).

Deutlich wurde, dass fehlendes Personal und häufige Personalwechsel Veränderungsprozesse in der Kita zwar verlangsamen, diese aber nicht verhindern. Durch die intensive Auseinandersetzung mit den Sichtweisen und Standpunkten der einzelnen Teammitglieder war ein Prozess der Teamentwicklung in der inklusionsbezogenen Einrichtungsentwicklung immanent. Dadurch, dass die Einarbeitung neuer Kolleg:innen in der Arbeit mit dem Index für Inklusion aufgegriffen und zum zentralen Thema gemacht wurde, waren die personellen Veränderungen weder ein Hindernis noch ein „Nebenprodukt" dieses Prozesses, sondern deren Ausgangspunkt und Motor.

Kita III – Inklusionsentwicklung und andere Baustellen: Diese Kita bestand bereits seit mehr als vier Jahrzehnten. Die Kinder wurden in vier Stammgruppen betreut und die Kita arbeitete mit einem teiloffenen bzw. gruppenübergreifenden Konzept. Es wurden mehrheitlich Kinder zwischen drei und sechs Jahren betreut, nur 8 % der Kinder waren im Projektzeitraum unter drei Jahre alt. Ein Kind in dieser Einrichtung erhielt im Erhebungszeitraum Eingliederungshilfe (SGB XII). In der Einrichtung arbeiteten insgesamt zehn pädagogische Fachkräfte.

Die Räume waren funktionsspezifisch ausgestattet (Rollenspiel, Bauen, Kreativ usw.) und konnten von allen Kindern genutzt werden. Für jeden der Räume waren jeweils zwei Fachkräfte zuständig, die nach einem Rotationsprinzip regelmäßig in einen anderen Funktionsraum wechselten. In der Kita war bereits seit längerer Zeit ein Umbau geplant, der eine Ausweitung auf fünf Gruppen vorsah und im Laufe der Projektlaufzeit in Baumaßnahmen mündete. Der Umbau war über den gesamten Projektverlauf hinweg ein zentrales Thema, da dieser mit erheblichen räumlichen Einschränkungen und Provisorien verbunden war.

Die Projektteilnahme erfolgte, laut Angabe der Leitungskraft, auf Basis einer gemeinsamen Teamentscheidung. Die Fachkräfte der Einrichtung stimmten der Aussage „Das Team unterstützt die Teilnahme am Projekt" zu 62,5 % voll zu. 37,5 % der Fachkräfte bestätigten die Aussage mit der Antwort „Trifft eher zu". Potenziale der Projektteilnahme bzw. hinsichtlich einer Entwicklung zu einer inklusiven Kita wurden insbesondere in den inhaltlichen Strukturen, dem Raumkonzept sowie den Öffnungszeiten und dem Tagesablauf gesehen, wobei eine geringe Unterstützung durch den Träger als Barriere wahrgenommen wurde.

Die schwierige Raumsituation im Zuge des Umbaus erforderte sehr viel Absprache und Kommunikation der Teammitglieder. Es musste teilweise auf sehr kleine Räume und auf Räume im Nachbargebäude zurückgegriffen werden. Als Gelingensbedingung stellte sich hier heraus, dass die Kolleg:innen es gewohnt waren, eng zusammenzuarbeiten und viel miteinander zu kommunizieren. Sie entwickelten gemeinsam und flexibel Strategien, um einen möglichst reibungslosen Betrieb für die Kinder zu ermöglichen. Darüber hinaus entdeckten sie das Potenzial der Mitbestimmung von Kindern bei der Entwicklung dieser Strategien. Beispielsweise gestaltete sich das An- und Ausziehen der Kinder aufgrund der räumlichen Enge schwierig. Durch die Einbeziehung der Kinder konnten gemeinsam Ideen entwickelt werden, wie mit dieser Situation am besten umgegangen werden sollte:

> „Weil alles zu eng war (…), wo wir dann im Team auch gesagt haben, jetzt fragen wir doch mal die Kinder, ob sie es auch so sehen und gucken wir doch auch mal, was die für Ideen haben. Da kamen auch tolle Ideen. Dass die gesagt haben, die Großen könnten sich ja im Zimmer umziehen und die Kleinen könnten mit Hilfe raus aber wir Großen können die Jacken nehmen und auch ein bisschen abseits sitzen zum Umziehen“ (Leitung, Interview 2016).

Durch den Umbau ergab sich außerdem neuer Spielraum für die zukünftige Gestaltung der Räume in Verbindung mit der inklusionsbezogenen Konzeption. So wurde die Einbeziehung der Kinder bei der Raumgestaltung zu einem ersten Schwerpunkt der Arbeit im Index-Team:

> „Eigentlich waren wir so an der Raumgestaltung gewesen. Was machen wir, wenn das rum ist? Und bei uns ist immer noch ganz unklar welcher Bereich in welches Zimmer soll. Welche Bereiche es überhaupt geben soll. Und nachher hatten wir (…) festgestellt wir müssen wirklich mit den Kindern ganz klar hingucken. Also, dass es gar nicht so wichtig ist, was wo drin ist, sondern dass wir mehr auf die Inhalte gucken und dieses auch mit den Kindern erarbeiten und erfragen und hinterfragen was ist sinnvoll und was nicht und ob das jetzt in dem Zimmer oder in dem, das ist wahrscheinlich im Endeffekt völlig egal“ (Leitung, Interview 2016).

Hier zeigte sich, dass die Herausforderungen an die pädagogische Arbeit durch den anhaltenden Umbau für dieses Kita-Team keine Hindernisse für die Inklusionsentwicklung darstellten. Vielmehr wurden die Fragen und Probleme, die im Zusammenhang mit dem Umbau auftraten, als Ausgangspunkt für die inklusionsbezogene Ausgestaltung der pädagogischen Praxis genommen, indem die Fachkräfte die Vorschläge der Kinder ernst nahmen und mit ihnen gemeinsam Antworten entwickelten.

Kita IV – Veränderungsprozesse fördern Konflikte zu Tage: Die vierte Einrichtung bestand seit etwa zwanzig Jahren und arbeitete nach dem Situationsansatz. Zur Einrichtung gehörten ein Krippen-, ein Elementar- und ein Hortbereich. Ehemals waren die Kinder in acht Gruppen betreut worden, seit wenigen Jahren arbeitete die Kita jedoch mit einem offenen Konzept, wobei es weiterhin Stammgruppen gab. Das Prinzip der Partizipation wurde als konzeptioneller Schwerpunkt der Einrichtung beschrieben. Knapp 14 % der Kinder in dieser Kita waren im Projektzeitraum unter drei Jahre und 24 % Prozent der Kinder über sechs Jahre alt. Insgesamt waren 22 pädagogische Mitarbeiter:innen in der Einrichtung tätig. Die Räumlichkeiten waren in die Funktionsbereiche Rollenspiel, Musik/Bewegung, Bücher/Brettspiele und Bauen aufgeteilt.

Wie die Ersterhebung zeigte, beruhte die Teilnahme am Projekt auf einer gemeinsam getroffenen Entscheidung von Team und Leitung. Ressourcen für die inklusionsbezogene Entwicklung der Kita sah die Leitungskraft insbesondere in der Offenheit des Trägers bezüglich der Thematik wie auch in der Aufstellung des Teams. Von dem Projekt erhoffte sich die Leitung insbesondere eine zunehmende Offenheit im Team, die Fähigkeit „Kinder mit einer Behinderung“ aufzunehmen sowie die Inklusionsentwicklung auf allen Ebenen zu stärken.

Die Auseinandersetzung mit dem Themenfeld Inklusion stellte das Team vor große Herausforderungen. Dabei wurde die Größe des Teams von der Leitung als Barriere im Veränderungsprozess benannt. Die Erarbeitung sowie Umsetzung von weiteren Schritten im Entwicklungsprozess seien demnach insbesondere in einem großen Team mit erheblichem Organisations- und Zeitaufwand verbunden. Verständigungsprozesse über inklusionsbezogene Themen gestalteten sich langwieriger. Zugleich erforderte die Inklusionsentwicklung ein hohes Maß an Kommunikations- und Diskussionsbereitschaft im Team. Nach Aussagen der Teammitglieder wurden, angeregt durch die Fortbildungen, bestehende Rollen- und Machtverhältnisse im Team kritisch hinterfragt, was auch dazu führte, dass bereits bestehende Konflikte offen zu Tage befördert wurden:

> „Ich glaube, wir im Team sehen, dass es doch keine große Harmonie gibt“ (pädagogische Fachkraft, Fragebogenerhebung 2016[2]).

Die Bearbeitung dieser Konflikte war dann im Rahmen der Prozessbegleitung nur zum Teil möglich und es zeigte sich: wenn die Zusammenarbeit im Team hintergründig durch Konflikte beeinträchtigt ist, wird auch die inklusionsbezogene Entwicklung erschwert, denn diese erfordert die Arbeit an einem kommunikativ erarbeiteten, gemeinsam getragenen pädagogischen Grundkonsens.

4.2 Qualifizierungen

Ein wichtiger und grundlegender Baustein des Projektes waren Inhouse-Fortbildungen, die von Prozessbegleiter:innen für das gesamte pädagogische Team durchgeführt wurden. Die dabei verwendeten Module rekurrierten auf das Kompetenzmodell frühpädagogischer Fachkräfte nach Nentwig-Gesemann, Fröhlich-Gildhoff, Harms & Richter (2011) bzw. Fröhlich-Gildhoff, Nentwig-Gesemann

2 Antwort zur Frage aus der zweiten Fragebogenerhebung: Was hat sich durch das Projekt verändert?

& Pietsch (2011) und orientierten sich inhaltlich an den von Sulzer/Wagner (2011) für eine inklusive Pädagogik definierten Kompetenzen. Hierbei ging es weder allein um die Vermittlung theoretischen Wissens noch um das Erlernen von direkt anwendbaren Handlungsregeln im Sinne von Rezeptologien. Vielmehr standen insbesondere reflexiv angelegte, situations- und einrichtungsspezifische Analysen im Vordergrund, d. h. die Identifikation der spezifischen Bedarfe und Schwerpunkte der jeweiligen Teams und hierauf abgestimmte Arbeitsschritte. Konkret waren die Inhalte der Qualifizierungen aufgeteilt in vier Kernmodule, hinzu kamen ein Reflexions- und ein Wahlmodul (vgl. Kap. 3.1; Schmude & Pioch 2015):

- Modul I (Dauer 2 Tage): Einführung und Sensibilisierung: Auseinandersetzung mit Inklusion im pädagogischen Kontext, Orientierung im Projekt sowie Denkanstöße und Reflexionen zu eigenen pädagogischen Praktiken, handlungsleitenden Orientierungen und den Kulturen in den Einrichtungen.
- Modul II (Dauer 1 Tag): Entwicklung inklusiver Kulturen und Verankerung inklusiver Werte in den Teams, Identifizierung von Ressourcen und Handlungsbedarfen in den Einrichtungen (Dimension A des Index für Inklusion).
- Modul III (Dauer 1 Tag): Entwicklung inklusiver Strategien und Konzepte, Reflexion und Veränderung auf der Strukturebene der Einrichtungen (Dimension B des Index für Inklusion).
- Modul IV (Dauer 1 Tag): Inklusive Praxis entwickeln und gestalten (Dimension C des Index für Inklusion)

Gefragt nach der Wirksamkeit lässt sich in der Gesamtschau zunächst ganz allgemein festhalten, dass sich die Team-Qualifizierungen in dieser Konzeption als inklusionsbezogen qualitätsförderlich und inhaltlich ertragreich erwiesen haben. Die Fachkräfte, die in den Interviews explizit um Rückmeldungen zu den Fortbildungen gebeten wurden, meldeten insgesamt eine hohe Zufriedenheit zurück und äußerten sich durchweg positiv zu den Inhalten und der Gestaltung. Dabei wurde auch die eigene Professionalisierung thematisiert:

> „Aber was einfach super war, sind die vielen praxisnahen Denkanstöße, die man so mitbekommen hat, nochmal genauer hinzugucken, sich selbst zu reflektieren. Also das haben wir ja auch oft gemacht. Einfach mal zu gucken, was für Denkmuster hat man selbst. Von daher finde ich auch, dass für mich persönlich ist es sehr gut gelaufen, war eine Bereicherung auf jeden Fall."

Im komplexen Kita-Alltag müssen pädagogische Entscheidungen stets unter Handlungsdruck getroffen werden und Reaktionen prompt erfolgen. Arbeitsformen, die einen reflexiven Zugang zum eigenen pädagogischen Handeln ohne unmittelbaren Handlungsdruck ermöglichen, sind daher eine gewinnbringende

Möglichkeit für die gedankliche Entwicklung von fallbezogenen Handlungsalternativen, die dann einen Beitrag dazu leisten können, auch in weiteren und überraschenden Situationen im Kita-Alltag handlungsfähig zu bleiben und das eigene Handlungsrepertoire weiterzuentwickeln (Seitz & Hamacher 2020). Die Fortbildungen im Projekt boten den Beteiligten die Möglichkeit, sich pädagogische Alltagssituationen in der Rückschau vor Augen zu führen, in einem kommunikativ gestalteten Rahmen darüber im Team zu kommunizieren und zu reflektieren. Auch eine andere Befragte betont den spezifischen Wert der reflexiv angelegten Qualifizierung:

> „[…] und man hat eigentlich bemerkt, es gibt kein Richtig und kein Falsch. Und das finde ich toll. Man bekommt auch mal Beispiele, beziehungsweise ja sie [die Prozessbegleiterin] stellt sie dann trotzdem fragend in den Raum. Wie gesagt man kann nicht mit „richtig oder falsch“ antworten und das finde ich toll. Die Prozessbegleitung sagt nicht „sind sie sich sicher“ oder so, sondern es wird ganz offen stehen gelassen, dass man schon automatisch sagt, stimmt, es gibt eigentlich kein Richtig und kein Falsch.“

Dieser Ausschnitt macht die Potenziale deutlich, die sich aus einer fragenden Haltung nicht nur bei der Prozessbegleitung, sondern auch im Format der Fortbildung ergeben, die sich hier in der Haltung der Befragten wiederfindet. Verbunden ist sie mit der Überlegung, dass die Komplexität von Handlungsoptionen nicht im Muster von richtig-falsch denken lassen, sondern diese Logik übersteigen und es auch Mehrdeutigkeiten geben kann, deren Reflexion sich stärkend auf die eigene Handlungssicherheit auswirkt. Bestätigt hat sich auch das Setting als Fortbildung für das gesamte pädagogische Team, denn hierdurch konnte erreicht werden, dass Veränderungen nicht nur auf der individuellen Ebene angeregt wurden, sondern Reflexionen und Auseinandersetzungen mit verschiedenen Thematiken im Team kommuniziert und ausgehandelt werden, was die Arbeit an geteilten Werten wie insgesamt die Teamkohäsion befördern kann, wie dies eine Fachkraft andeutet:

> „Und vor allen Dingen was toll ist, dass wir das alle machen, dass es wirklich eine Teamfortbildung ist und man zieht gemeinsam an einem Strang und es wächst gemeinsam. (...) Was jeder natürlich INDIVIDUELL mit einbringt oder individuell ist, das ist es eine andere Geschichte. Aber ich denke so, im Großen und Ganzen, dann zieht man an einem Strang.”

Dass im Rahmen des Projektes tatsächlich das gesamte pädagogische Team an den Fortbildungen teilnahm, bot viel Potenzial, ist aber in der Frühen Bildung eher die Ausnahme:

> „[…] also wir finden die Form der Team-Fortbildung generell gut. Das ist auch eine Sache, die im Bereich der Kindertagesstätten nicht immer selbstverständlich ist. (...). Das ist Luxus. Und das sehen wir auch."

Auch eine Leitungskraft betonte die Bedeutung und positive Wirkung auf das Team, die durch die Fortbildungen erreicht wurde und stellt hier die Veränderungsbereitschaft heraus:

> „Und deswegen war es nach jeder Fortbildung eigentlich so, ich nenne es jetzt mal ein bisschen „flapsig" so eine Aufbruchsstimmung. „Was kommt jetzt?". Also was kommt, was kommt. Und das ist eher freudiges „Was kommt?" Ich denke, wirklich für mich das Wichtigste ist, dass dieses Projekt einen Reiz für die Kolleginnen ausmacht, dass es eine Motivation gibt."

Bei vielen Fachkräften wurde durch die Fortbildungen ein Reflexionsprozess zu normalitätsgeleiteten Vorstellungen in Gang gesetzt. Von besonderem Wert war dabei die Verknüpfung von fallbezogenen Reflexionen und Wissenserwerb, indem sich Inhalte der Qualifizierungen gut mit Alltagssituationen verknüpfen ließen, wie dies eine Fachkraft in folgendem Interviewausschnitt beispielhaft berichtet:

> „... so jetzt im Nachhinein also es gab Situationen mit einem Kind, wo mir dann jetzt am letzten Fortbildungstag als es um Gender ging, mir Situationen eingefallen sind, die genau das widergespiegelt haben. Wo ich ganz oft drüber nachgedacht habe. Also zum Beispiel wenn ein Junge mit lackierten Fingernägeln kommt und ich die Reaktionen manch anderer Kinder darauf mitbekommen habe und auch darauf angesprochen wurde, dass es ja nicht normal ist und so. Das war für mich so ein ganz prägnantes Bild, das ich sofort mit der Fortbildung in Verbindung gebracht habe: Warum ist das denn nicht normal? Also was ist daran anders? Also das sind dann so Situationen, wo ich dann an die Fortbildung denke."

Die Aussage der Fachkraft verdeutlicht die Wirkung und die Prozesse, die u. a. durch die Fortbildungen angestoßen wurden und die eine wesentliche Voraussetzung für die Entwicklung inklusiver Praxis darstellen: Dominante Normalitätsvorstellungen hinterfragen und das eigene Denken und Handeln reflektieren, zum einen auf der individuellen Ebene und idealerweise auch gemeinsam im Team.

Ein Problem stellte für einen Teil der Einrichtungen die Fluktuation von Mitarbeiter:innen dar. Die in den Einrichtungen gebildeten Index-Teams, deren Aufgaben im Folgenden noch näher erläutert werden, konnte hier in einigen Fällen stärkend wirken, um auch neue Mitarbeiter:innen im Prozess „mitzunehmen", dennoch ließ sich die Verstetigung pädagogischer Leitideen unter Bedingungen von personeller Fluktuation als kontinuierliche Herausforderung festhalten.

In der zweiten Fragebogenerhebung[3] wurden inklusionspädagogischen Fortbildungen von 92 % der teilnehmenden Fachkräfte (n=107) als wichtig (41 %) oder sehr wichtig (51 %) für die Nachhaltigkeit des Prozesses eingeschätzt. Den Aspekten „Austausch im Team" sowie „Reflexion der eigenen Haltung" wurde jedoch eine noch höhere Priorität eingeräumt. 23 % der Fachkräfte bewerteten den Austausch im Team als wichtig und knapp 77 % sogar als sehr wichtig. Die Reflexion der eigenen Haltung bewerteten übereinstimmend knapp 20 % der Fachkräfte als wichtig und knapp 80 % als sehr wichtig.

Komplementär zu diesem Befund berichteten die Prozessbegleiter:innen, dass sie sich im Verlauf in Teilen von dem vorab geplanten festen Themenablauf gelöst haben, um auf die konkreten Bedarfe der Kitas spezifischer einzugehen und den Austauschprozessen im Team Zeit einzuräumen. Grundsätzlich erwies sich jedoch das strukturelle Format, gekennzeichnet durch ganztägige Inhouse-Fortbildungen, die Adressierung des gesamten pädagogischen Teams sowie einen intensiven Austausch anhand konkreter Fallbeispiele, als sehr ertragreich.

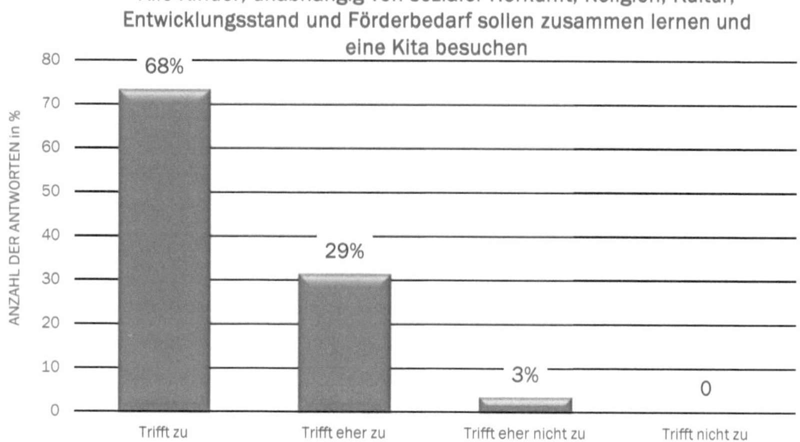

Abbildung 3 Zweite Fragebogenerhebung: Zustimmung zu der Aussage: „Alle Kinder, unabhängig von sozialer Herkunft, Religion, Kultur, Entwicklungsstand und Förderbedarf, sollen zusammen lernen und eine Kita besuchen" (n=107)

In Bezug auf die Zustimmung zur inklusiven Praxis in Kita und Schule konnte nach der Qualifizierung der Teams im Modellprojekt eine deutliche Verände-

3 Frage aus der zweiten Fragebogenerhebung: „Um den Prozess und die Weiterentwicklung im Hinblick auf die Umsetzung von Inklusion aufrecht zu erhalten und stetig weiter zu entwickeln, braucht es insbesondere…"
Zur Bewertung wurden 12 Optionen aufgeführt, für die es je vier Antwortmöglichkeiten, je nach Relevanz, gab: Sehr wichtig-wichtig-weniger wichtig-nicht wichtig.

rung festgestellt werden. Während zu Projektbeginn noch 54 % der Fachkräfte in den beteiligten Kitas dem inklusiven Spielen und Lernen in der Kita voll zustimmten (n=125), waren es zum Ende 68 % aller Befragten (n=107). Auch der Anteil der Fachkräfte, die dem gemeinsamen Lernen aller Kinder in der Schule voll zustimmen, stieg von 36 % auf 47 %. Zu vermuten ist daher, dass durch die Projektinhalte Möglichkeitsräume und Handlungsoptionen eröffnet wurden, die den Fachkräften trotz gleicher (struktureller) Bedingungen zum Projektende inklusive Praxis sowohl in der Kita als auch in der Schule als eher umsetzbar erscheinen lassen.

4.3 Prozessbegleitung

Die vier Prozessbegleiter:innen nahmen in dem Projekt eine zentrale Rolle ein. Sie begleiteten die zehn Einrichtungen während des gesamten Prozesses, wobei je nach Größe des Kita-Teams ein bis zwei Prozessbegleiter:innen für eine Einrichtung zuständig waren und direkt mit den Teams zusammenarbeiteten. Im Projektverlauf folgten die Prozessbegleiter:innen dabei zunehmend weniger stringent dem Modulhandbuch, sondern stärker angepasst an die Gegebenheiten der Einrichtungen und Bedarfe der jeweiligen Teams.

Um zu ermitteln, welche Erfahrungen die vier Prozessbegleiter:innen in der Arbeit mit dem Konzept, dem Modulhandbuch und der Arbeit mit den Kitateams gemacht haben, wurde in der Schlussphase des Projekts ein Gruppeninterview mit ihnen durchgeführt. Übereinstimmend kamen hier die Prozessbegleiter:innen zu der Einschätzung, dass eine Orientierung am „Index für Inklusion" (GEW 2015) konzeptionell höchst ertragreich für die Prozessbegleitung ist und Teams in vergleichbaren Prozessen frühzeitig mit dem Instrument und der spezifischen Arbeitsweise vertraut gemacht werden sollten. Das Manual (Schmude & Pioch 2015) stellt aus ihrer Sicht ein Bausteinsystem mit inklusionsrelevanten Themen und didaktischen Übungen zur Verfügung, die flexibel herangezogen werden sollten, um vertiefende Schwerpunkte der Prozessbegleitung und somit aktuelle Fragestellungen und Themen der jeweiligen Einrichtung aufgreifen und bearbeiten zu können.

Die pädagogischen Fachkräfte erlebten den Einsatz der Prozessbegleiter:innen vor allem deswegen als gewinnbringend, weil hier nicht nur Fachwissen vermittelt wurde, sondern sie sich handlungsnah begleitet fühlten. Auf unterschiedlichen Ebenen, sei es in Bezug auf die Vielfalt im eigenen Team, die Räumlichkeiten der Kita oder die individuellen Werte und Überzeugungen, konnte ein gemeinsames Nachdenken stattfinden und es konnten Impulse für Reflexionen und Veränderungen gegeben werden.

Im Interview fasst eine Leitungskraft den Gewinn des Projektes insgesamt zusammen und hebt dabei die Bedeutung der Prozessbegleitung hervor:

„Dadurch, dass wir die Möglichkeit haben eben an uns selbst zu arbeiten und wie viele Aha-Effekte so ein Projekt auch auslöst, das finde ich ganz toll. Dass wir diesen Begriff Inklusion in einer ganz anderen Art wahrgenommen haben und diesen Begriff komplett anders definieren jetzt wie vor dem Einstieg ins Projekt. Und vor allem den Teamentwicklungsprozess finde ich wichtig, weil wir nur Inklusion leben können, wenn wir auch wirklich ständig und von Anfang an an uns arbeiten. Das ist uns auch klar geworden, dass das eigentlich das Allerwichtigste ist. Und deswegen muss ich nochmal mit Nachdruck sagen: es ist ganz wichtig so ein Team zu begleiten, in den eigenen Prozessen, in den Teamprozessen, damit steht und fällt alles. Das Fachwissen, auf das können wir immer wieder zurückgreifen. Da denke ich, kann man sich auch Neues dazu holen. Aber dieses gemeinsam an einer Haltung zu arbeiten und an den Grundlagen von Inklusion und Diskussionen, Prozesse in Gang setzen, das finde ich ganz, ganz wichtig. Und auch die Prozesse, die wir dadurch losgetreten haben: sich selbst zu reflektieren, eigene Vorurteile zu hinterfragen und sich die überhaupt mal bewusst zu machen, hat ganz viel bewirkt."

Für diese Leitungskraft war die Prozessbegleitung der entscheidende Motor für den Entwicklungsprozess der Einrichtung. Dabei hebt sie die reflexive Ausrichtung der Arbeit hervor, die es ermöglicht, sich Vorurteilen bewusst zu werden und diese zu hinterfragen. Im Hinblick auf die Nachhaltigkeit ist sie dennoch nur bedingt optimistisch und sieht diesbezüglich ein Coaching zum Leitungshandeln als sinnvoll an:

„Ich könnte sehr gut nochmal so eine extra Supervision gebrauchen. Coaching, Leitungs-Coaching, weil wir doch am besten lenken können als Leitungen und unser Team dann mitnehmen können. Und dass wir da auch gestärkt werden. Mit Methoden wie man da weiter das Team begleitet und dran arbeitet, weil ich glaube, wenn dann irgendwann die Prozessbegleitung weg ist, ist es ganz wichtig, dass wir mit einem guten Rucksack oder Paket ausgestattet sind dazu wie man weiterarbeiten kann, wie man Prozesse anstößt, wie man moderiert, also ich sehe mich da einfach noch nicht."

Für die Prozessbegleiter:innen war es hochrelevant, individuell auf die Teams und deren Erfahrungen eingehen zu können und sich thematisch einrichtungsspezifisch zu orientieren. Dabei plädierten sie dafür, auf die in den jeweiligen Einrichtungen aktuell relevanten Themen einzugehen und den Index für Inklusion als leitendes Medium zu nutzen, um die Kita-Teams frühzeitig zur Nutzung des Index' zu befähigen. So berichtet eine der Prozessbegleitungen im Gruppeninterview:

„Also ich denke, ich würde empfehlen die Schwerpunkte anders zu setzen. Und zwar der leitende rote Faden ist das Handbuch Index für Inklusion und nicht das Manual. Und das Manual ist im Grunde die Materialsammlung für Themen, die sich auftun

> im Index-Prozess der Teams. Und dann kommt bei einigen Teams eben dieses Thema „Jungen und Mädchen“ oder „Geschlechterperspektive“ stärker in den Vordergrund. Bei den anderen kommen möglicherweise „Familien“. Wenn ich jetzt die Einrichtung betrachte, die ich begleite, wir wären auf die Themen gekommen im Laufe eines guten Prozesses, so wie ich es auch beraterisch verstehe. Nur nicht zu vorab festgesetzten Tagen an den Fortbildungstagen.”

Der Wert prozessorientierter Arbeit mit den Teams wurde im Gruppeninterview mehrfach betont:

> „Weiterbildungen und Fortbildungsangebote für Erzieherinnen müssen wir prozessorientiert aufbauen, sonst verpufft das einfach. Und wenn ich noch einmal beginnen würde, würde ich vermutlich den Mut haben nicht mit dem Manual zu beginnen, sondern die ersten beiden Tage mit dem Index. Und dann die Prozesse aufzunehmen und dann zu gucken das Manual auch verfügbar zu machen und zu sagen „und welche fachlichen Themen könnten wir uns daraus noch als Ergänzung erschließen? Wo brauchen wir theoretisch fundierte Erklärungen?“. Das lässt sich dann auch im Teamentwicklungsprozess eingliedern. Und damit wird der Inklusionsprozess in der Tat zum Teamentwicklungsprozess.”

Ein fester Ablauf von Fortbildungsinhalten wird im Rückblick hingegen als weniger gewinnbringend eingeschätzt:

> „Also ich sah mich am Anfang konfrontiert – die Fortbildungen, das war so ein bisschen wie Container füllen und jetzt stehen die darum auf dem Hof und wissen nicht wie soll man die jetzt arrangieren. Und jetzt erst legen wir die Gleise, damit das ganze transportabel gemacht werden kann. Wenn ich so bildhaft als Metapher das benutzen will. Also wir hätten erst die Gleise legen sollen bevor wir die Container auf die Gleise stellen, damit die überhaupt manövrierfähig werden.”

Die Prozessbegleiter:innen meldeten somit im Rückblick übereinstimmend zurück, dass sie es als ertragreicher einschätzen, die Fortbildungen noch weniger nach einem festgesetzten Ablauf zum kumulativen Kompetenzaufbau der Einzelnen zu gestalten und befürworteten eine adaptierte Schwerpunkt- und Themenwahl, je nachdem, was in der jeweiligen Einrichtungskultur aktuell relevant ist und auf welche Themen die Fachkräfte im laufenden Prozess und in der Auseinandersetzung stoßen. Dieser Ansatz wurde im Verlauf des Fortbildungsprozesses auch umgesetzt und ermöglichte in der Folge ein stärker an Reflexion ausgerichtetes Arbeiten:

> „Das entspricht nicht meiner Art Fortbildungen zu machen. Also Material zu haben und es dann weiter zu transportieren. Also normalerweise arbeite ich erfahrungs-

> orientiert. Was sind die Erfahrungen und was könnte der nächste Schritt in der Arbeit um ein Thema sein? Und so habe ich es dann auch nach den beiden Einführungstagen praktiziert. Und habe stärker Wert darauf gelegt, dass es auch biografische Methoden sind, dass deren Erkenntnisse und Erfahrungen einfließen und bin nicht mehr so ganz so treu an den Kompetenzen entlang."

Die Prozessbegleitungen empfahlen daher zukunftsbezogen das Instrument zu flexibilisieren:

> „Von daher wäre es sinnvoll man hätte eine Materialsammlung, also nicht ein Manual und Curriculum, sondern eine Materialsammlung, eine Werkzeugkiste, so nenne ich es mal, und dann bedient man sich der thematischen Bausteine so wie es passt, und ich habe den Mut gehabt die Themen einfach ein bisschen auszutauschen. Und dann gemerkt, heute würde ich es in der Reflexion doch nochmal ein bisschen anders machen, aber da im Grunde nicht konsistent den Inhalten des Manuals zu folgen, sondern zu gucken was passt da jetzt gut hin."

Die Prozessbegleiter:innen empfahlen auf der Basis ihrer Erfahrungen für weitere Projekte übereinstimmend, ein Manual als „Werkzeugkiste" mit didaktischen Übungen und Materialien einzusetzen und dieses als Grundstock für die prozessorientierte Arbeit mit Kita-Teams heranzuziehen. Eine solche prozess- und adressat:innenorientierte Vorgehensweise erfordert eine hohe Kompetenz des Prozessbegleitenden, da sich hier nicht 1:1 auf ein vorgegebenes Curriculum gestützt werden kann, sondern dieses im Sinne der Zielgruppenorientierung flexibilisiert werden muss. Um diesen Ansprüchen gerecht zu werden, ist eine hohe moderative und erwachsenendidaktische Professionalität notwendig.

In der zweiten Fragebogenerhebung blickten die Fachkräfte auch auf die Kooperation mit der Prozessbegleitung zurück.[4] Lediglich ca. 11 % der Fachkräfte erlebten die Kooperation als eher nicht bzw. nicht positiv. Wenn man diese Frage einrichtungsspezifisch auswertet, so fällt auf, dass der überwiegende Teil der Einrichtungen eine positive Kooperation bestätigen und in nur zwei der Einrichtungen Abweichungen zu erkennen sind.

Auch wenn die Zusammenarbeit zwischen den Prozessbegleiter:innen und den Kita-Teams unterschiedlich verlief, haben die Prozessbegleiter:innen den Prozessverlauf übereinstimmend wesentlich geprägt und konnten insbesondere durch die eigenen Praxiserfahrungen und die hieran ausgerichtete Arbeitsweise viel bewirken. Beispielhaft dafür ist diese Aussage einer Fachkraft im Interview:

---

4 Zweite Fragebogenerhebung: Zustimmung zu der Aussage: „Ich erlebe die Kooperation mit den Prozessbegleiter:innen als positiv." (n=107): 51,4 % Trifft zu, 37,4 % Trifft eher zu, 9,3 % Trifft eher nicht zu, 1,9 % Trifft nicht zu.

> „Also es war immer viel praxisnahe Info, die wir gekriegt haben. Also es ist immer wieder so ein Arbeiten hauptsächlich an sich selbst. Dann hat man eben bestimmte Sachen zum Thema Inklusion gehört und dann sitzt man danach da und sitzt dann noch drei Wochen später in der Gruppe, hat irgendwas gemacht und denkt so „oh, was war denn das jetzt gerade" (lachend) oder so oder man denkt so „ach ja, genau, das war jetzt so zum Thema den Kindern eben das zu ermöglichen".

Die Aussage der Fachkraft verdeutlicht, dass reflexive Prozesse noch lange nach den Fortbildungen im praktischen Handeln aktualisiert und dann reflektiert wurden, was es ermöglicht, diese Erfahrungen im nächsten Fortbildungstag einzubringen.

Die Frage, was für sie das Wichtigste in der Arbeit mit den Kindern ist, beantwortet eine Fachkraft zum Ende des Projekts folgendermaßen:

> „[...] das Kind da abzuholen, wo es steht und halt auch versuchen es darin weiterentwickeln zu lassen, ja. Ihm die Angst zu nehmen, jetzt steht der Riese da vor mir und „Blablablablabla", ja?! Sondern halt auch mal wirklich runter zu gehen und zu sagen, „Komm, wir beide wir suchen uns mal was.", ja. Also das ist mir schon sehr wichtig. Also mir ist auch die MEINUNG wichtig von Kindern. Oft ertappt man sich, dass man doch erstmal selbst entscheidet, ja, was aber nicht sein soll. Wo man dann aber auch wieder für sich in die Reflexion geht, aber mir ist es schon wichtig das Kind da abzuholen, wo es steht. Und jedes individuell" (Pädagogische Fachkraft, Interview 2015).

In diesem Interviewausschnitt wird die Bedeutung selbstreflexiver Prozesse für die individuelle Entwicklung inklusiver Praxis hervorgehoben. Die Fachkraft beschreibt hier explizit, wie sie in reflexiven Prozessen selbstkritisch feststellt („sich ertappt"), dass sie den eigenen Anspruch an eine partizipative Praxis dabei (noch) nicht durchgehend umzusetzen vermag, was über die Reflexion der Bearbeitung zugänglich wird (vgl. Fröhlich-Gildhoff, Nentwig-Gesemann, & Pietsch 2011).

Zusammenfassend lässt sich sagen, dass die Prozessbegleitung dem Projekt durch ihre Vielfalt an Kompetenzen, Erfahrungen und Expertise ein individuelles Profil verliehen. Nach Beendigung des Projektes erwies sich daher die Frage nach der Nachhaltigkeit als Dreh- und Angelpunkt. Strategien zur eigenständigen Weiterführung der Prozesse in den Einrichtungen wurden gesucht und über die Index-Dynamik sowie weitere Fachtage erfolgreich entwickelt.

Im Folgenden wird hieran anknüpfend auch die Wirksamkeit weiterer, in dem Projekt vorgesehenen Interventionen bzw. „Handwerkzeuge" reflektiert.

4.4 Arbeit mit dem Index für Inklusion

Inklusionsbezogene Prozessbegleitung mit Kita-Teams braucht ein planvolles Vorgehen, dass die spezifische Situation und die virulenten Fragen und Themen von Kitateams aufgreift und zugleich inhaltliche Impulse zur Verfügung stellt. Ein hierfür verschiedentlich erprobtes Instrument ist der Index für Inklusion für Kindertageseinrichtungen (Booth et al. 2006b; GEW 2015). Er wurde auch im hier zugrunde gelegten Projekt genutzt, um Kita-Teams zur eigenständigen Arbeit mit inklusionsbezogenen Fragen zu bestärken und so die Nachhaltigkeit der Maßnahmen abzusichern. Mit dem Ziel, diesen Prozess langfristig aufrecht erhalten zu können und stetig an bestimmten inklusionsrelevanten und einrichtungsspezifischen Themen weiterzuarbeiten, wurden in den Einrichtungen Index-Teams gebildet.

Es liegen immer noch nur wenige Forschungsarbeiten zur Implementierung oder zu den Wirkungsweisen des Index für Inklusion in Kindertageseinrichtungen vor, Forschungs- und Erfahrungsberichte beziehen sich im deutschsprachigen Bereich bislang vorwiegend auf die Schule (vgl. Boban & Hinz 2015, S. 7; Brugger-Paggi, Demo & Gerber 2013). Inklusive Bildung gilt jedoch als Qualitätsmerkmal früher Bildung insgesamt (vgl. Fritzsche & Schastok 2001) und der Index für Inklusion ermöglicht eine strukturierte mehrperspektivische Bearbeitung von gemeinsamen Themen und Problemfeldern. Platte (2010) zeigt auf, dass der Index für Inklusion als pädagogische Leitorientierung und Grundlegung sowie als konkretes Arbeitsinstrument dienen kann, indem die Auseinandersetzung mit den Fragen Austausch, Selbstreflexion und das kritische Hinterfragen selbstverständlich erscheinender Praxis angeregt wird, bis zu professioneller und kollegialer Positionierung und zur Abstimmung über gemeinsame Zielvorstellungen. Das Instrument eignet sich daher, um Veränderungsbereitschaft hinsichtlich des pädagogischen Alltags anzuregen und konkrete Veränderungsprozesse zu strukturieren und zu reflektieren, weil unterschiedliche Ebenen prozesshaft und konsequent verbunden werden (vgl. GEW 2015, S. 34 ff.).

Qualitätsentwicklung erfolgt im sogenannten "Index-Prozess" zirkulär, was in der neueren Fassung als „Haus der Inklusion" dargestellt wird. Die Ebenen im Haus sind miteinander verwoben und nicht als bloßes Nacheinander konzipiert wie in vielen vergleichbaren Tools zur Qualitätsentwicklung. Der Index-Prozess umfasst im Einzelnen die folgenden Ebenen, die im Haus der Inklusion als Stockwerke veranschaulicht werden:

0. Beginn (Schlüsselmomente, Einigungsprozesse)
1. Analyse und Reflexion
2. Plan und Aktion
3. Reflexion und Selbstevaluation

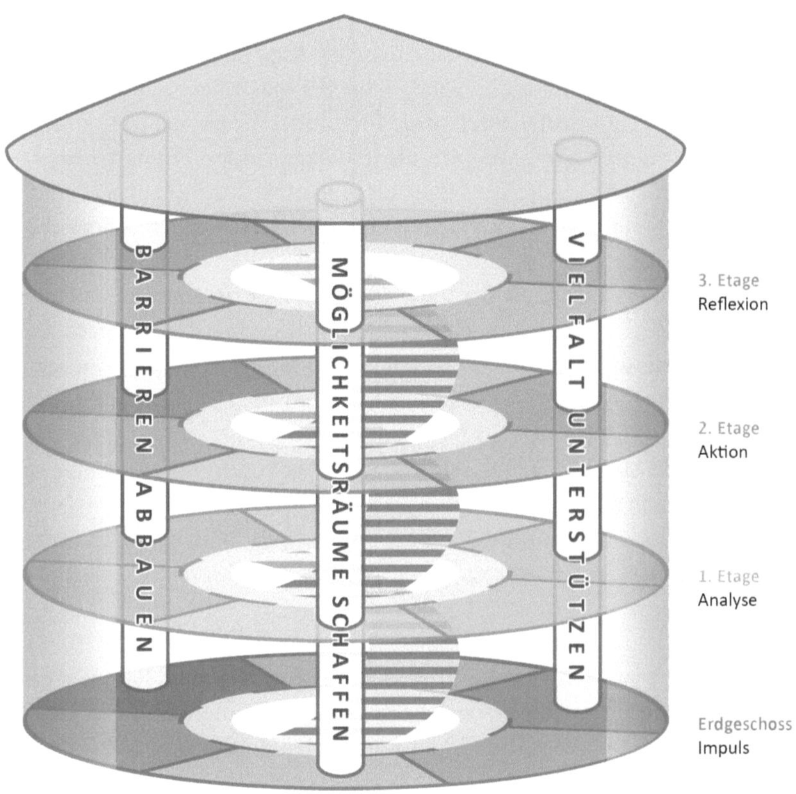

Die Bewohner der einzelnen Etagen

Kind	ErzieherIn	VertreterInnen des Trägers
Kindergruppe	Team	VertreterInnen des Gemeinwesens
Eltern	LeiterIn	VertreterInnen von Politik und Verwaltung

Abb. 4: Haus der Inklusion (entnommen GEW 2015, S. 30)

Das Haus der Inklusion steht auf den drei Säulen „Barrieren abbauen", „Möglichkeitsräume schaffen" und „Vielfalt unterstützen". Damit werden zugleich die drei zentralen Zielsetzungen im Prozess der Entwicklung inklusiver Qualität mit dem Index benannt, die das Vorgehen strukturieren. Über Indikatoren und Fragestellungen bietet der Index auf dieser Basis zahlreiche inhaltliche Impulse, um auf der Grundlage des Wissens und der Erfahrungen aller Beteiligten die eigene pädagogische Praxis zu reflektieren (weiterführend siehe Kap. 3.1).

Als Aufgabe der Index-Teams wurde vereinbart, den „Index-Prozess" auch unabhängig von der Prozessbegleitung aufrecht zu erhalten. Die Bildung der Index-Teams verlief in den Einrichtungen sehr unterschiedlich - nicht nur hinsichtlich ihrer personellen Zusammensetzung. Auch die grundsätzliche Etablierung dieser Arbeitsweise hat nicht in allen Einrichtungen gleichermaßen gut funktioniert, wie im Folgenden anhand der vier ausgewählten Modelleinrichtungen erläutert wird. Hier wurden neben teilnehmenden Beobachtungen auch je zwei Interviews mit Mitgliedern aus dem Index-Team geführt, um einen Eindruck davon zu bekommen, wie die jeweiligen Index-Teams arbeiten, wie praktikabel ihnen der „Index für Inklusion" als Arbeitsinstrument erscheint und welche möglichen Barrieren und Herausforderungen sich in den Teams identifizieren lassen.

Die personelle Aufstellung der Index-Teams wurde sehr unterschiedlich umgesetzt. In einer der Einrichtungen wurde darauf geachtet, das Team möglichst heterogen zusammenzusetzen. So berichtete ein Mitglied aus dem dortigen Index-Team:

> „Also meiner Meinung nach ist es wichtig, dass wir verschiedene Personengruppen im Index-Team haben. [...] von jeder Gruppe eine Person oder halt auch die Therapeuten. Also ich finde so wie unser Index-Team aufgestellt ist, ist es auch richtig um einen angemessenen Austausch zu haben und auch die Seiten von verschiedenen Personen zu hören."

Dieses Index-Team entwickelte über den vorstrukturierten Rahmen hinaus den Plan, neben Eltern bzw. Bezugspersonen, Fachkräften aus allen Gruppen und Therapeut:innen auch die Kinder und die Integrationskräfte mit einzubeziehen:

> „Also wir hatten uns auch vorgenommen die Kinder noch mehr zu befragen. Wobei wir jetzt eher dazu übergegangen sind, dass die Index-Team-Mitglieder in ihrer Gruppe die Kinder befragen. Also das war, was wir eigentlich noch wollten, was wir jetzt noch nicht so dabei hatten. Aber wir hatten keinen, dem wir gesagt haben, den wollen wir nicht. Also wir hätten gern noch einzelne Integrationskräfte dabei gehabt, aber das ist daran gescheitert, dass die nur die Stunden, in denen sie mit dem Kind tätig sind, bezahlt kriegen."

Die meisten anderen Index-Teams waren in ihrer Zusammensetzung weniger heterogen und bestanden hauptsächlich aus pädagogischen Fachkräften und Leitungskräften, wobei die Teilnahme der Leitungskräfte unterschiedlich gesehen und praktiziert wurde:

> „Eigentlich kam es dazu, weil unsere Prozessbegleiterin, gemeint hat, es soll die Leiterin dazu. Also ich wollte ursprünglich gar nicht ins Index-Team und dann hieß es, ich sollte dazu."

In einer Einrichtung hatten wir während der teilnehmenden Beobachtung die Möglichkeit, an einer Index-Teamsitzung teilzunehmen. Das dortige Index-Team traf sich regelmäßig einmal pro Woche für eine Stunde und bestand im Projektzeitraum aus insgesamt fünf pädagogischen Fachkräften. Das Treffen fand während des laufenden Kitabetriebs in einem der Gruppenräume statt. Eines der Mitglieder berichtete im Interview, dass mangelnde zeitliche Ressourcen eine große Barriere für ein Treffen mit allen fünf Index-Teammitgliedern darstellen. Feste Termine bildeten jedoch für den Arbeitsprozess eine wichtige Basis.

In einer weiteren Kita war es weniger die zeitliche Organisation der Treffen, die eine Barriere darstellte und als Problem definiert wurde, sondern die Anerkennung des Index-Teams durch das Gesamtteam bzw. die Vermittlung von Inhalten und Informationen an das Gesamtteam. Eines der Mitglieder dieses Index-Teams beschrieb dies wie folgt:

> „Also ich hätte mir gewünscht, dass mehr vom Team dazukommen. Also wir haben das Problem, dass der Index-Prozess im Team nicht so ankommt, wie es wahrscheinlich gedacht war. Also vom Team wird das Ganze, denke ich, doch eher kritisch wahrgenommen."

Die gleiche Fachkraft berichtete, dass Prozesse hier eher durch Anregungen und Impulse der Prozessbegleitung initiiert wurden, wohingegen das Index-Team Probleme mit der Anerkennung im Gesamtteam hatte. Vor allem die zeitlichen Ressourcen, die das Index-Team durch ihre Treffen beanspruchte, wurden von dem Gesamtteam offenbar kritisiert:

> „Dass wir dienstags als Index-Team diese zwei Stunden raus sind, wurde auch teilweise kritisch gesehen, weil die Kollegen mehr abzufangen haben am Kind und dass wir dann quasi auch noch diese Arbeitsaufträge verteilen und noch eine Zusatzarbeit geben, obwohl wir schon raus sind ist schwierig wahrgenommen worden teilweise."

Der in den Interviews gewonnene Eindruck, dass die Zusammenarbeit von Index-Teams und Gesamtteam vor dem Hintergrund fehlender zeitlicher Ressourcen für Abstimmungen eine große Herausforderung darstellte, bestätigten Ergebnisse der zweiten Fragebogenerhebung. Hier sollten die Fachkräfte die Aussage „Ich erlebe die Zusammenarbeit zwischen Index-Team und Gesamtteam als positiv" bewerten, d. h. je nachdem mehr oder weniger zustimmen.

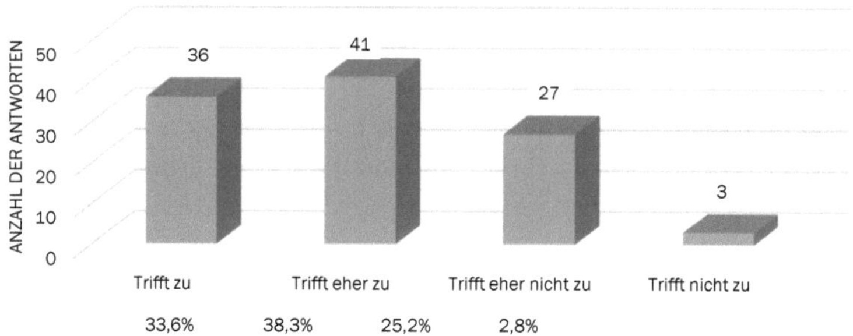

Abb. 5: Zweite Fragebogenerhebung: Zustimmung zu der Aussage: „Ich erlebe die Kooperation zwischen Index-Team und Gesamt-Team als positiv." (n=107)

Nur ein Drittel der Fachkräfte stimmte der Aussage deutlich zu und insgesamt 28 % der Fachkräfte bewerteten die Zusammenarbeit zwischen dem gebildeten Index-Team und dem Gesamtteam als eher nicht bzw. nicht positiv.

Vergleicht man die einzelnen Kitas in ihren spezifischen Bewertungen zeigt sich, dass sich einzelne Kitas stark von dem Mittelwert der Gesamterhebung abheben.

Dies veranschaulicht das folgende Diagramm:

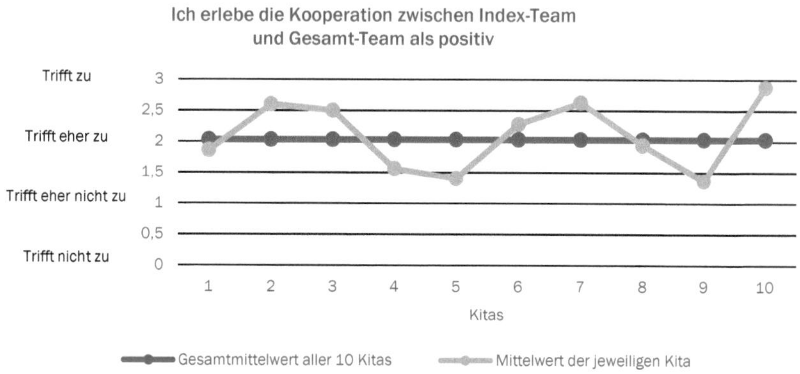

Abb. 6: Zweite Fragebogenerhebung: Zustimmung zu der Aussage: „Ich erlebe die Kooperation zwischen Index-Team und Gesamt-Team als positiv." Mittelwerte der einzelnen Kitas und Abweichung vom Mittelwert der Gesamterhebung (n=107)

Während also die Bildung der Index-Teams in einigen Einrichtungen mit Konflikten einherging, zeigten andere Beispiele, dass diese Arbeitsmethode gut und effektiv funktionieren kann. Unsere Erhebungen legten dabei im Rückblick die Einschätzung nahe, dass einige Teams vor allem ein größeres Zeitfenster benötigten, um die Index-Teams gut im Team zu etablieren. Hinreichende zeitliche Ressourcen zeigten sich insgesamt als zentrale Gelingensbedingung für die ertragreiche Arbeit mit dem Index, ebenso entscheidend war die partizipative Ausgestaltung der Bildung von Index-Teams. Beides war wesentlich für die Anerkennung der Arbeit im Index-Team von Seiten des Gesamtteams.

Sowohl in der ersten als auch in der zweiten Erhebung zum Ende des Projektes wurde gezielt erhoben, inwieweit der „Index für Inklusion" von den Fachkräften genutzt und als hilfreiches Instrument für die Umsetzung von Inklusion erlebt wird. Besonders zu Beginn des Projektes verdeutlichten die Aussagen einiger Fachkräfte in den Interviews, dass diese nur schwer einen Zugang zum Index als Arbeitsinstrument finden konnten. Wie eine Fachkraft jedoch deutlich machte, haben erst die Impulse in den Fortbildungen den „Index für Inklusion" zugänglicher gemacht. Aus ihrer Sicht ist dabei eine intensive zeitliche Einarbeitung notwendig, um sich mit dem Instrument vertraut zu machen:

> „[A]m Anfang war das so: da kam dieser Index und wir waren eigentlich wie erschlagen und haben gedacht „oh mein Gott", aber nach diesen Fortbildungstagen, die wir bis jetzt hatten, wurde uns das ja klarer und klarer und klarer. Und wenn ich jetzt von mir ausgehe, ist es einfach so, ich kann inzwischen relativ gut mit dem Index umgehen und weiß, was gefragt ist. Man muss sich ja da auch erst herein arbeiten."

In den Interviews mit den Mitgliedern der Index-Teams wurden diese konkret danach gefragt, ob sie den „Index für Inklusion" regelmäßig in der Arbeit mit dem Index-Team nutzen. Hier antwortete eine Leitungskraft:

> „Ehrlich? Nein (lachend). Er ist da, er ist greifbar, aber es wird nicht jedes Mal beim Index-Team drin geblättert. Nein."

Allerdings hob dieselbe Befragte auch die Vorzüge des Index' hervor und grenzt ihn positiv ab von anderen vorliegenden Materialien:

> „Ich denke, er [Index für Inklusion] ist gut geeignet, um die Arbeit generell zu reflektieren und wirklich auch zu gucken, wo wollen wir noch hin. Dafür finde ich ihn sehr gut geeignet. Zumal er sehr offen ist. Er beschreibt nicht einen festen Endpunkt, sondern regt wirklich so Gedanken und Prozesse an. Und das fand ich klasse. Die Prozessbegleitung hat uns auch wirklich Zeit gegeben vieles auch in Diskussionen miteinander auszutauschen. Und das fand ich unheimlich wichtig. Weil es kam wirklich zu sehr inhaltlichen Diskussionen. Und ich glaube, das war, weil die Fragestellung einfach so konkret war. Also dafür finde ich den richtig super gut. Also es ist kein Fachbuch, in dem ich nachlesen kann wie ich Inklusion mache ohne mir eigene Gedanken zu machen. Dafür find ich, ist er nicht geeignet. Also er erwartet von mir, dass ich mir Gedanken mache und auch mit anderen in den Austausch gehe."

Damit beschreibt die Leitungskraft treffend den spezifischen Anspruch und Wert des Instruments. Im „Index für Inklusion" sind viele Reflexionsfragen aufgeführt, die auf unterschiedliche Themenbereiche bezogen helfen sollen, Indikatoren inklusiver Praxis hierauf zu beziehen und das pädagogische Setting insgesamt inklusionsbezogen weiterzuentwickeln. Der Beschreibung folgend entfaltet sich dies über die Moderation innerhalb der Prozessbegleitung, denn so wird der Rahmen hergestellt für die notwendige teambasierte Kommunikation und damit auch Raum für reflexive Prozesse abgesichert.

Zusammenfassend ergaben die Rückmeldungen aus den Interviews dennoch, dass der Index für Inklusion eher wenig von den Index-Teams genutzt wird und vor allem, dass die Fachkräfte die Arbeitsweise, die der Index vorgibt und anregt, aus ihrer Qualifizierung heraus noch wenig gewohnt sind. Dabei wurde jedoch keine generelle Kritik an dem Instrument geübt, vielmehr wurde die in Teilen eher zurückhaltende Nutzung darauf zurückgeführt, dass es mehr Zeit braucht, um sich intensiv einzuarbeiten nicht nur in die Inhalte, sondern auch in die auf Reflexion angelegte Arbeitsweise, um so einen Zugang zu bekommen.

Auch mit den Prozessbegleiter:innen wurde die Frage diskutiert, inwieweit der Index für Inklusion aus ihrer Sicht für die Fachkräfte und die eigenständige Arbeit in den Kitas praktikabel ist. Im Gruppeninterview wurde von diesen berichtet, dass der Index für Inklusion im Vergleich zu anderen Qualitätsinstrumenten in den Teams mit ungewöhnlich großem Interesse angenommen wurde, wie in folgendem Ausschnitt deutlich wird:

> „Auch eine Erfahrung von mir ist, dass die Annäherung an Qualitätsinstrumente oft sehr vorsichtig stattfindet, da steht jetzt irgendwas, was wir machen müssen. Sind wir dann schlecht, wenn wir das noch nicht machen? Das ist mir jetzt beim Index in diesem Prozess überhaupt nicht begegnet. Sondern so ein Interesse daran, was steht da drin, kombiniert mit dem Erstaunen, das ist ja viel breiter als gedacht. Dann das Annehmen vom Großteil des Teams, behaupte ich jetzt mal, wir machen uns da auf den Weg. Also nicht so ein einzelner Aha-Moment, aber diese mittelfristige Wirkung können wir ganz gut brauchen. Wir schlagen jetzt bei unserer Kommune als zentrales Qualitätsinstrument den Index vor und nicht irgendetwas anderes, was man noch einkaufen könnte. Das fand ich schon ganz gut."

Hier wird auch die im Kontext von Qualitäts- und Professionalitätsanforderungen an Kitas generell verschiedentlich gezeigte „Müdigkeit" daran deutlich, beständiger Kritik ausgesetzt zu sein, die jedoch nur selten kontextualisiert wird mit den Rahmen- und Arbeitsbedingungen (kritisch Kuhn 2013). Der Index setzt sich hiervon ab, indem zum einen partizipativ und reflexiv gearbeitet wird (Bewertung erfolgt also nicht in der „Außensicht") und zum anderen hier Strukturen mit thematisiert werden und konstruktiv nach Gestaltungsspielräumen gefragt wird. Dennoch berichteten auch die Prozessbegleiter:innen vielfach, dass diese Arbeitsmethoden Zeit erfordern, die Herangehensweise mit „Hilfe des Index für Inklusion“ für die Fachkräfte ungewohnt sei und sie diesen deshalb ohne Prozessbegleitung noch wenig einsetzen würden.

In der zweiten Fragebogenerhebung sollten die Fachkräfte der Aussage „Ich kenne den Index für Inklusion” je nach eigener Einschätzung mehr oder weniger stark zustimmen.

Lediglich ein Drittel der befragten Fachkräfte stimmte der Aussage eindeutig zu, allerdings gab es keine Fachkraft, die den Index für Inklusion gar nicht kannte:

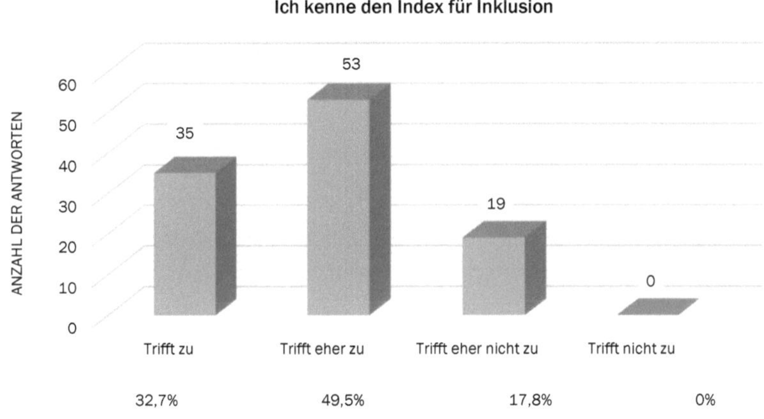

Abbildung 7: Zweite Fragebogenerhebung: Zustimmung zu der Aussage: „Ich kenne den Index für Inklusion.“ (n=107)

Die Fachkräfte, die der Aussage eher nicht zustimmten, d. h. für die der Index für Inklusion eher noch unbekannt war, waren zu fast 50 % noch relativ neu in der Projektkita[5], was eine Erklärung für den Befund liefern könnte. Von den insgesamt 107 befragten Fachkräften gaben 36 Personen an, Mitglied eines Index-Teams zu sein. Der Aussage „Ich kenne den Index für Inklusion” stimmte allerdings nur die Hälfte der Index-Team-Mitglieder zu, was bedeutet, dass die Personen der Index-Teams nicht unbedingt vertrauter im Umgang mit dem Index für Inklusion und dessen Inhalten waren.

Ähnliche Ergebnisse gab es zu der Aussage: „Für die Umsetzung von Inklusion ist der Index ein hilfreiches Instrument”. Auch hier stimmte lediglich etwas über ein Drittel der Fachkräfte der Aussage deutlich zu. Die Personen, die der

5 Von den 19 Personen, die die Frage mit “Trifft eher nicht zu” beantworteten, gaben 9 Personen an, erst 0-2 Jahre in der jetzigen Kita tätig zu sein.

Aussage nicht bzw. „eher nicht" zustimmen, sind teilweise dieselben, für die auch der Index für Inklusion generell eher noch unbekannt ist.

Auch hier sagten nur knapp 40 % der Mitglieder der Index-Teams, dass der Index für Inklusion ein hilfreiches Instrument sei.

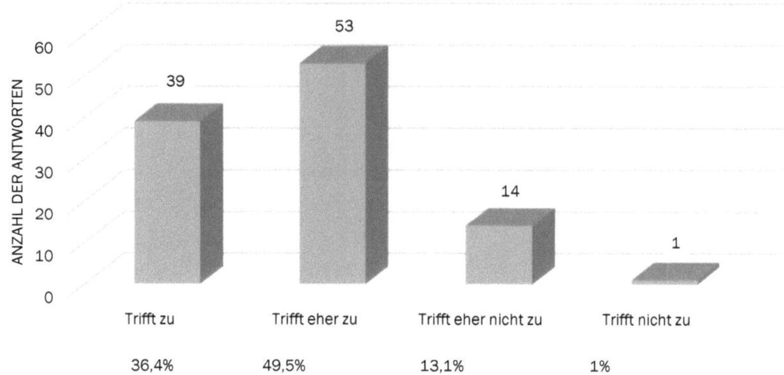

Abb. 8: Zweite Fragebogenerhebung: Zustimmung zu der Aussage: „Für die Umsetzung von Inklusion ist der Index ein hilfreiches Instrument." (n=107)

In der zweiten Fragebogenerhebung wurde ebenfalls erhoben, inwieweit das Instrument in der Einrichtung genutzt wird. In Bezug auf die Gesamtteamsitzungen sagten nur etwas über 22 % der Fachkräfte, dass der Index für Inklusion dort regelmäßig thematisiert wird. Über 40 % der Fachkräfte stimmten dem eher nicht bzw. nicht zu, was vermutlich zum einen mit der fehlenden Vertrautheit sowie zum anderen mit den bereits benannten fehlenden zeitlichen Ressourcen für die Einarbeitung zusammenhängt.

4.5 Zwischenfazit

Mit Blick auf die Heterogenität der zehn Modellkitas hat jede einzelne den Weg sehr unterschiedlich beschritten. So ließ sich bei einigen Teams eine stärkere Sensibilisierung für die Marginalisierung bestimmter Familien und ein bewussterer Zugang zu deren Heterogenität nachzeichnen. Daraus folgten zum Teil neue Impulse für die Zusammenarbeit mit Familien sowie ein stärkerer Fokus auf die Partizipation von bislang kaum einbezogenen Eltern. In anderen Einrichtungen trugen die Maßnahmen zu einer weitreichenden Team- und Profilentwicklung der Kita bei, indem Inklusion als Leitgedanke nach und nach in die verschiedenen Arbeitsbereiche der Kita implementiert wurden. Die zu Beginn gleichen Projektinhalte und vergleichbaren Impulse wirkten somit in je spezifischer Weise. Denn nicht nur bezüglich der Träger, des Sozialraumes und der Räumlichkeiten, sondern auch hinsichtlich der Zusammenarbeit im Team, jeder einzelnen Fachkraft und nicht zuletzt der einzelnen Kinder und ihrer Familien startete jede Kita mit unterschiedlichen Voraussetzungen.

Zugleich wurden im weiteren Verlauf des Projekts in der Zusammenarbeit mit den Prozessbegleiter:innen, den unterschiedlichen Bedarfen und Barrieren der einzelnen Kitas entsprechend verschiedene Wege beschritten. Denn es zeigten sich ganz verschiedene Barrieren auf dem Weg zur inklusiven Kita, die entsprechend unterschiedlich beratend begleitet wurden. Die Prozessbegleiter:innen gingen dabei zunehmend flexibel mit den Manualen und Materialien um und gestalteten den Prozess den Bedarfen angepasst. Dementsprechend haben die anfangs gleichen Interventionen im Projekt in den einzelnen Kitas zu Veränderungen auf jeweils verschiedenen Ebenen und in je spezifischer Form geführt.

Der „Index für Inklusion" konnte in vielen, aber nicht in allen Teams gleichmäßig als Qualitätsentwicklungsinstrument fest etabliert werden. Es zeigte sich dabei zusammenfassend, dass überall dort, wo durch eine Prozessbegleitung systematisch in die Arbeit mit dem Instrument eingeführt wurde, der Prozess besser gelang. Hilfreich war es außerdem, den Teams Zeit zu geben, um sich über einen längeren Zeitraum an die Arbeit mit dem Index heranzutasten und mit den für die jeweilige Kita aktuell relevanten Themen gemeinsam zu erproben.

Die einzelnen Kitas haben folglich ganz unterschiedliche Meilensteine auf dem Weg zur inklusiven Kita erreicht. Was die Mehrzahl der Kitas eint, ist aber, dass ein tiefgreifender Entwicklungsprozess angestoßen wurde, der sich nicht additiv als schlichtes Hinzufügen neuer Wissensvorräte oder pädagogischer Strategien denken lässt, sondern vielmehr als fruchtbare Irritation von Denkmustern und Reflexionsweisen und deren Kommunikation, die dann schrittweise in neue, reflexiv erprobte pädagogische Handlungsmuster mündeten.

Mit Blick auf die Komplexität der benannten unterschiedlichen Ebenen inklusionsbezogener Entwicklungen und den damit verbundenen Aufgaben und Herausforderungen wird damit deutlich, dass es sich bei inklusionsbezogenen Entwicklungsprozessen nicht um „Start-Ziel"-Projekte handeln kann, die ihren Zweck mit Abschluss der Laufzeit erreicht haben und damit enden, sondern dass hierüber Prozesse angestoßen werden können, die zu kritischem Hinterfragen und immer neuen Auseinandersetzungen hinsichtlich der Verhandlung von sozialer Verschiedenheit und Ungleichheit in Kindertageseinrichtungen auffordern.

Teil C

5 Im Blick: Schlüsselthemen inklusiver Handlungspraxis

Mit dem Ziel, einen Transfer in weitere Einrichtungen zu ermöglichen, haben wir aus der theoriegeleiteten Reflexion der empirisch gewonnenen Erkenntnisse und mit Blick auf die Handlungsanforderungen an pädagogische Fachkräfte weiterführend konzeptionelles und pädagogisches Wissen und Material entwickelt. Wir gehen dabei nicht davon aus, dass die Befunde, auf die wir dabei zurückgreifen, in der dargelegten Form generalisierbar sind und ohne Einschränkungen für alle Einrichtungen Gültigkeit besäßen. Es kann aber begründet angenommen werden, dass andere Einrichtungen im Kontext ihrer inklusionsbezogenen Entwicklung auf vergleichbare Herausforderungen stoßen und von den Erfahrungen und Erkenntnissen profitieren können, indem sie diese auf die eigene Situation hin reflektieren. Dies ist der Anstoß für diesen Teil unseres Buches. Wir wollen konkrete Anregungen dazu geben, inklusionsbezogene Entwicklungsprozesse von Kitas bzw. Fortbildungen und Fachberatungen von Kitas ertragreich auszugestalten.

Aus unseren Analysen und weiterführenden Reflexionen ließen sich acht Schlüsselthemen ableiten, die einrichtungsübergreifend zentral bedeutsam für die Entwicklung und Etablierung inklusiver Kulturen, Strategien und Praxis zu sein scheinen. Diese Schlüsselthemen lassen sich auf Fallsituationen zurückführen und sich umgekehrt gedacht an diesen verdeutlichen. Dieses spezifische Potenzial einer Verbindung von wissenschaftlicher Analyse, Theoretisierung und praxisbasierter Reflexion von Fallsituationen greifen wir auf, indem wir das daraus entstandene Arbeitsmaterial hier für die Bearbeitung in der Fachberatung, Fortbildung oder Prozessbegleitung nutzbar machen. Zu ausgewählten Situationen haben wir folglich konkrete Methodenvorschläge entwickelt und größtenteils erprobt. Es wird eine kurze Begründung und Veranschaulichung des Vorgehens vorangestellt.

5.1 Schlüsselthemen zur Entwicklung inklusiver Kindertageseinrichtungen

In diesem Abschnitt zeigen wir auf, dass und wie es auch bei differenten Ausgangslagen gelingen kann, Inklusion strategisch, kulturell und praktisch in Kitas zu verankern. Dabei gehen wir von mehrtägigen teilnehmenden Beobachtungen in vier Kindertageseinrichtungen zu jeweils zwei Zeitpunkten aus, die im Nachgang vertiefende Analysen dazu ermöglichten, in welcher Weise sich Inklusion als Handlungspraxis in der Kita „wiederfindet“. Außerdem beziehen wir Interviewausschnitte in die Analysen ein. Von hier aus entwickelten wir die nachstehenden Impulse, die eine Anwendung in Formaten der Fachberatung und Fortbildung ermöglichen.

Wir greifen dabei ausgehend von den theoretischen Grundlegungen und Verortungen (Kapitel 2) auch auf die Dimensionen und Kategorien des Index für Inklusion zurück (Booth et al. 2006b; GEW 2015) und stellen Zusammenhänge zu den Fallsituationen her.

Die herausgearbeiteten Schlüsselthemen spiegeln damit auf der einen Seite den Theorie- und Konzeptrahmen und führen auf der anderen Seite die datenbasierten Analysen konzeptionell weiter, sodass die Zusammenhänge einer Bearbeitung durch andere Einrichtungen zugänglich werden. Es werden jeweils anwendungsbezogene Überlegungen für Formate der Fachberatung und Fortbildung angestellt und diese an ausgewählten Stellen zu konkreten methodischen Vorschlägen und Ideen weiterentwickelt. Dabei setzen wir neben systemischen Arbeitsweisen (u. a. Montag Stiftung Jugend und Gesellschaft 2015) und teambasierten Fallreflektionen auch erlebnisaktivierende Methoden ein, die wir der psychodramatisch inspirierten Supervision (van Ameln, Gerstmann & Kramer 2004) entlehnt haben. Denn zentraler Ausgangunkt unserer Materialentwicklung ist die reflexive Arbeit an den pädagogischen Überzeugungen der beteiligten Akteur:innen, die hintergründig das Handeln leiten und einflussreich sind für die fachliche Kommunikation im Team. Anders gesagt wird der Wissensdiskurs innerhalb einer Einrichtung von den (teilweise unbewussten) Überzeugungen der Einzelnen ausgestaltet (Kap.: 5.2 Perspektiven erweitern – Inklusion entwickeln). Die Arbeit daran prägt folglich die Einrichtungskulturen und deren Entwicklung, was im Haus der Inklusion mit den Ebenen der Analyse (1. Etage) und Reflexion (3. Etage) veranschaulicht wird (GEW 2015, S. 31). Daher ist die Verflechtung von Prozessbegleitung und Teamfortbildung hochbedeutsam für inklusionsbezogene Entwicklungen. Zur Strukturierung werden die Schlüsselthemen im Folgenden zunächst grob den Dimensionen des Index für Inklusion (GEW 2015) zugeordnet.

Eng verknüpft mit dem Verständnis von Inklusion der Einzelnen und zentral für inklusionsbezogene Qualität ist die Frage nach der Sichtweise auf Partizipation und die teambasierte Umsetzung entsprechender pädagogischer Handlungspraktiken. Dies findet sich auch in der Index-Dimension „Inklusive Praxis: Potenziale nutzen, Umsetzung gestalten" wieder, die auf die Realisierung inklusionsbezogener Prinzipien in pädagogischen Prozessen fokussiert. Dazu gehören insbesondere Praktiken der Partizipation, die selbsttätige Aneignungsprozesse und die soziale Eingebundenheit von Kindern befördern, ein reflektierter Umgang mit Macht sowie die Beteiligung von Kindern an Entscheidungsprozessen (Kap. 5.3: Partizipation und Bildungsteilhabe). Zu der Dimension „Inklusive Praxis" gehören ebenfalls pädagogische Praktiken im Umgang mit sozialer Vielfalt. Hier waren in unseren Analysen insbesondere geschlechterbezogen differenzierende Praktiken und deren Reflexion prägnant und bedeutsam (Kap. 5.4 Gender – Ungleichbehandlung erkennen). Außerdem wurde die Gestaltung des Übergangs in die Schule bzw. die Praktiken der Fachkräfte zur Vorbereitung der Kinder auf die Schule als wichtige Herausforderung für die Etablierung von Inklusion in Kindertageseinrichtungen identifiziert (Kap. 5.5: Transition – Übergänge inklusiv gestalten).

Innerhalb der Index-Dimension „Inklusive Strategien: Strukturen, Konzepte, Leitlinien etablieren" geht es um die Frage, wie Inklusion in Kitas organisiert ist und welche Veränderungsprozesse auf der institutionellen Ebene angestoßen werden müssen. Die Gestaltung der Zusammenarbeit mit den Eltern und Familien (Kap. 5.6: Zusammenarbeit mit Familien stärken) sowie die Kooperation der Fachkräfte im multiprofessionellen Team und die Rolle der Leitung bei der Etablierung inklusiver Strukturen in der Kita (Kap. 5.7: Inklusion als partizipativer Prozess) waren in diesem Kontext bedeutsam. Zur nachhaltigen Verankerung von Inklusion war für die Kitas außerdem die Zusammenarbeit mit dem Träger zentral (Kap. 5.8: Rolle des Trägers).

5.2 Perspektiven erweitern – Inklusion entwickeln

Um ein Verständnis von den handlungsleitenden Orientierungen, Wissen und Handeln der unterschiedlichen Akteur:innen im Feld zu erlangen, ist es wichtig zu erschließen, was die einzelnen Akteur:innen im Feld unter „Inklusion" verstehen.

In den öffentlichen Debatten und Alltagsdiskursen finden sich sehr unterschiedliche Verständnisweisen von „Inklusion" (Hardy & Woodcock 2014; Löser & Werning 2015). Dabei stoßen wir auch in Fachtexten auffallend oft auf die lapidare Feststellung, es gäbe kein einheitliches Verständnis von Inklusion, was den falschen Eindruck erweckt, es sei letztlich beliebig, worauf sich gestützt wird. Nur vereinzelt wird in Fachbüchern auf die durchaus vorhandenen und theoretisch ausgearbeiteten Definitionen des Begriffs aus dem Fachdiskurs der Inklusionsforschung zurückgegriffen, wie sie auch im Grundlagenteil dieses Buches herangezogen wurden (im Kontext frühkindlicher Bildung u. a. Dannenbeck & Dorrance 2017; Seitz & Finnern 2012; 2015; Prengel 2014; vgl. Kap. 2.2).

Während hier Inklusion in einem Zusammenhang mit sozialen Ungleichheitsdynamiken verstanden und in Bezug auf das Erziehungs- und Bildungssystem als Ganzes analysiert wird, wird in Teilen der Fachliteratur und vor allem in politischen Debatten der Begriff häufig verkürzt auf Behinderung/Beeinträchtigung bezogen diskutiert. Im gleichen Zuge wird er dabei oftmals einer (ungleichheits-)kritischen gesellschaftstheoretischen Reflexion entzogen, indem auf ein gegenständliches Verständnis von „Behinderung" als personaler Eigenschaft zurückgegriffen wird. Dies findet sich auch in den entsprechenden Alltagsdiskursen häufig so wieder.

Vor diesem Hintergrund ist es wenig verwunderlich, dass auch viele Fachkräfte in dem Projekt, auf das wir uns hier beziehen, ein solches Inklusionsverständnis teilten. In der Ersterhebung zeigte sich, dass viele der teilnehmenden Fachkräfte mit der Vorannahme starteten, Inklusion beziehe sich auf Kinder „mit einer Behinderung". Hiervon ausgehend gab ein erheblicher Teil der Fachkräfte an, sich bislang noch wenig mit Inklusion auseinandergesetzt zu haben.

Wissenszuwachs und Perspektivwechsel: Insgesamt zeigten sich im Projektverlauf auf verschiedenen Ebenen Veränderungen dieser Vorannahmen, die von den Akteur:innen als bereichernd bewertet werden:

> „Wir haben uns ja damals beworben so eigentlich zu dem Thema. Ja, wenn wir jetzt Kinder mit Beeinträchtigungen aufnehmen, dann ist es ja Inklusion. Und das das jetzt so in einen ganz anderen Rahmen angenommen hat, finden wir für uns einfach unwahrscheinlich interessant. Also das wir sagen: „Genau, es geht ja eigentlich um ALLES. Es geht um Migration, um Gender, um Alleinerziehende, um Kinder mit gleichgeschlechtlichen Eltern und so weiter. Es geht eigentlich um ALLES." Und das ist für uns etwas, wo wir sagen, dass bringt uns auf unserem weiteren Weg, was wir noch alles an Eltern und Kindern in die Einrichtung bekommen, einfach weiter. [...] Also wir denken, dass es uns in unserer weiteren Kindergartenarbeit einfach nur positiv verstärken und positiv begleiten kann" (Leitung, Interview).

Die interviewte Leitungskraft beschreibt die Diskrepanz zwischen den ursprünglichen Erwartungen an das Projekt und der inhaltlichen Umsetzung als veränderten bzw. erweiterten Rahmen. Gerade dies löste in ihr großes Interesse aus und sie erwartete eine positive Stärkung und Entwicklung der Praxis. Hier wurde die Irritation folglich als positiv und wertvoll für die eigene Qualitätsentwicklung eingeordnet.

Für einige pädagogische Fachkräfte war die Projektteilnahme zum Einstieg auch mit Ängsten und Unsicherheiten verbunden. Dies ging vor allem mit der Erwartung einher, im Projekt ginge es allein um „Behinderung", wie eine Fachkraft im Rückblick berichtete:

> „[...] am Anfang haben sich einige doch nicht so an das Thema herangetraut. Weil sie gedacht haben „Oh Inklusionskinder, behindert, körperbehindert und geistig behindert", wo ich gesagt habe: „Ich glaube bei uns in der Einrichtung, ein körperbehindertes Kind im Rollstuhl geht nicht, da haben wir halt nicht die Möglichkeiten" (Pädagogische Fachkraft, Interview).

Wie die zitierten Ausschnitte exemplarisch verdeutlichen, verband ein Großteil der Befragten „Inklusion" zunächst weniger mit Fragen der Ungleichheit, Diskriminierung und Marginalisierung als übergreifendes Thema. Der Wissenszuwachs und der Perspektivwechsel, die angeregt durch die Projektteilnahme stattgefunden haben, lassen sich beispielhaft mit folgendem Interviewausschnitt zusammenfassen:

> „Dadurch, dass wir die Möglichkeit hatten, an uns selbst zu arbeiten und wie viele Aha-Effekte so ein Projekt auch auslöst, finde ich ganz toll. Dass wir diesen Begriff Inklusion in einer ganz anderen Art wahrgenommen haben und ihn komplett anders definieren jetzt als vor dem Einstieg ins Projekt, weil wir nur Inklusion leben können, wenn wir auch wirklich ständig und von Anfang an uns arbeiten. Und das ist uns auch klar geworden, dass das eigentlich das Allerwichtigste ist“ (Pädagogische Fachkraft, Interview 2015).

Dieser Ausschnitt macht exemplarisch deutlich, dass die zunächst unerwartete Anforderung der inklusionsbezogenen Qualifizierung und Beratung, „an uns zu arbeiten" motiviert aufgenommen und als gewinnbringende Perspektivenerweiterung („Aha-Effekte") erlebt wurde. Damit zeigt sich hier beispielhaft der Zusammenhang von Wissenserwerb, Reflexion und veränderter Praxis auf der Ebene der Einrichtung als Ganze, mit der dann die Professionalisierung der Einzelnen einhergeht.

Die schriftliche Befragung zu Beginn des Projektes, an der insgesamt 125 pädagogische Fachkräfte teilnahmen, ergab, dass Inklusion für immerhin ca. 37 % der Befragten ein ganz neues oder eher neues Thema war. Anzunehmen ist dabei, dass sich in der Beantwortung primär auf Fragen des Umgangs mit Behinderung bezogen wurde.

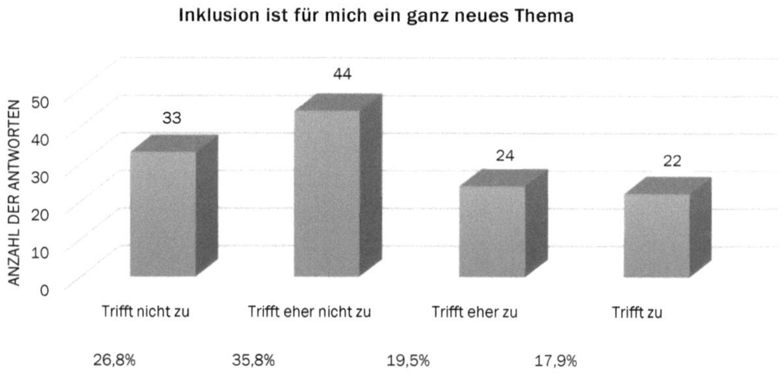

Abbildung 9: Erste Fragebogenerhebung: Zustimmung zu der Aussage: „Inklusion ist für mich ein neues Thema“ (n=123[6])

6 Abweichungen von der Gesamtstichprobe (n=125) können entstehen, wenn keine Antwort gegeben wurde.

In Bezug auf das Inklusionsverständnis der pädagogischen Fachkräfte belegen die Erhebungsergebnisse im Gesamtblick, dass durch die Qualifizierungen deutliche Veränderungen bei den Teilnehmenden stattgefunden haben. Dies wird sowohl im Abgleich der ersten schriftlichen Befragung mit der zweiten als auch im Abgleich der Interviews in den verschiedenen Erhebungsphasen deutlich. Hier zeigte sich eine klar erkennbare Veränderung in der Selbsteinschätzung hinsichtlich des Wissens bzw. der entsprechenden Kompetenzen.

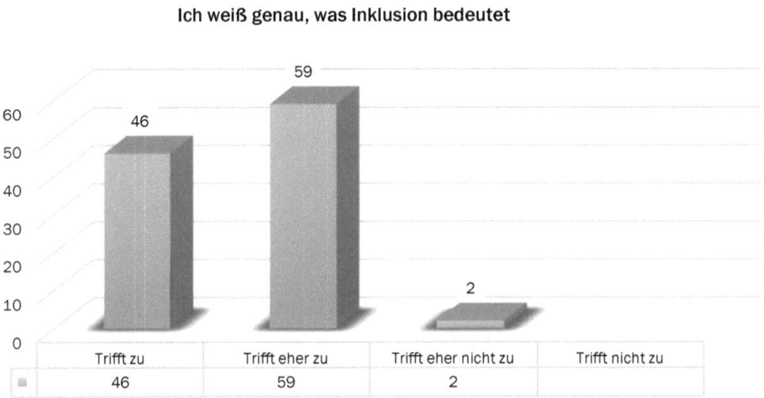

Ich weiß genau, was Inklusion bedeutet

	Trifft zu	Trifft eher zu	Trifft eher nicht zu	Trifft nicht zu
	46	59	2	

Abbildung 10: Zweite Fragebogenerhebung: Zustimmung zu der Aussage: „Ich weiß genau, was Inklusion bedeutet" (n=107)

Die Aussage „Ich weiß genau, was Inklusion bedeutet" beurteilte zum zweiten Erhebungszeitpunkt die überwältigende Mehrheit (98,2 %) der insgesamt 107 Befragten mit „trifft zu", bzw. „trifft eher zu".

Was bedeutet dies für Fortbildung und Fachberatung?

Wissen: Inklusion ist keine Frage der Entscheidung zur „richtigen" Haltung, sondern hängt mit Wissen zum Gegenstand zusammen. Wenn wir in der Beratung oder Fortbildung in Kitas herausfinden wollen, wo das Team steht, ist dies mit dem Begriff „Inklusion" ein schwieriges Unterfangen. Wir können dabei nur schwer erfassen, was denn genau von Einzelnen damit gemeint ist und was sie damit verbinden. Zum Problem können dabei auch verkürzte Darstellungen von Inklusion in öffentlichen Medien und in Materialien werden, die regelmäßig mit "Signalbildern" wie einem Kind mit Trisomie 21 als "eye-catcher" arbeiten oder Inklusion als ein sozial motiviertes Programm darstellen. Diese Verkürzungen unterschätzen nach unserem Dafürhalten das Potenzial pädagogischer Fachkräfte. Wir können dem aus unseren Analysen heraus entgegenhalten: Ein kritisch-reflexives Verständnis inklusiver Pädagogik ist nicht einfach eine Frage der “richtigen” Haltung, sondern der Professionalisierungsangebote. Diese sollten auf Wissenszuwachs und die Reflexion von Wissen ausgerichtet sein und Verkürzungen und Vereinfachungen vermeiden.

Fokus auf das Team und die Einrichtung: Inklusionsbezogene Professionalisierung sollte auf der Ebene der Einrichtung als Ganze ansetzen. Es ist weniger ertragreich, inklusionsbezogene Qualifizierungen über Kompetenzzuwachs der Einzelnen zu motivieren und zu konzipieren. Reflexives Wissen und Erfahrungen bauen sich in Einrichtungen kommunikativ auf. Wenn wir die Praxis wirklich weiter entwickeln wollen, ist es daher wesentlich ertragreicher, entsprechende Angebote auf gesamte Teams zuzuschneiden und in der Gruppe über Verständnisweisen und fallbezogene Fragestellungen zu reflektieren.

An vorhandenen Erfahrungen und Stärken anknüpfen: Neben dem Wissenszuwachs und einer erweiterten Perspektive auf Inklusion ist vor allem der gemeinsame Prozess der Reflexion eigener Arbeitsweisen bedeutsam. Mit dem hierüber gewonnenen Verständnis von Inklusion kann eine Selbstverortung der Einrichtung erfolgen, die bereits vorhandenen Stärken und Ressourcen wahrgenommen und konkrete Entwicklungsbedarfe identifiziert werden:

> „[I]ch finde es gut, dass man sich noch einmal Zeit nimmt, um zu reflektieren: „Wie machen wir es hier? Was könnten wir besser machen?“, und ich finde es auch gut, diese Bestätigung zu bekommen, dass wir Vieles einfach schon richtig gut machen. Und auch schon auf einem sehr guten Weg sind. Ich finde das wichtig, dass uns auch die Meilensteine aufgezeigt werden, an denen wir noch dran arbeiten müssen. Und von dem her finde ich das unglaublich, also es bringt einen auf jeden Fall weiter. Und ich habe auch das Gefühl, dass das Team da gut mitarbeitet, weil es ja auch sehr um einen selber geht. Es geht darum wie begegne ich dem und wie gehe ich darauf ein. Und das finde ich sehr wertvoll sich da auch noch einmal Gedanken zu machen“ (Leitung, Interview 2015).

Die Prozessbegleiter:innen konnten in dem hier fokussierten Projekt Fortbildungen auch an aktuelle Themen der jeweiligen Einrichtung anknüpfen und auf diese Weise schon frühzeitig im Projekt sichtbare Veränderungen in den Kitas anregen. Dies waren zum Beispiel Themen wie die Neugestaltung der Räume und die kritische Prüfung des Materialangebots dahingehend, die Vielfalt der Kinder anzusprechen. Diese Prozesse werden in den folgenden Interviewausschnitten aus Sicht von zwei verschiedenen Kitas beschrieben.

> „Wir legen unser Hauptmerkmal auf dieses Spielen als Lernform. Und in diesem Rahmen hatten wir in der Fortbildung den Index dann zur Hand genommen und wir sollten anhand dieses Index mal nachschauen wie das dann ist mit Spielen als Lernform.

Und da muss ich sagen, da war unsere Bauecke, wo mir sofort aufgefallen ist, hupps, die wird eigentlich nur von den Jungs genutzt. Eben wegen Legos, Bausteinen und so. Und das war uns dann schon wichtig zu sagen, wir wollen das so umstrukturieren, dass das auch von den Mädchen zum Beispiel genutzt wird. Oder von Jüngeren wie Älteren, in Kombi. Was uns auch in dem Rahmen aufgefallen ist, dass jetzt bei uns die Kinder die ganzen Materialien in der Bauecke miteinander kombinieren" (Pädagogische Fachkraft, Interview 2015).

Weiter beschreibt sie:

Also gerade als es um Raumgestaltung ging, wurden viele Poster, Plakate et cetera pp eine Stufe nach unten gehängt. Weil wir irgendwie oft den Blick nach oben hatten. Also auf unserer Augenhöhe und wir dann auch schon versucht haben vielleicht das eine oder andere mehr in Kinderhöhe zu hängen. Ja, Bilderbücher, die ja mehr so die Vielfalt auch im Blick haben. Das sind vielleicht jetzt Dinge, die sieht man erst, wenn man mal länger im Alltag hier ist" (Pädagogische Fachkraft, Interview 2015).

Im Interview beschrieb eine andere pädagogische Fachkraft sehr genau, wie die Reflexionsprozesse in den Fortbildungen nachhaltig in die alltägliche Praxis hineinwirkten und situationsbezogen zum Nachdenken darüber geführt haben, wie Kinder von Erwachsenen adressiert und damit Machtverhältnisse etabliert bzw. verfestigt wurden.

„Also ich spreche jetzt mal von mir. Ich stehe im Garten, wir haben mit den Kindern Pflanzerde geholt, wir wollen pflanzen. Die Kinder sind aber alle beschäftigt. Ich nehme den Bollerwagen mit der Erde und stelle ihn so schön in die Mitte, weil ich denke: „gut dann kommen alle, weil es interessiert sie." Nein, keiner kam. Und da läuft ein Kind vorbei, was vorher schon mal dabei war und ich sage zu diesem Kind „X, kannst du mir helfen?" und in dem Moment, wo ich das sage, denke ich so: „Moment, was erzählst du denn da eigentlich? Sind das DEINE Süßkartoffeln? Ist das deine Erde? Warum sagst du das eigentlich so zu dem Kind?" Also, was man auch so in der Sprache so täglich an die Kinder heranträgt und ausdrückt, da diskutieren wir jetzt im Moment sehr viel drüber. Also ich denke, das ist durch die Fortbildung mit angeregt worden. Man könnte ja auch fragen: „X, möchtest du deine Süßkartoffeln einpflanzen?" Oder: „Wollen wir zusammen hier weitermachen?" Aber nein, ich sage: „Kannst du MIR helfen?" Das stellt ja das Kind schon von vornherein auf so eine Stufe als Helfer, als kleiner so. Ja." (Pädagogische Fachkraft, Interview 2015).

In beiden Interviewausschnitten werden reflexive Zugänge zum eigenen pädagogischen Handeln deutlich – zunächst in der Situation selbst als kurzes Innehalten und dann im Rückblick der Erzählung, in der das eigene Handeln kritisch hinterfragt wird und zugleich Handlungsalternativen entwickelt werden – bis hin zur Reflexion über die eigene Fähigkeit zur Reflexion in der Situation. Dabei wird von beiden pädagogischen Fachkräften der eigene Gebrauch von Macht kritisch hinterfragt. Im zweiten Interviewausschnitt wird insbesondere die eigene Verfügungsmacht der Fachkraft über Ressourcen (vgl. Hansen et al 2011, S.28) reflektiert: „Sind das DEINE Süßkartoffeln? Ist das deine Erde? Warum sagst du das eigentlich so zu dem Kind?“ und hierbei auch die Form der Ansprache kritisch reflektiert („Kannst du MIR helfen?“ Das stellt ja das Kind schon von vornherein auf so eine Stufe als Helfer, als kleiner so. Ja.“)

Methodenidee für Fortbildung und Fachberatung

Thema: Umgang mit Macht
Methodenvorschlag: Szenisches Nachstellen
Gruppengröße: mind. 4 Personen
Material: Zwei unterschiedlich farbige Karten mit Sprechblasen:
a) “Kannst Du mir helfen?”
b) “Möchtest Du Deine Süßkartoffel einpflanzen?”

Methode: Es werden zwei Rollen festgelegt: die aktive pädagogische Fachkraft und eine beobachtende Fachkraft, die sich etwas abseits setzt.

Alle übrigen Mitglieder des Teams übernehmen die Rollen der Kinder und deuten im Raum eine Spielszene im Garten an. Alle sind beschäftigt, die Kinder im Spielen vertieft.

Die Szene wird mit einfachen Requisiten oder pantomimisch kurz nachgespielt. Dabei werden von der aktiven pädagogischen Fachkraft mithilfe der Karten zwei Impulse erprobt. Ein Kind oder mehrere Kinder werden hintereinander mit einem der Impulse angesprochen. Die angesprochene Person in der Rolle des Kindes reagiert spontan auf die Frage der pädagogischen Fachkraft.

Nach Abschluss ist es wichtig, die einzelnen Personen wieder aus den Rollen zu “entlassen”, dies deutlich zu sagen und für die Reflexion andere Plätze einzunehmen.

Reflexion: Die Gruppe sitzt im Kreis und tauscht ihre Wahrnehmungen aus. Die Person in der Rolle des angesprochenen Kindes meldet zurück, wie sie die Ansprache erlebt hat und was sie motiviert hat, darauf einzugehen und was nicht. Die Gruppe in der Rolle der Kinder meldet zurück, wie sie die Impulse erlebt haben und ob ihr Interesse geweckt wurde. Die beobachtende Fachkraft meldet zurück, wie sie die Situation erlebt hat. Gemeinsam erfindet das gesamte Team nun mögliche Handlungsalternativen, die auch szenisch erprobt werden können.

Anschließend reflektiert die Gruppe, an welche Situationen im eigenen pädagogischen Handeln oder Kita-Alltag sie die Szene erinnert und was sie in Bezug auf Partizipation bedeutet.

Leitbildarbeit

In unserer Untersuchung vollendeten die pädagogischen Fachkräfte zum Ende des Projektes den Satz „Inklusion bedeutet für mich..." zu einem Großteil mit Veränderungen ihrer inneren Orientierung, mit initiierten Reflexionsprozessen oder einem veränderten Blickwinkel.

Inhaltlich fiel hierbei zunächst die vielfache Betonung von Wertschätzung und von Reflexion in Verbindung mit Inklusion auf, außerdem die bewusstere Wahrnehmung von Barrieren und die Auseinandersetzung mit den eigenen Sichtweisen und handlungsleitenden Orientierungen.

Hierzu exemplarisch einige Antworten zu der offenen Frage aus der zweiten schriftlichen Befragung (2016):

> Inklusion bedeutet für mich...
>
> „...wertschätzender Umgang mit anderen, ob groß oder klein, mich im Umgang vor allen mit Kindern zu hinterfragen und zu reflektieren, offener und flexibler werden für die jeweilige Situation, mich ganz bewusst auf andere einlassen, den einzelnen in seiner Gesamtheit sehen, nicht zu schnell ‚urteilen'."
>
> „...niemanden auszugrenzen und zu akzeptieren wie er ist. Ebenso bedeutet es für mich zu lernen, mögliche Barrieren im eigenen Kopf oder Handeln sowie in der Gesellschaft abzubauen. Inklusion ist ein ständiger Prozess und wird nie zu Ende sein."
>
> „...Arbeit an den eigenen Einstellungen, an sich selbst!"
>
> „...in einer Gemeinschaft zusammen zu sein, in der jeder willkommen ist und auch jeder so sein kann, wie er ist...In der man ohne Angst vor Ausgrenzung, offen sagen kann wie man ist und zu seinen Schwächen und Stärken stehen kann. Diese müssen nicht besonders erwähnt werden – Es ist einfach so!"
>
> „...alle Kinder mit ihren Familien sind gleichwertige Mitglieder der Kindergartengemeinschaft. Jeder soll sich willkommen fühlen mit seinen oder ihren Eigen- und Besonderheiten. Jeder soll seinen Platz haben."
>
> „...sich bewusst zu werden, was alles zu Barrieren werden kann / wo diese schon sind, um sie dann Stück für Stück abzubauen. Es muss nicht jeder ‚gleichgemacht' werden, sondern jeder ist mit seiner Individualität willkommen und bereichert das Leben der Anderen"

Im Gesamtbild zeigte sich hier ein Verständnis von Inklusion als Prozess der beständigen Reflexion und damit der „Arbeit an sich selbst". Vereinzelt fanden sich auch normative Aussagen, wie etwa:

> „Wir alle sind sowas von unterschiedlich, dass es Unsinn ist, irgendjemanden nach irgendwohin auszusondern. Das ist Quatsch und gehört verboten. Inklusion soll Pflicht sein – für alle"

Eine wesentliche Erkenntnis für die Beteiligten im Projekt bestand folglich darin, dass es bei der Entwicklung und Umsetzung von Inklusion weniger um das Erlernen eines neuen Konzeptes geht, sondern vielmehr um einen reflexiven Zugang zum eigenen Handeln und die Veränderung des Blickwinkels. Dies lässt sich auch an dem folgenden Interviewausschnitt zeigen, der beschreibt, wie die Prozessbegleitung mit den Teams das Wesentliche für die Umsetzung von Inklusion herausarbeitete:

> „Das hat die Prozessbegleitung auch sehr gut gemacht, zu zeigen: Dabei kommt nichts Neues. Eure Aufgabe ist es mit offenem Auge einfach durchzugehen. Ihr macht vieles schon, sich dessen bewusst zu machen. Und bei manchem ist einfach so ein bisschen was zu verändern. Den Blickwinkel zu verändern und danach habt ihr es schon" (Leitung, Interview 2015).

Methodenidee für Fortbildung und Fachberatung

Thema: Inklusion bedeutet für mich …
Methodenvorschlag: Leitbildarbeit (Stummes Schreibgespräch / Sprechende Tischdecke)
Gruppengröße: mind. 3 Personen
Material: Papiertischdecke bzw. Pinnwand- oder Moderationspapier, Moderationskarten mit Antwortbeispielen aus den Befragungen, Flipchart-Marker bzw. dicke Stifte

Um den Impuls „Inklusion bedeutet für mich ..." herum werden die oben zitierten Antworten der inklusionserfahrenen Fachkräfte auf der Tischdecke verteilt und viel Raum gelassen für eigene Assoziationen. Das Team gruppiert sich um die Tischdecke. Der Impuls und die Beispielantworten werden nun schriftlich mit eigenen Assoziationen versehen und kommentiert. Wichtig ist, dass auch spontane Reaktionen und Befindlichkeiten aufgeschrieben werden können und dass es nicht um „richtig" oder „falsch" geht. Dabei wird nicht gesprochen.

Im Anschluss wird das Ergebnis gemeinsam betrachtet (bei großen Gruppen wird nach der Arbeit an zwei Tischen in Austausch gegangen). In einer Blitzlichtrunde benennt nun jedes Gruppenmitglied auf der Basis der gemeinsam gesammelten Gedanken einen Aspekt, der für sie neu oder ungewohnt war oder der sie überrascht hat. Wichtig ist, dass die Äußerungen nicht gegenseitig bewertet werden.

Das Team überlegt zum Abschluss gemeinsam, welche Aspekte für die meisten Beteiligten bedeutsam sind und welche nächsten Arbeitsschritte sich für das eigene Team daraus ergeben. Es ist ebenfalls möglich, die „Top 3", also die wichtigsten Punkte auf Moderationskarten zu schreiben und diese gut sichtbar in der Kita aufzuhängen. In späteren Team- oder Beratungssitzungen kann dann darauf zurückgegriffen werden.

Entwicklung
Inklusion ist ein Prozess, der nicht zu einem klar definierten Abschluss führt und immer wieder Vergewisserung und Weiterentwicklung erfordert. Exemplarisch hierfür steht folgender Ausschnitt, in dem eine Metapher von inklusionsbezogener Entwicklung als Baum entwickelt wird:

> „Ach, ich würde schon sagen, also die Wurzeln waren da, man hat bemerkt, dass man nicht falsch gelegen hat. Also dass man schon in der richtigen Linie ist, die Wurzeln waren da, der Baumstamm ist gewachsen und ich sage jetzt, jetzt kommen die Zweige, aber am Baum oder bei Inklusion gibt es kein Ende, das heißt der Baum, der wächst immer und der wird Blüten bekommen, der wird Blätter bekommen, die wird er auch wieder fallen lassen, er wird Früchte tragen, die geerntet werden. Also ich denke das ist so, ja, es ist ein Kompromiss oder es ist so ein Ding wie es die Natur bringt. Er wächst und gedeiht und das im Wechsel. So sehe ich es" (Pädagogische Fachkraft, Interview).

Methodenidee für Fortbildung und Fachberatung

Thema: Unser Weg: Inklusion als Entwicklungsprozess
Methodenvorschlag: Arbeit mit Metaphern
Gruppengröße: mind. 5 Personen, große Gruppen können aufgeteilt in Fünfergruppen arbeiten
Material: Papiertischdecke bzw. Pinnwand- oder Moderationspapier, Flipchart-Marker bzw. dicke Stifte

In der Gruppe wird gemeinsam auf großem Papier ein Baum gemalt, der die inklusionsbezogene Entwicklung der Kita bildlich darstellt. Wichtig ist, dass die Moderation diesen Prozess motivierend anleitet, fragt, an welchem Punkt die Kita und das Team sich selbst sehen und darauf hinweist, dass es nicht wichtig ist, ein gelungenes gemaltes Objekt zu schaffen, sondern gemeinsam Entscheidungen dazu zu treffen, wie der eigene Baum aussieht. Es gilt somit auch, die Zusammenarbeit auszugestalten.

Fragen an die Gruppe, die zum Einstieg benannt oder in eine kurze Traumreise eingebunden werden könnten lauten:

Was sind unsere Wurzeln und was nährt uns? Ist die inklusionsbezogene Entwicklung der Kita noch ein zartes Pflänzchen oder ein neuer Ast an einem alten starken Baum? Ist die eigene inklusive Kita ein wilder Laubbaum, ein kultivierter Obstbaum oder ein exotischer bunt blühender Baum? Trägt der Baum Früchte? Wenn ja, welche sind das, wie sehen sie aus, wie „schmecken" sie? Wie wünschen wir uns unseren Baum und was müssen wir hierfür tun? Wie müssen wir ihn „pflegen"? Wichtig ist, dass jede Person in der Gruppe gehört wird und das Bild gemeinsam entsteht.

Reflexion: Zunächst wird in der eigenen Gruppe dazu reflektiert, wie der gemeinsame Baum entstanden ist, ob alle Beteiligten Ideen eingebracht haben und alle den Prozess mitbestimmen konnten.

Das Ergebnis wird im Anschluss gemeinsam inhaltlich zu dem Baum reflektiert bzw. den anderen Gruppen vorgestellt. Zum Abschluss sollten in der Moderation weiterführende Schritte vereinbart werden, die sich fallbezogen sowohl eher auf die inhaltliche Entwicklung als auch eher auf die Teamdynamik beziehen können.

Anmerkung: Es lohnt sich, für diese Übung hinreichend Zeit einzuplanen. Der Baum bietet zahlreiche Möglichkeiten für Projektionen in Bezug auf den eigenen Prozess und zur Verständigung darüber, auch über Steuerungsprozesse im Kitateam als System (vgl. Montag Stiftung 2015, 217 ff.). Diese kreative Methode eignet sich daher gut, um die Teamkohäsion und die Aufgabenorientierung zu stärken und sich über den eigenen Entwicklungsprozess zu verständigen (Wie soll der Baum nächstes Jahr aussehen? Welcher neue Ast soll gewachsen sein? Gibt es auch einzelne Äste, die bis dahin vom nächsten Herbststurm mitgenommen werden können, weil sie zu alt sind und der Baum trotzdem vital bleibt ...).

Variante
Material: breite Auswahl an Fotos und Darstellungen von Bäumen in Postkartengröße

Vorgehen: Die Bäume werden gut sichtbar ausgelegt und jede Person sucht sich einen Baum aus, der als Metapher für die eigene Kita dienen kann. Impuls: Stellen Sie sich vor, Ihre Kita wäre ein Baum. Um welche Art Baum handelte es sich dann? Welcher abgebildete Baum kommt dem am nächsten?

Im Anschluss werden alle ausgewählten Bäume im Kreis gesammelt und zusammengestellt. Jede Person berichtet kurz Ihre Assoziationen, Überlegungen und Ideen hierzu und es wird überlegt, an welchen Punkte sich die Wahrnehmungen der Einzelnen gleichen und wo sie sich unterscheiden.

Wenn Steuerungsprozesse innerhalb der Kita für die aktuelle Situation besonders relevant sind, kann die Übung auch mit dem Bild eines Schiffes variiert werden (vgl. Montag Stiftung Jugend und Gesellschaft 2015, S. 224 f; S. 236).

5.3 Partizipation und Bildungsteilhabe

Partizipation von Kindern wird regelmäßig als ein zentraler Schlüssel für gelingende inklusive Praxis in der Kita benannt (vgl. GEW 2015, S. 78 ff.; Prengel 2016; vgl. Kap. 1). Die Durchsicht der verschiedenen Schriften zur Partizipation in pädagogischen Handlungsfeldern zeigt jedoch, dass diese dabei begrifflich sehr unterschiedlich theoretisch verortet und definiert wird. Für den Elementarbereich hat Prengel in der Expertise „Bildungsteilhabe und Partizipation in Kindertageseinrichtungen“ (2016) verschiedene konzeptionelle Zugänge zur Partizipation aufgeschlüsselt.[7] Im Anschluss hieran unterscheiden wir im Folgenden zwischen dem Begriff der Bildungsteilhabe sowie dem Begriff der Partizipation von Kindern innerhalb der Einrichtung (ebd., S. 9). Beide Aspekte verweisen auf grundlegende Fragen der Inklusionsentwicklung in Kitas.

Bildungsteilhabe: Voraussetzung für Bildungsteilhabe ist, dass Kinder Zugang zu Bildungseinrichtungen erhalten und dort innerhalb des pädagogischen Settings und in sozialen Beziehungen Bildungschancen wahrnehmen können. Dazu gehört es, sowohl entsprechende Lerngelegenheiten und Entwicklungsmöglichkeiten für alle Kinder zu schaffen als auch die soziale Teilhabe der Kinder gezielt zu stärken. Barrieren für die Bildungsteilhabe in der Kita können sowohl auf der institutionellen, der professionellen, der didaktischen und der Beziehungsebene verortet sein (vgl. Prengel 2014). Bildungsteilhabe für alle Kinder in inklusiven Kindertageseinrichtungen umzusetzen, erfordert alle Ebenen in den Blick zu nehmen und mögliche Barrieren abzubauen.

Partizipation: Unter Partizipation verstehen wir insbesondere die Einbeziehung von Kindern im Sinne demokratischer Mitbestimmung: *„Partizipation heißt, Entscheidungen, die das eigene Leben und das Leben der Gemeinschaft betreffen, zu teilen und gemeinsam Lösungen zu finden“* (Schröder 1995, S. 14). Auch wenn Erwachsene in Bildungsinstitutionen Verantwortung für Kinder tragen, werden Kindern in der Praxis oftmals unnötig wenig Entscheidungsspielräume gelassen (vgl. Hansen et al. 2006, S. 12 ff.). Dabei ist Partizipation ein verbrieftes Recht von Kindern (UN-Kinderrechtskonvention), das in der Kinder- und Jugendhilfe umgesetzt werden muss (SGB VIII §8 Absatz 1). Um eine Betriebserlaubnis zu erhalten, sind Kindertageseinrichtungen in Deutschland mittlerweile verpflichtet, sowohl Beteiligungsverfahren, als auch Beschwerdeverfahren für Kinder zu entwickeln (SGB VIII, § 45). Durch die Etablierung dieser Verfahren soll die Beteiligung von Kindern strukturell verankert und somit einem möglichen Machtmissbrauch von Fachkräften entgegengewirkt werden. Grundlegend für die Ermöglichung von Partizipation ist es, den Kindern zuzuhören, um gemeinsame Lösungen für Probleme zu finden und sie als die Expert:innen für ihre Lebensräume, ihre Weltsicht und ihre Empfindungen anzuerkennen (vgl. Hansen et al.

7 Partizipation in politbezogenen Modellen, Partizipation in demokratiepädagogischen Modellen, Partizipation im Kontext des Bildungsbereichs soziale Bildung, Partizipation bei Lerngelegenheiten in weiteren frühpädagogischen Bildungsbereichen, Partizipation in reformpädagogischen Modellen und Praktiken, Partizipation in der Krippe, Partizipation und Inklusion im Kindergarten (vgl. Prengel 2016, S. 36 ff.).

2006, S.12). Wertschätzung wird Kindern entgegengebracht, wenn sie als Subjekte und gleichwertige Gesprächspartner:innen wahrgenommen werden und wenn pädagogische Fachkräfte für die Meinungen und Interessen der Kinder offen sind.

In den folgenden Abschnitten finden sich Anregungen aus unseren teilnehmenden Beobachtungen dazu, wie und auf welche Weise Partizipation und Bildungsteilhabe von Kindern über pädagogisches Handeln abgesichert werden kann und wo etwaige Barrieren verortet sind.

Soziale Dynamiken in der Peer-Interaktion: Um Partizipation und Bildungsteilhabe aller Kinder zu ermöglichen, müssen Kinder sich darin üben, sich mit den verschiedenen Interessen und Bedürfnissen der anderen auseinanderzusetzen und auch mit Konflikten umzugehen, die sich aus dem Einbezug und dem Ausschluss unter Kindern in der Gruppe ergeben (vgl. Index für Inklusion, Indikator A1.2). Hierbei ist es im Alltag besonders schwierig zu entscheiden, ab wann und in welcher Form pädagogisch interveniert werden sollte oder inwieweit die Kinder angeregt werden können und dazu in der Lage sind, Konflikte eigenständig zu lösen. Hierzu ein Beispiel aus einem Beobachtungsprotokoll:[8]

> Mehrere Kinder sitzen bei der Erzieherin am Tisch und machen ein Steckspiel mit Perlen. Ein weiterer Junge nähert sich dem Tisch. Er wird von einem der sitzenden Jungen weggeschoben. Die Erzieherin sieht dies und sagt zu dem Jungen, der neben ihr sitzt: „Er will und darf beim Steckspiel zuschauen." Sie holt den stehenden Jungen mit dem Arm näher an den Tisch heran. Danach setzt sich der Junge mit an den Tisch und beginnt ebenfalls mit den Steckperlen zu spielen (Ausschnitt Beobachtungsprotokoll).

In der dokumentierten Szene entscheidet die pädagogische Fachkraft, dass der Junge sich mit an den Tisch setzen darf. Sie sichert hiermit zunächst die gleichberechtigte **Bildungsteilhabe** des abgelehnten Jungen ab. Die Selbstläufigkeit der Spielsituation wird dabei jedoch unterbrochen und hierdurch die **Partizipation** der Kinder - eine eigene Meinung zu vertreten, sich mit gegenläufigen Interessen und Bedürfnissen der anderen auseinanderzusetzen und gemeinsam eine Entscheidung zu treffen - erschwert. Vielleicht gab es bereits vergleichbare Situationen, in denen das immer gleiche Kind andere ausschließt oder immer das gleiche Kind von anderen ausgeschlossen wird. Dessen ungeachtet erhalten die Kinder durch das Unterbrechen der Situation keine Gelegenheit, ihre Interessen zu artikulieren und miteinander auszuhandeln. Somit wird zwar dafür gesorgt, dass alle

8 Die Namen der Kinder sowie der Fachkräfte wurden in allen Beobachtungsprotokollen und Interviewdokumentationen geändert.

Kinder an der Situation teilhaben dürfen, die Kinder verpassen allerdings hierdurch Impulse zum Erwerb von Kompetenzen im Umgang mit unterschiedlichen Interessenslagen und der Verständigung auf eine Lösung. Aufkommende Emotionen in der Situation des Ausschlusses können dann kaum mehr geäußert werden. Die Bestärkung von Kindern bei der Entwicklung von konstruktiven Streitkompetenzen durch pädagogische Fachkräfte, mit dem Ziel, gemeinsame Kompromisse und Lösungen zu finden, ist jedoch ein wichtiger Bestandteil der Partizipation von Kindern (vgl. Preissing 2000, S. 82 ff.). Um eigene Gefühle ernst nehmen zu können ist es außerdem für Kinder wichtig, diese ohne Angst vor Beschämung oder Strafe offen äußern zu können, was nach dem klaren Eingreifen der pädagogischen Fachkraft kaum noch möglich ist.

Auch die folgende Szene zeigt Handlungsstrategien im Umgang mit sozialem Ausschluss:

> Im Rollenspielraum: Ein jüngerer Junge wird von zwei Älteren, die „Gangster" spielen, zurückgewiesen. Er darf nicht mitspielen. Die Erzieherin bekommt dies mit und geht daraufhin zu den drei Jungen. Du musst fragen: „Darf ich mitspielen?", erklärt sie dem jüngeren Kind. „Hab ich doch", sagt der. „Und du darfst trotzdem nicht? Warum?", fragt sie die Älteren. „Weil er nervt", sagen die beiden älteren Jungen. „Und wenn er sich ganz große Mühe gibt?", fragt sie. „Nein", sagen die beiden Jungen. „Das ist blöd, wenn man keinen zum Spielen hat", sagt die Erzieherin zu dem jüngeren Kind. „Ist vielleicht sonst ein Freund hier, mit dem du spielen könntest?" Der Junge schüttelt den Kopf. „Nein? Möchtest du vielleicht etwas anderes machen?", fragt sie. Da sagt einer der älteren Jungen: „Er kann mitspielen, wenn er sich benimmt." „Das ist super", sagt sie und erklärt dem Jüngeren, dass er im Spiel nicht alles bestimmen kann, sondern sich erklären lassen soll, was die anderen Kinder machen (Ausschnitt Beobachtungsprotokoll).

Hier liegt eine ähnliche Situation vor wie in der ersten Szene. Auch hier wird ein Kind abgewiesen und dadurch von einer gemeinsamen Aktivität mit seinen Peers ausgeschlossen. Die Fachkraft reagiert ebenfalls auf das ausschließende Verhalten der Kinder, es entwickelt sich jedoch eine andere Dynamik.

Auf den Konflikt zwischen den Kindern wird hier zunächst aktiv mit einem Ratschlag an das ausgeschlossene Kind reagiert („Du musst fragen …"). Als dies von dem Kind als gescheiterte Strategie berichtet wird, versucht die Fachkraft, durch genaueres Fragen die Perspektive der einzelnen beteiligten Kinder genauer zu verstehen. Mit dem Satz „Das ist blöd..." wird dabei Empathie signalisiert und dem ausgeschlossenen Kind das Gefühl vermittelt, verstanden zu werden. Dadurch wird die vermutete innere Befindlichkeit des Kindes und der Umstand, „alleine spielen" zu müssen, allerdings nicht nur gespiegelt, sondern zugleich gruppenöffentlich gemacht gegenüber den Kindern, die das Mitspielen abgelehnt haben. Die gezeigte Empathie ist also durchaus ambivalent, denn das Kind hat keine Gelegenheit, seine Befindlichkeit selbst zum Ausdruck zu bringen. Dabei kommt es im weiteren Verlauf dazu, dass die pädagogische Fachkraft die Erklärung der anderen Kinder für den Ausschluss „weil er nervt", übernimmt, indem sie dem ausgeschlossenen Kind die Bedingung anbietet, es könne sich „ganz große Mühe" geben, was das Mitspielen zu einem Privileg anhebt, das von dem betroffenen Kind nur unter dem Aufbringen von Mühe zu halten sein wird und mit Anstrengung verbunden ist. Zugleich wird das Alleinsein damit zu einem negativ aufgeladenen Zustand, vor dem man durch Erwachsene beschützt wird, was die schwache Position des abgelehnten Kindes eher besiegelt als verändert. Dies wird durch die Nachfrage, ob denn niemand sonst zum Spielen da sei, womit vor den Peers die Einsamkeit herausgestellt wird, noch gesteigert. Das stumme Nicken als Antwort des Kindes könnte somit Ausdruck von Resignation und emotionalem Rückzug sein. Im gleichen Zuge wird den beiden Kindern, die den Ausschluss praktiziert haben, ein Teil der Verantwortung hierfür übertragen: Auch wenn jemand „nervt" (was hier nicht in Frage gestellt wird) verliert er nicht das Anrecht auf das Mitspielen. Dass die so hergestellte Situation durchaus ambivalent ist, zeigt sich im weiteren Verlauf auch daran, dass die Positionierung des ausgeschlossenen Kindes als der Hilfe, Erziehung und Ermahnung bedürftig von den Peers direkt übernommen wird. Indem sie zur Bedingung machen, dass er „sich benimmt", rücken sie sich selbst in die Nähe von pädagogisch Tätigen, die über das Benehmen von anderen urteilen und die Entscheidungsmacht über hieran geknüpfte Konsequenzen besitzen. Damit ergibt sich zugleich eine aufschlussreiche Spiegelung zu der Spielthematik „Gangster", die einerseits von Macht und Entscheidungsbefugnissen, aber andererseits auch von Autonomie und dem Recht, Regeln bewusst zu durchbrechen, gekennzeichnet ist.

Methodenidee für Fortbildung und Fachberatung

Thema: Ausschluss und Mitspielen
Methodenvorschlag: Arbeit mit Bedeutungshorizonten
Gruppengröße: mind. 3 Personen (bei größeren Gruppen können die Kernsätze aufgeteilt werden auf mehrere Gruppen)
Material: große Papierbögen mit dem Fallbeispiel in der Mitte (sodass hinreichend Platz für Notizen bleibt), auf jedem Bogen ist ein anderer Kernsatz farbig markiert.

Nicht jede Ausgrenzung ist zugleich eine Diskriminierung und obwohl Fachkräfte Spielsituationen und Gruppenbildungen aufmerksam, differenzsensibel und diskriminierungskritisch begleiten sollten, müssen Kinder nicht jederzeit mit jedem spielen. Wann wird eine Ausgrenzung also zu einer Diskriminierung, die ein Einschreiten und eine Thematisierung seitens Erwachsener erfordert?

Das Fallbeispiel wird zunächst allein gelesen. Dann werden zu viert zu einzelnen Kernaussagen möglichst viele Umschreibungen (Paraphrasierungen) erfunden und aufgeschrieben, die die Bedeutung des Gesagten in der Situation aus Sicht des Kindes genauer umschreiben. Dabei können und sollen auch die Motive und Gefühle des Sprechers mit ausgesprochen werden. Es geht dabei nicht darum, die „richtige" Bedeutung herauszufinden, sondern möglichst vielfältige Möglichkeiten zu finden, aber diese auf die Situation zu beziehen und das (wenige), das wir darüber aus der kurzen Beschreibung erfahren. Dabei können auch Zuspitzungen gesucht werden und es kann überprüft werden, ob auch das Gegenteil möglich ist.

Mögliche Kernsätze:

- Du musst fragen „Darf ich mitspielen?"
- „Und du darfst trotzdem nicht? Warum?", fragt sie die Älteren.
- „Weil er nervt", sagen die beiden älteren Jungen.
- „Und wenn er sich ganz große Mühe gibt?"
- „Das ist blöd, wenn man keinen zum Spielen hat".
- „Nein? Möchtest du vielleicht etwas anderes machen?", fragt sie.
- „Er kann mitspielen, wenn er sich benimmt".

Fragen für die anschließende Reflexion:

1. In dem Fallbeispiel des "Gangsterspiels" begründen die Jungen den Ausschluss mit „Weil er nervt!" Ist dies aus Ihrer Sicht eine Diskriminierung? Wenn nicht, was wären Begründungen, die eindeutig auf eine Diskriminierung des Jungen hinweisen würden? Wie würden Sie reagieren?
2. Reflektieren Sie ähnliche Situationen aus Ihrem Kita-Alltag: Wann wurden oder werden Kinder von Spielsituationen ausgeschlossen und mit welchen Begründungen? Sind Sie eingeschritten? Sammeln Sie Beispielsituationen in denen a) Ausschlüsse aus Spielsituationen aus Ihrer Sicht legitim waren und b) Ausschlüsse diskriminierend waren. Warum haben Sie so entschieden?
3. Beobachten Sie aufmerksam die Spielkonstellationen und Peer-Gruppierungen in Ihrer Kita-Gruppe. Gibt es Kinder die grundsätzlich wenig in Peer-Interaktionen eingebunden sind und nur schwer Zugang finden? Woran könnte das liegen? Suchen Kinder Kontakt und finden ihn nicht oder wirken Sie zufrieden, z. B. in dem sie sich allein beschäftigen? Spielen Vielfaltsmerkmale eventuell eine Rolle?
4. Gibt es bezüglich des Spielens (Zugang zu Spielzeug, Räumen..., Wahl der Spielpartner:innen, Organisation von Spielgruppen etc.) offene und/oder verdeckte Regeln in Ihrer Kita? Wenn ja, welche? Welche Rolle spielen hierbei Inklusion, Partizipation und Kinderrechte? Wo gibt es Barrieren und wie lassen sich diese abbauen?

In einer anschließenden Arbeitsphase können für eine vertiefte Reflexion und Auseinandersetzung mit der Thematik die Indikatoren und Reflexionsfragen aus dem Index für Inklusion herangezogen werden. Fallbezogen können hier ganz unterschiedliche Fragen ertragreich sein, eignen könnten sich möglicherweise die folgenden:

Vertiefung mit dem Index für Inklusion

C.1.7: Die Kinder kooperieren bei Spielen und Lernen (vgl. GEW 2015, S. 84):

a) *Nehmen die Pädagog:innen die sozialen Prozesse unter den Kindern wahr und versuchen auf dieser Basis, gemeinsames Spiel, Lernen und Partizipation zu fördern?*
d) *Verstehen die Pädagog:innen und die Kinder, dass Kinder unterschiedliche Vorstellungen von Beteiligung haben?*
l) *Stärken die Pädagog:innen das Gefühl der Zugehörigkeit bei „Außenseiter:innen", indem sie kooperative Spielsettings initiieren?*

C.1.9: Die Pädagog:innen regen ein respektvolles Miteinander an (vgl. GEW 2015, S. 86), z. B.:

l) *Werden Unstimmigkeiten zwischen den Kindern als Gelegenheit betrachtet, Gefühle, Beziehungen und Handlungskonsequenzen zu bearbeiten?*
n) *Bestärken die Pädagog:innen die Kinder darin, Streitigkeiten selbst zu lösen?*

Unsere Beobachtungen machten insgesamt deutlich, dass von den Alltagssituationen in denen eher wenige Möglichkeiten für Partizipation von Kindern beobachtet werden konnten, besonders die Mahlzeiten hervorstachen.

Mit- und Selbstbestimmung von Kindern bei den Mahlzeiten ermöglichen: Mahlzeiten bieten viele Gelegenheiten für die Partizipation von Kindern, zum Beispiel indem Kinder sich selbst bedienen und selbstbestimmt entscheiden können was und wieviel sie essen möchten (vgl. Hansen et al. 2011, S. 158 f.). Dies gelingt umso leichter, wenn die Strukturen entsprechend gestaltet werden, beispielsweise angelehnt an das Konzept des Kinder-Restaurants. Auch die Auswahl, Planung und Zubereitung der Speisen sowie die Gestaltung des Tisches bieten vielfältige Möglichkeiten der Beteiligung von Kindern (vgl. Debatin 2016, S. 46f ff.).

In unseren Beobachtungssituationen erwiesen sich Essensituationen jedoch als besonders virulent für intergenerationale Praktiken der Fremdbestimmung. Die pädagogische Ausgestaltung unter dem Aspekt von Partizipation stellte vielfach eine Herausforderung dar. Soziale Regelkataloge wie „angemessenes Benehmen" leiteten sich hier vielfach in die pädagogische Gestaltung der gemeinsamen Mahlzeiten durch und führten zu einem deutlich erkennbaren Fokus auf das Erproben essensbezogener Kulturtechniken und deren Akzeptanz über Disziplinierungen:

Die pädagogischen Fachkräfte essen selber nicht mit, sitzen aber auf ihren Stühlen in erhöhter Position an den insgesamt zwei Essenstischen, an denen die Kinder verteilt sind. Zwischen den beiden Essenstischen gibt es Unterschiede: Am Tisch der einen pädagogischen Fachkraft dürfen sich die Kinder selber auffüllen, am anderen Tisch liegt dies in der Hand der Erwachsenen und sie verteilt das Essen. Sie steht während des Essens immer wieder auf, umfasst die Kinder von hinten, um ihnen die richtige Besteckhaltung zu zeigen und die Hände zu führen. Die Kinder sollen mit Gabel und Messer essen und werden dahingehend mehrfach ermahnt, wobei auch auf die Besteckhaltung geachtet wird. Es ist sehr still. Die Kommunikation beschränkt sich auf Ermahnungen der Kinder oder man hört nur das Besteckgeklapper. Eine feste und bekannte Regel für das Mittagessen hier besteht darin, dass die Kinder von allen Essenskomponenten zumindest eine kleine Probierportion essen müssen. Cem wirkt auf mich bereits den ganzen Vormittag sehr müde. Am Tisch gähnt er mehrmals herzhaft. Er hat ein kleines Stückchen Blumenkohl auf seinem Teller und zeigt deutlich, dass er dieses nicht essen möchte. Die Erzieherin ermahnt ihn dazu, steht schließlich auf, geht zu ihm und sorgt dafür, dass Cem eine kleine Portion isst, indem sie die Gabel offenbar gegen seinen Willen in seinen Mund führt. Cem sagt mehrmals zu der Erzieherin, dass er so müde ist und schlafen möchte, legt schließlich auf dem Tisch seinen Kopf auf den Armen ab. Es wird ihm daraufhin erklärt, dass er warten muss. Ein Kind sagt: „Ich will keinen Nachtisch!" Die Erzieherin sagt: „Wir probieren immer! Einen kleinen Probierer nimmt jeder!" (Ausschnitt aus einem Beobachtungsprotokoll 2016).

In dieser Situation wird bereits durch die räumliche und organisatorische Gestaltung ein Machtgefälle zwischen Kindern und Erwachsenen bzw. pädagogischen Fachkräften deutlich. Die pädagogischen Fachkräfte sind nicht Teil der gemeinsamen Mahlzeit, sondern beaufsichtigen diese, explizit sichtbar gemacht durch die erhöhte Sitzposition und dadurch, dass sie selbst nicht essen. Sie können somit den Kindern nicht als Modell für die Handhabung des Bestecks oder das Probieren verschiedener Speisen dienen. Die Regeln und Anforderungen werden den Kindern stattdessen verbal und durch Handführung vermittelt. Dem Nichteinhalten der Regeln durch die Kinder wird mit Maßnahmen der Fremdbestimmung begegnet: dem Führen der Hände beim Umgang mit Messer und Gabel und der Essenshilfe auch gegen den Willen eines Kindes. Das Auffüllen des Tellers durch die Erwachsenen unterstreicht die Dominanz der Fachkräfte zusätzlich. In der Folge werden die Kinder in hohem Maße in ihrer Autonomie beschnitten. Die Bedürfnisse oder Vorlieben der Kinder geraten dabei in den Hintergrund und werden auch kaum von den Kindern benannt. Unterschiedliche Voraussetzungen der Kinder wie ihr Entwicklungsstand oder ihre familienbezogenen Erfahrungen beim Essen finden keine erkennbare Berücksichtigung.

Zugleich ist eine Orientierung an der Gleichbehandlung aller Kinder als pädagogischer Grundsatz erkennbar. Die Regeln werden von Erwachsenen definiert, gelten unterschiedslos für alle Kinder: In der beschriebenen Szene muss Cem, wie alle Kinder, bis zum Ende des Mittagessens am Tisch sitzen bleiben, obwohl er sein Bedürfnis nach Schlaf deutlich zum Ausdruck bringt und es ihm offenbar große Schwierigkeiten bereitet, bis zum Ende der Mahlzeit sitzenzubleiben. Dies führt dazu, dass das Handeln von Kindern, die aus unterschiedlichen Motivationen diese Regeln „in Frage stellen“, z. B. indem sie eine Speise ablehnen oder weil sie müde sind, zu einem „schwierigen“ oder störenden Verhalten wird, das mit entsprechenden pädagogischen Interventionen beantwortet werden muss. In der Folge wird Teilhabe nicht als Partizipation, die Selbst- und Mitbestimmung umfassen würde, realisiert, sondern als fremdbestimmtes und letztlich erzwungenes Dabeisein und Mitmachen bei Gleichbehandlung.

Die konsequente Orientierung des pädagogischen Handelns an den von Erwachsenen definierten normativen Erwartungen sowie das Prinzip der Gleichbehandlung aller Kinder führt in der Konsequenz dazu, dass den Kindern weder ein Recht auf Beteiligung noch ein Recht auf Selbstbestimmung über den eigenen Körper gewährt wird: Die Kinder dürfen nicht selbstbestimmt entscheiden, ob sie am Mittagessen teilnehmen oder nicht. Sie dürfen auch nicht selbstbestimmt entscheiden, ob sie essen möchten und wieviel, sondern müssen gegebenenfalls auch alle Essenskomponenten gegen ihren Willen probieren. Das mit dem „Probierhappen“ vermutlich angestrebte Ziel, Kinder zu einer abwechslungsreichen Ernährung anzuregen, gerät dabei durch den Zwang in den Hintergrund. Vielmehr wird hier die Auseinandersetzung darüber, wer sich durchsetzt zum zentralen Thema (vgl. Hoch 2015, S.9).

Methodenidee für Fortbildung und Fachberatung

Thema: Essen und Partizipation - Regeln in unserer Kita
Methodenvorschlag: Fallreflexion
Gruppengröße: mind. 4
Material: Kopien der Beobachtungssituation, Moderationskarten

Phase 1: Zu zweit wird die Szenenbeschreibung zunächst gelesen und sich ausgetauscht zu den Fragen:

- Wie wirkt die beschriebene Atmosphäre auf mich?
- Wie fühlen sich die Kinder?
- Welche ausgesprochenen und unausgesprochenen Regeln gelten hier für die Gestaltung und Organisation des Mittagessens?
- Welche Auswirkung hat die Sitzordnung für die Situation?

Phase 2: Nun werden aus jeweils zwei Tandems Vierergruppen gebildet. Auf der Basis der Eindrücke und Überlegungen wird entweder mit einer vorbereiteten Skizze der Situation oder anhand von Moderationskarten mit „Denkblasen“ gemeinsam gesammelt, wie die Kinder die Situation erleben könnten („Ich fühle mich ...“) und welche Regeln hier aus ihrer Sicht gelten („Ich darf ...“; „Ich muss ...“ usw.). Dabei geht es einerseits um die Einfühlung in die Kinderperspektive und andererseits um offene und verdeckte (unausgesprochene aber dennoch allen bekannten) Regeln, die hier bei Mahlzeiten einzuhalten sind. Dabei kann auch überlegt werden, ob in der eigenen Kita alle Regeln unterschiedslos für alle gelten, also auch für Erwachsene, oder nicht.

Phase 3: Im Plenum werden die Überlegungen der einzelnen Gruppen zusammengetragen. Auf dieser Basis wird im Plenum gemeinsam überlegt, welche offenen und verdeckten Regeln das Einnehmen von Mahlzeiten in der eigenen Kita leiten und wie die Kinder dies erleben. Dabei wird (mit fallbezogen abgestimmten Schwerpunkten) überlegt,

- ... welche Regeln offen als Regeln formuliert werden und welche Regeln „verdeckt“ gelten (eine verdeckte Regel kann z. B. darin bestehen, dass Regeln nur für Kinder gelten, ohne dass dies offen gesagt wird).
- ... wer die Regeln aufgestellt hat.
- ... zu welchem Zweck sie gelten.
- ... welche Regeln als Barriere für Partizipation wirken und wie diese Barriere abgebaut werden kann.
- ... welche Bedeutsamkeit Mahlzeiten in der eigenen Kita zukommen (Essensaufnahme? Aneignung von Kulturtechniken? Soziale Erfahrungen ...)
- ... welche biografischen Erfahrungen die Fachkräfte (als Kind) mit Essensregeln gemacht haben und inwiefern diese gegebenenfalls in das pädagogische Handeln einwirken.

Die Diskussion wird mithilfe von Moderationskarten oder als Wandzeitung dokumentiert.

Phase 4: Nun kann gemeinsam eine Strategie dafür entwickelt werden, wie gemeinsam mit Kindern und Erwachsenen Regeln für Essenssituationen erarbeitet werden können, die für alle nachvollziehbar und verständlich sind und alle Bedürfnisse bestmöglich berücksichtigen.

Dabei wird auch gemeinsam überlegt,

a) ob etwas an der räumlichen Situation verändert werden und bis wann und von wem dies umgesetzt werden soll. Dies wird dann jeweils rechts daneben auf einer Karte notiert.

b) worauf alle in der nächsten Woche in der Selbstbeobachtung beim Essen achten wollen

Vertiefung mit dem Index für Inklusion

Für eine weiterführende Auseinandersetzung mit der Thematik eignen sich z. B. folgende Indikatoren und Reflexionsfragen aus dem Index für Inklusion (GEW 2015)

B 2.6: Vielfalt als Ressource nutzen: Grundsätze des Miteinanders in der Kindertagesstätte sind für alle transparent (GEW 2015, S.74), z. B.:

c) *Sind die Regeln der Einrichtung klar verständlich und beschränken sie sich auf wenige?*
k) *Tragen gemeinsam entwickelte Prinzipien dazu bei, das Wohlergehen und die Selbstwirksamkeit von ruhigeren und unglücklich erscheinenden Kindern zu verbessern?*

C.1.9: Spiel und Lernen gestalten: Die PädagogInnen regen ein respektvolles Miteinander an (GEW 2015, S.86), z. B.:

d) *Zeigen die PädagogInnen ihre Wertschätzung und Achtung der Kinder und verzichten sie auf Belohnungen und Bestrafungen?*
l) *Werden Entscheidungen, die die Kinder von bestimmten Handlungen abhalten, erklärt?*

Wie eine weitere Szene zeigt, stellt es in einem von Disziplinierung geprägten pädagogischen Gesamtrahmen dann auch eine Schwierigkeit dar, Kinder in ihrem individuellen Aneignungsprozess eigene Lösungen für Probleme entwickeln zu lassen:

Beim gemeinsamen Essen am Tisch gießt sich ein Junge selber Wasser ein und verschüttet dabei viel auf den Boden. Seine Tasse ist bis zum Rand voll. Die Erzieherin weist ihn auf sein Handeln hin und sagt: „Du trinkst jetzt deine Tasse aus! Viel Spaß dabei!" Sie wischt den Boden auf und setzt sich wieder neben ihn. Er schlürft das obere Wasser ab, weil die Tasse so voll ist, dass es schwierig wäre, sie ohne etwas zu Verschütten anzuheben. Die Erzieherin sagt: „Richtig hinsetzen jetzt! Richtig trinken! Mach es mit der Hand! Du bist kein Hund!" […] Während des Nachtischs sagt die Erzieherin laut einen Tischspruch: „Eins-Zwei-Drei- Das Erzählen ist vorbei!" […] Immer wenn es beim Essen etwas lauter wird oder Gespräche entstehen, werden die Kinder ermahnt. Die Erzieherin sagt: „Irgendwie tun mir die Ohren weh! Ich hör die ganze Zeit Stimmen!" (Ausschnitt aus einem Beobachtungsprotokoll 2016).

In dieser Situation erhält der Junge, der offenbar aus Unachtsamkeit seine Tasse zu voll gegossen hat, keine Anregungen bei der Suche nach Lösungsstrategien dazu, wie mit dem Missgeschick umgegangen werden kann. Ein Teil der Lösung (eine Strategie zum Austrinken der übervollen Tasse) wird ihm verantwortet, dabei jedoch ironisiert: „*Viel Spaß dabei*". Der zweite Teil der Lösung (Aufwischen des Wassers am Boden) wird stellvertretend von der Fachkraft übernommen. Die in der Situation funktionale Idee, die Tasse nicht anzuheben, um beim Austrinken ein weiteres Verschütten zu verhindern, sondern zunächst abzutrinken, erfährt gruppenöffentlich über den Vergleich mit einem Hund eine Abwertung. Die Erzieherin legitimiert damit als Erwachsene gegenüber den Kindern auch missachtendes und ausgrenzendes Verhalten in der Gruppe.

Insgesamt scheint die Essenssituation in erster Linie als Versorgungssituation eingeordnet zu werden und weniger als pädagogische Situation, wodurch diese zur Arena für Disziplinierung gerät. Dies wird über den verwendeten Tischspruch noch explizit gemacht. Die Chance, die gemeinsame Mahlzeit als soziale Situation für die Stärkung der Gemeinschaft in der Gruppe und den Austausch und den Dialog mit den Kindern als Bildungssituation zu nutzen, kann auf diese Weise nicht ausgeschöpft werden.

Methodenidee für Fortbildung und Fachberatung

Thema: Essen und Partizipation – Wertschätzende Kommunikation: Wie sprechen wir mit den Kindern?
Methodenvorschlag: Fallreflexion
Gruppengröße: mind. 4
Material: Kopien der Beobachtungssituation

Phase 1: Die Szenenbeschreibung wird gelesen. Zu viert wird sich ausgetauscht zu den Fragen:

- Wie wirkt die beschriebene Atmosphäre auf mich?
- Wie fühlen sich die Kinder?
- Gibt es Tischsprüche in unserer Kita? Was sagen diese aus?
- Gibt es „typische" Sätze, die im Laufe einer Essenssituation häufig von Erwachsenen zu Kindern gesagt werden? Wenn dies der Fall ist kann eine kurze Liste mit diesen Phrasen erstellt werden. Möglicherweise kann diese noch nach Themen geordnet werden wie z. B. Lautstärke, Essenstempo, Auswahl der Speisen.

In einer angedeuteten Essenssituation werden einzelne Sätze gegenseitig vorgelesen und die Gruppe überlegt: Wie wirken die Sätze? Würden diese Formulierungen auch gegenüber einer Kollegin/Kollege, Partner/Partnerin verwendet werden?

Auf der Basis kann das Team dazu angeregt werden, mind. einen Tag lang diese Phrasen nicht zu benutzen. Die Phrasen können auf Kärtchen im Teamraum aufgehängt werden und bei der nächsten Teambesprechung kann überlegt werden: Welche haben wir erfolgreich abgebaut und welche Karte kann daher zerrissen werden? Wie könnten konkrete Sätze/Anliegen an Kinder so formuliert werden, dass diese sich als gleichwürdig erleben können?

In der Gesamtreflexion werden gemeinsam Handlungsalternativen entworfen dazu, wie darauf reagiert werden kann, wenn sich ein Kind den Becher bis zum Rand voll gießt. Es wird überlegt, worin sich eine wertschätzende und respektvolle Ansprache an ein Kind auszeichnet und was dies für das Selbstbild, Selbstvertrauen und Selbstbewusstsein von Kindern bedeutet.

Im Folgenden werden den vorherigen beobachteten Situationen drei Protokollausschnitte gegenübergestellt, in denen Kindern konsequent das Recht gegeben wird, selbst zu bestimmen, was und wieviel sie essen und trinken möchten. Das Frühstück ist in dieser Einrichtung so organisiert, dass die Kinder selbst entscheiden können, wann sie am Morgen frühstücken wollen. Regelmäßig sind die Kinder auch an der Planung und Gestaltung des Frühstücksangebotes beteiligt.

Das Frühstück findet in einem großen Raum statt, an den auch die Küche angrenzt, die durch eine Durchreiche eine Verbindung zu den Kindern schafft. Frühstücken können die Kinder von 8 Uhr bis 11 Uhr. Das Frühstück ist offen gestaltet, d. h. die Kinder können kommen, wann sie wollen und auch so lange sitzenbleiben, wie sie wollen. Nur die Jüngsten aus den jeweiligen Gruppen gehen gemeinsam essen. Es gibt jeden Tag ein anderes Frühstück für die Kinder. Die jeweiligen Kindergruppen planen abwechselnd das Frühstück und bereiten es dann für alle Kinder vor. Am ersten Tag gibt es dunkles Brot, Butter, Quark und Gurken, am zweiten Tag Haferflocken mit Milch, Banane und/oder Bananenmilch. Alle Lebensmittel stehen für die Kinder frei zugänglich bereit und die Kinder versorgen sich auch selbstständig mit Geschirr und Besteck, räumen dies auch anschließend selber weg. Auch Tee, Saft und Wasser stehen bereit. Am ersten Tag sind die ganze Zeit zwei bis drei Fachkräfte im Raum. Das Frühstück wird zum Dialog mit den Kindern genutzt. Dadurch, dass viele Kinder noch jünger sind, aber viel Eigenständigkeit gefragt ist, wird viel Unterstützung benötigt (Ausschnitt aus einem Beobachtungsprotokoll 2016).

Im Einzelfall wird in dieser Kita auch entgegen der üblichen Abläufe und entlang der individuellen Bedürfnisse eines Kindes entschieden und entsprechend gehandelt, wie die folgende beobachtete Situation belegt:

Das Mittagessen beginnt um 11.30, in dem großen Raum, in dem auch gefrühstückt wird, allerdings zunächst für die jüngeren Kinder, die anschließend schlafen. Alle

Kinder erhalten so viel Unterstützung wie nötig. Es sind drei Tische besetzt, an denen insgesamt fünf Erwachsene verteilt sind. Die Atmosphäre beim Essen ist ruhig. Ein Mädchen, das gerade von draußen hereingekommen ist, steht weinend an der Tür. Eine Erzieherin geht zu ihr hin: „Schlafen", sagt das Mädchen. Die Erzieherin setzt sich mit dem Mädchen an einen Tisch. Mit den anderen Erzieherinnen diskutiert sie, ob sie das Kind ohne Mittagessen ins Bett bringen sollten, weil sie so müde ist. Weil das Mädchen auf dem Schoß der Erzieherin fast einschläft, wird entschieden, sie gleich in den Schlafraum zu bringen (Ausschnitt aus einem Beobachtungsprotokoll 2016).

Üblicherweise gehen die Erzieher:innen mit den Kindern nach dem Mittagessen gemeinsam in den Schlafraum. In dieser Szene orientieren die pädagogischen Fachkräfte ihr Handeln jedoch situationsbezogen an den Bedürfnissen des Mädchens, auch wenn es dem regulären Tagesablauf widerspricht, d. h. in diesem Fall das Mädchen nicht am Mittagessen teilnimmt. Obwohl sich die Fachkräfte hier anscheinend zunächst unsicher sind und das Für und Wider abwägen, wird zugunsten der situativen Befindlichkeit des Mädchens entschieden.

Im folgenden Beobachtungsausschnitt wird dargestellt, dass auch in dieser Kita das pädagogische Ziel verfolgt wird, Kinder zu einer möglichst guten und vielseitigen Ernährung anzuregen. Entsprechend wurden seitens der Fachkräfte vielfältige Strategien gewählt:

Die Erzieherinnen sitzen mit am Tisch, die Kinder nehmen sich das Essen selber, bekommen aber, wenn nötig, auch Unterstützung. Teilweise helfen sich die Kinder gegenseitig, z. B. beim Fleischschneiden. Die Kinder werden zwar teils von einer Erzieherin animiert oder gefragt: „Willst du gar nichts essen? Willst du keine Kartoffeln?", aber jede Antwort wird akzeptiert, auch das „Nicht-essen". Jedes Kind entscheidet selber was und ob es essen möchte und keiner muss etwas von dem Gemüse nehmen. Durch eine der Erzieherinnen wird das Gemüse aber durch eine „Taktik" attraktiv gemacht: Sie legt einem Mädchen eine „Ampel" aus Bohne, Karotte und Kartoffel auf den Teller und plötzlich wollen alle, die vorher kein Gemüse gegessen haben eine „Ampel" essen (Ausschnitt aus einem Beobachtungsprotokoll 2016).

Die Fachkräfte nehmen die Kinder und ihre Bedürfnisse und Vorlieben erkennbar ernst und lassen die Kinder selbst über ihr Essen bestimmen. Dies schließt aber nicht aus, den Kindern den Genuss neuer und vielfältiger Speisen schmackhaft zu machen, was jedoch kindorientiert geschieht.

Betrachtet man diese Essensituationen, so wird deutlich, dass unhinterfragte Verhaltensnormen und deren beharrliche Durchsetzung als Barrieren wirken. Der Ansatz „alle Kinder gleich" zu behandeln schränkt ebenfalls die Partizipation von Kindern ein. Den Kindern Selbstbestimmung über ihr Essen zu ermöglichen und regelmäßig zu prüfen, ob Regeln und Abläufe bei den Mahlzeiten zum Wohlergehen der Kinder beitragen, gehört zu den Bausteinen inklusiver Kitapraxis (Ali-Tani, 2018).

Methodenidee für Fortbildung und Fachberatung

Thema: Die Gemüseampel
Methodenvorschlag: Fallreflexion
Gruppengröße: beliebig Gruppengröße: mind. 3
Material: Kopien der Beobachtungssituation

Phase 1: Die Situation wird gelesen und gemeinsam reflektiert:

- Warum wird die Idee, das Essen mit einer bildhaften Bedeutung „aufzuladen" - in diesem Fall einer „Ampel" - von den Kindern angenommen?
- Wird die Selbstbestimmung der Kinder, d. h. das Kinderrecht auf Partizipation dabei aufrechterhalten oder untergraben?
- Werden die Kinder hier ernst genommen oder ausgetrickst?
- Welche Rolle spielt möglicherweise das Entwicklungsalter der Kinder?
- Welche Rolle spielen die Interessen und Bedürfnisse der Erwachsenen bzw. Fachkräfte auf der einen und die der Kinder auf der anderen Seite?

Phase 2: In Teilgruppen von zwei oder drei Personen werden Reaktionen und Handlungsstrategien zu der Fallsituation gesammelt, dass ein Kind beim Mittagessen den Nachtisch vor dem Hauptgericht essen möchte. Dies kann mit Impulsfragen geschehen, z. B.: Was spricht dafür, was dagegen, welche Aspekte spielen eine Rolle? Welche Argumente sprechen insgesamt dafür oder dagegen, Abneigungen, Vorlieben, Wünsche und/oder Äußerungen von Kindern in Bezug auf die Essenswahl einfach bedingungslos anzunehmen? Wie hängen diese mit dem Recht auf Partizipation zusammen? Überlegen Sie dabei auch, welche Bedeutsamkeit dies für das spätere Essverhalten der Kinder als Erwachsene haben könnte.

Phase 3: In der Gesamtreflexion werden die Überlegungen zusammengetragen und es werden konkrete Ziele für die Ausgestaltung der Essenssituation in der jeweiligen Kita unter der Leitidee von Partizipation erarbeitet. Dabei sollte auch überlegt werden, ob es in der Kita "gute" und "schlechte" Lebensmittel und in diesem Zusammenhang Verbote oder Belohnungen gibt.

Partizipation und Bildungsteilhabe im Freispiel: Im Freispiel zeigte sich in vielen beobachteten Situationen, dass die Anerkennung von kindlichem, phantasievollem und selbstvergessenem Spiel ein wirkungsvoller Türöffner für Partizipation und Bildungsteilhabe sein kann, wie folgendes Beispiel deutlich macht:

Im Leseraum nehmen sich zwei Jungen zwei Kinderbesen aus dem Regal und fegen damit den Raum. Die pädagogische Fachkraft spricht sie an: „Nein! Was wollt ihr jetzt damit! Das brauchen wir erst später!“ Die beiden Jungen folgen dem Hinweis zunächst nicht und fegen weiter begeistert durch den Raum, bis die Fachkraft weitere Male anmahnt, dass die Jungen die Besen wegstellen sollen. Zu einem Jungen, der sich auf den Bürostuhl setzt, sagt sie: „Luka! Vom Erzieherstuhl wegbleiben! Du kennst die Regeln!“ (Ausschnitt aus einem Beobachtungsprotokoll 2015).

In dieser Situation treffen die unterschiedlichen Perspektiven und Bedürfnisse von Kindern und Erwachsenen aufeinander. Die pädagogische Fachkraft ordnet das Fegen der Kinder mit dem Besen nicht als spielerisch sinnvolles Tun ein und gibt ihnen auch nicht die Gelegenheit ihre Motive zu erklären. Für die Perspektive der Kinder, ihre Interessen und Meinungen bleibt daher wenig Raum. Der Besen ist für die Fachkraft scheinbar ein zweckgebundenes Objekt, das nur zu einer bestimmten Zeit (Aufräumzeit) oder einem bestimmten Anlass (z. B. Schmutz auf dem Boden) genutzt werden darf. Den beiden Jungen macht es jedoch einfach Freude, mit dem Besen zu fegen. Es ist in der Situation nicht klar erkennbar, ob sie damit ein Phantasiespiel verbinden und der Besen, vergleichbar mit einem Verkleidungsgegenstand, eine Spielfunktion hat oder ob primär der Bewegungsanreiz hier die Motivation für das gemeinsame Spiel darstellt. Da die pädagogische Fachkraft nicht mit den Kindern ins Gespräch geht, entgeht ihr deren Perspektive und damit die Möglichkeit, die Situation als Spielsituation wahrzunehmen.

Als Barriere wirkt hier folglich der fehlende kommunikative Austausch zwischen Erwachsenensicht und Kindersicht. Die Kinder können ihre Deutung als Spielsituation nicht vermitteln und werden hiermit nicht gehört. Geltende Regeln sind so der Aushandlung entzogen, sie sind nicht verhandelbar, sondern werden von Erwachsenen definiert.

Methodenidee für Fortbildung und Fachberatung

Thema: Spielmaterial
Methodenvorschlag: Imagination in Kombination mit Fallreflexion
Gruppengröße: mind. 8 Personen
Material: Besen, großer Papierbogen, Stifte, Kopien der Beobachtungssituation

Abklatschen
Wichtig ist hier, dass das Fallbeispiel vorher nicht vorher gelesen wird. Im Kreis wird ein Besen herumgegeben. Die Person, die beginnt, deutet damit eine Tätigkeit an (z. B. Gitarre spielen). Nun wird der Gegenstand umgedeutet. Jede die eine Idee hat, was der Besen … noch alles sein könnte, klatscht kurz ab, übernimmt den Gegenstand und deutet die nächste Idee an usw usw.

Fallreflexion: Nun wird das Fallbeispiel gelesen. Die Gruppe tauscht sich aus zu den Fragen:

- Welche Interessen, Bedürfnisse und Motivationen könnten das Handeln der Kinder leiten?
- Wie fühlen sich die Kinder?
- Wie wirkt die beschriebene Atmosphäre auf mich?
- Welche Interessen, Bedürfnisse und Motivationen könnten das Handeln der pädagogischen Fachkraft leiten?

Die Überlegungen werden im Anschluss im Plenum gesammelt und diskutiert. Dabei werden vergleichbare Situationen aus dem eigenen Kita-Alltag gesammelt und im Hinblick auf Partizipation und das Spiel als Ausdrucksform reflektiert.

Variante: Szenisches Spiel
Die Gruppe befindet sich in einem imaginierten Phantasieladen und teilt sich auf in ein Verkaufsteam und Kund:innen. Die Verkäufer:innen wollen einen Besen verkaufen, der zunächst recht langweilig zu sein scheint. Sie präsentieren den Besen daher auf einer angedeuteten Bühne im Halbkreis als „Alleskönner" mit möglichst vielfältigen Verwendungsmöglichkeiten (von einem Dirigierstab über ein internetfähiges elektronisches Küchengerät bis zum Fluggerät usw. … alles ist möglich). Die Kund:innen reagieren spontan und entschieden gemeinsam, ob sie den Besen kaufen.

Die szenische Erprobung wird im Anschluss kurz reflektiert und alle Beteiligten wieder aus den Rollen „entlassen“ (hierfür die „Spielfläche“ verlassen und die Plätze wechseln).

Vertiefende Reflexion mithilfe des Index für Inklusion

Für eine vertiefende und weiterführende Auseinandersetzung mit der Thematik eignen sich folgende Indikatoren und Reflexionsfragen aus dem Index für Inklusion (GEW 2015):

C.1.6: Spiel und Lernen gestalten: Die Kinder können ihr Spielen und Lernen aktiv gestalten (GEW 2015, S. 83), z. B.:

b) *Haben die Kinder genügend Freiraum zur Gestaltung ihres eigenen Spielens und Lernens?*
o) *Werden Kinder befragt, welche Aktivitäten ihnen Spaß machen würden?*

C.2.5. Die Pädagog:innen entwickeln gemeinsam Materialien, um Spiel, Lernen und Partizipation zu fördern, z. B.:

c) *Ist allen bewusst, dass eine Einrichtung reich an Mitteln sein kann, selbst ohne teure Spielzeuge und Ausstattung?*

h) *Wird das selbstständige Spiel und Rollenspiel der Kinder mit alltäglichen Gegenständen, die flexibel drinnen und draußen genutzt werden können, unterstützt?*

In der folgenden Situation wird ein Kind zunächst nach seinen Wünschen befragt, die Kommunikation darüber erweist sich dann jedoch im Detail als schwierig:

Nikolas kommuniziert anhand von Bildsymbolen (TEACCH)[9]*. Er wird mithilfe des Materials von einer pädagogischen Fachkraft gefragt: „Was willst du machen?" Er nimmt sich ein Auto-Symbol, also geht die Fachkraft mit ihm in den oberen Bereich zu der Kiste mit den Autos. Dort sitzt er eine Weile, dann beginnt er, die Treppe hoch und wieder herunter zu laufen, was ihm offensichtlich Freude bereitet (jedenfalls gibt er freudige Laute von sich). Die pädagogische Fachkraft interveniert und sagt zu Nikolas, er könne oben oder unten spielen, aber nicht auf der Treppe. Später sagt sie ihm, er solle leiser sein und unterstützt dies durch Gebärden (Ausschnitt aus einem Beobachtungsprotokoll 2015).*

In dieser Situation befragt die pädagogische Fachkraft das Kind, was es machen möchte. Sie überbrückt dabei sprachliche Barrieren, indem sie Symbole verwendet. Auf diese Weise wird Nikolas ermöglicht, eine selbstbestimmte Entscheidung zu äußern. Als er das Autosymbol nimmt, fasst die Erzieherin dies als Wunsch auf, mit Autos zu spielen. Daher begleitet sie ihn zu der Autokiste, die sich auf der Hochebene im Raum befindet. Nikolas entdeckt jedoch, wieviel Freude es ihm macht, auf der Treppe hoch und herunter zu laufen und initiiert ein Spiel auf der Treppe.

Das Laufen auf der Treppe entspricht nicht der zuvor über das kommunikative Hilfsmittel vorgenommenen Absprache. Das Handeln wird (daher) von der Fachkraft in dieser Situation unterbunden. Obwohl Nikolas in dieser Situation seine Wünsche und Bedürfnisse deutlich erkennbar zum Ausdruck bringt, finden diese keine Resonanz mehr bei der Fachkraft.

Das Laufen auf der Treppe wird nicht als Spielsituation oder als Bildungsaktivität gewertet. Im Sinne des Einsatzes eines kommunikativen Hilfsmittels möchte die Fachkraft vermutlich, dass nun auch das getan wird, was erfolgreich kommuniziert wurde. In der Folge gerät die Frage nach den Motiven des Kindes in den Hintergrund. Die motorischen Erfahrungen beim Erklimmen der Treppe und die Auseinandersetzung mit den verschiedenen Ebenen des Raums werden

9 „TEACCH" steht für „Treatment and Education of Autistic and related Communication handicapped CHildren. Zu dem Ansatz gehören bildbasierte Kommunikationshilfen, die besonders im Kontext von autistischem Handeln Anwendung finden.

dabei entweder übersehen oder als weniger bedeutsam gegenüber dem passenden Umgang mit dem Kommunikationsinstrument gewertet.

Das Herauf- und Herunterlaufen auf einer Treppe als Spielsituation war für das Kind über TEACCH allerdings nicht vorab an die Fachkraft zu vermitteln, da es hierfür kein Symbol gibt. Es ist nicht klar, ob der Junge möglicherweise wahllos eine Karte gegriffen hat, weil keine motivierende Tätigkeit abgebildet war, er beim Hinaufgehen einem spontanen Impuls gefolgt ist, hoffte dort einen Freund zu treffen der dann aber nicht da war oder ob er das Spielen mit dem Auto gerade deshalb angegeben hat, weil er weiß, dass er die Treppe nutzen kann, um dorthin zu gelangen. Deutlich wird jedoch, dass Erwachsene mit dem kommunikativen Hilfsmittel eine Vorauswahl zwischen den aus ihrer Sicht angemessenen Spielformen wie ein Spiel mit Autos im dafür vorgesehenen Raum getroffen haben. Das Erklimmen und Herumlaufen auf einer Treppe zählt offenbar nicht dazu, findet keinen Eingang in die unterstützte Kommunikation zwischen Kind und Fachkraft und kann als Spielwunsch nicht geäußert werden.

Das Beispiel macht damit deutlich, dass auch kommunikative Hilfsmittel als Barriere wirken können, wenn die Gestaltungshoheit und Interpretation hierfür allein bei Erwachsenen liegt und diese nicht interaktiv weiterentwickelt bzw. flexibel genutzt werden.

Methodenidee für Fortbildung und Fachberatung

Thema: Partizipation und Kommunikation
Methodenvorschlag: Fallreflexion
Gruppengröße: mind. 2
Material: Kopien der Beobachtungssituation, 1 Papierbogen mit 4 Feldern auf denen Alltagsgegenstände und Tätigkeiten abgebildet sind (z. B. Teller, Rutsche, Ball, Fahrrad), 1 Karte mit einer Tätigkeit (z. B. Memory spielen)

Eine Person erhält den Auftrag, ohne zu sprechen und ohne zu gestikulieren einen Wunsch deutlich zu machen, der nicht auf der Karte abgebildet ist (z. B. Memory spielen)

Im Anschluss wird in der Gruppe reflektiert, wie bei der Erstellung und bei der Nutzung kommunikativer Hilfsmittel Partizipation und Ausdrucksmöglichkeiten gestärkt werden können, welche Rolle dabei die genaue Beobachtung des Kindes spielt und in welchen Situationen es besonders wichtig sein kann, auf die Interessen eines Kindes einzugehen.

Vertiefende Reflexion mithilfe des INDEX FÜR INKLUSION

Für eine vertiefende und weiterführende Auseinandersetzung mit der Thematik eignen sich folgende Indikatoren und Reflexionsfragen aus dem Index für Inklusion (GEW 2015):

C.1.6 Spiel und Lernen gestalten: Die Kinder können ihr Spielen und Lernen aktiv gestalten (GEW 2015, S. 78), z. B.:

d) *Orientieren sich die Pädagog:innen an der Neugier und den Fragen der Kinder, indem sie beobachten, mitmachen, das Spiel unterstützen und erweitern?*
e) *Stellen die Pädagog:innen Alternativen vor, sodass die Kinder wirklich aus mehreren Aktivitäten auswählen können?*

C.1.3 Spiel und Lernen gestalten: Die Aktivitäten ermutigen alle Kinder zur Teilnahme (GEW 2015, S. 80), z. B.:

a) *Sprechen die Aktivitäten die Kinder emotional an, wecken ihre Interessen, rufen sie hervor und vermitteln Freude am Spiel und Lernen?*
l) *Reagieren die Pädagog:innen grundsätzlich positiv auf die künstlerischen und kreativen Experimente der Kinder?*

Der folgende Ausschnitt dokumentiert eine Situation in einer Freispielphase:

Ein Junge steht fast 15 Minuten einfach nur im Raum, die Erzieherin geht zunächst nicht auf ihn ein. Schließlich bemerkt sie ihn und fragt: „Bist du noch müde?" „Oder musst du mal Pipi?" (Der Junge wedelt stark mit seinen Beinen). Da der Junge alles verneint, hockt sie sich zu ihm hin. Dann werden die beiden jedoch von zwei anderen Jungen abgelenkt, die Kleidungsstücke auf dem Treppengeländer zur Empore herunterrutschen lassen. Die Erzieherin spricht sie an: „Guck mal! Rutschen die einen (Kleidungsstücke) schneller als die anderen?" Auch das Interesse des Jungen, der vorher untätig im Raum stand, ist nun geweckt und gemeinsam erkunden die Kinder mit der Erzieherin noch mehrere Male, wie schnell welches Kleidungsstück rutscht (Ausschnitt aus einem Beobachtungsprotokoll 2016).

In dieser Situation setzen zwei Jungen Kleidungsstücke nicht zweckgebunden zum Anziehen oder Verkleiden ein, sondern lassen sie immer wieder ein Treppengeländer herunterrutschen.

Eine mögliche Reaktion der Fachkraft hätte in einer Zurechtweisung bestehen können, da Kleidungsstücke für einen anderen Zweck vorgesehen sind. Die Reaktion der Erzieherin fällt aber anders aus: Sie lässt sich auf das Spiel der Kinder und ihre möglichen Motive ein und deutet die Situation damit als bedeutsam für Bildungsprozesse. Sie unterstützt die Neugier und das Interesse der Kinder und fokussiert beides mit einem kleinen Impuls, indem sie den Kindern ihre Beobachtung zur Verfügung stellt und sie anregt, ihr eigenes Handeln selber genau zu beobachten („*Guck mal! Rutschen die einen (Kleidungsstücke) schneller als die anderen?*“). Indem sie damit das Tun der Kinder als sinnvoll anerkennt, eröffnet sie den Raum für eine neue Deutung der Situation als zweckdienliches Handeln in einem Experiment: Nun kann gemeinsam erforscht werden, wie unterschiedlich schnell die Materialien der Kleidungsstücke rutschen und woran dies liegen könnte.

Damit gelingt es ihr außerdem, die Kinder darin zu stärken, ihr Denken und Handeln aufeinander zu beziehen, die Kind-Kind-Interaktion zu unterstützen und für soziale Teilhabe des Jungen, der vorher lange abseits und untätig im Raum stand, an der Bildungsaktivität zu sorgen. Denn ab diesem Zeitpunkt der Umdeutung der Situation zu einem Bildungsmoment ist er eingebunden und aktiviert.

Methodenidee für Fortbildung und Fachberatung

Thema: Der Bildungsmoment
Methodenvorschlag: Fallreflexion/Gruppenpuzzle
Gruppengröße: mind. 2
Material: Kopien der Beobachtungssituation und Moderationskarten

Die Situation wird in drei Gruppen gelesen, diskutiert und die Überlegungen werden auf Moderationskarten notiert:

- Gruppe 1: Wie gelingt es der pädagogischen Fachkraft in der dokumentierten Situation aus der Beobachtung der Kinder einen Bildungsmoment herzustellen?
- Gruppe 2: Was zeichnet die Interaktion zwischen der Fachkraft und den Kindern aus? Welchen Eindruck erhalten wir von der pädagogischen Beziehung?
- Gruppe 3: Wie gelingt es der Fachkraft, durch ihr pädagogisches Handeln die Partizipation aller Kinder herzustellen?

Im Anschluss werden die Überlegungen im Plenum zusammengetragen und reflektiert, auf welche Alltagssituationen der Handlungspraxis aus der eigenen Kita dieses Beispiel übertragbar ist.

Der nächste Ausschnitt illustriert ebenfalls, wie selbstbestimmte Spielaktivitäten der Kinder durch Fachkräfte gefördert werden können:

Die Erzieherin wird immer wieder in die Spiele involviert und lässt sich darauf ein. Die Kinder am Herd fragen sie z. B., was sie essen möchte. Sie setzt sich zu dem Kind in der Küche und fragt: „Oh! Darf ich das essen? Lecker!“ und bekommt einen Teller serviert. Von einem Kind, das „Arzt“ spielt, lässt sie sich ins Ohr gucken und mit einem anderen Kind spielt sie „Autofahren“. Immer wenn die Erzieherin intensiver mit einem der Kinder spielt, kommen meistens weitere hinzu, die sofort eingebunden werden. So sitzt sie mit einem Kind auf einer Bank und spielt „Autofahren“. Als zwei weitere Kinder mitspielen wollen, wird eine Rückbank dazu gestellt (Ausschnitt aus einem Beobachtungsprotokoll).

Hier zeigt sich, wie es mittels eines anerkennenden Handelns möglich und ertragreich ist, sich auf die Lebenswelt und Phantasie der Kinder einzulassen. Das spielerische und phantasievolle Handeln ermöglicht ein dialogisches Miteinander zwischen Kindern und Fachkräften und trägt gleichzeitig zur gelingenden Interaktion zwischen den Kindern bei (vgl. Seitz et al. 2012, S. 13 f.). Die Erzieherin unterstützt auf diese Weise Peer-Aktivitäten und fördert die Bildungsteilhabe der Kinder in die Gruppe.

Methodenidee für Fortbildung und Fachberatung

Diese Szene kann mit der gleichen Methodik (Gruppenpuzzle) und den Fragen bearbeitet werden wie die vorangehende. Es ist in großen Teams außerdem möglich, die beiden Szenen parallel in Teilgruppen zu bearbeiten und anschließend in den Austausch zu gehen.

Vertiefende Reflexion mithilfe des INDEX FÜR INKLUSION

Für eine vertiefende und weiterführende Auseinandersetzung mit der Thematik eignen sich folgende Indikatoren und Reflexionsfragen aus dem Index für Inklusion (GEW 2015):

C 1.3 Spiel und Lernen gestalten. Die Aktivitäten ermutigen alle Kinder zur Teilnahme (GEW 2015, S. 80), z. B.:

a) *Sprechen die Aktivitäten die Kinder emotional an, wecken ihre Interessen, rufen sie hervor und vermitteln Freude am Spiel und Lernen?*
m) *Begeben sich die Mitarbeiter:innen auf die Augenhöhe der Kinder?*

In der Gesamtschau der verschiedenen dokumentierten und hier exemplarisch ausgewählten Situationen zum Schlüsselthema Partizipation wird deutlich, dass Partizipation von Kindern im Kita-Alltag wesentlich davon abhängt, inwieweit den Motiven und Deutungsweisen der Kinder Aufmerksamkeit geschenkt wird und sie mit Anerkennung versehen werden. Denn hierüber wird zunächst die Möglichkeit eröffnet, sich als selbstwirksam zu erproben und zu erleben und sich darüber hinaus in ko-konstruktiven Prozessen aufeinander zu beziehen. Förderlich ist es daher, sich im pädagogischen Handeln in die Perspektive des Kindes hineinversetzten zu können und von hier aus situationsorientiert zu handeln.

Dies bedeutet auch, sich im Team darüber zu verständigen, welche Gestaltungsräume Kindern beim Spielen in der Kita gewährt werden sollen und wie dies im konkreten Handeln realisiert werden kann.

Bildungsteilhabe und Partizipation als Schlüssel zur Inklusionsentwicklung: Insgesamt messen die meisten der befragten Fach- und Leitungskräfte dem Thema Partizipation eine große Bedeutung bei. So beschreibt eine Leitungskraft:

„Also mir ist ganz wichtig, dass man die Kinder mitentscheiden lässt, mitbestimmen lässt. Natürlich im Rahmen ihrer Entwicklung. Und dass wir als Erzieher hier im Haus den Kindern wirklich auf Augenhöhe begegnen. Also wir sind hier keine Vorturner, keine Animateure, keine Besserwisser, keine Lehrer, sondern wir sind Begleiter der Kinder" (Leitung, Interview 2015).

Eine pädagogische Fachkraft betont auf ähnliche Weise den Stellenwert von Partizipation für ihre Arbeit:

„Also so mit der Arbeit mit den Kindern ist mir wichtig, dass ich mir Zeit nehmen kann, dass die Kinder die Möglichkeit haben sich bei Angeboten, bei Beschäftigungen ganz viel mit zu beteiligen, dass sie da mit einbezogen sind. Ihre Ideen mit einbringen können und, wie gesagt, ganz viel mitentscheiden können, was sie wollen, wie lange sie es wollen, wo sie es wollen und solche Dinge. Gerade die Partizipation, die Beteiligung oder die Teilhabe von Kindern ist mir INSGESAMT in der pädagogischen Arbeit sehr wichtig. Da arbeiten wir auch sehr stark dran immer. Oder schon immer, ja" (Pädagogische Fachkraft, Interview).

Beobachtete pädagogische Praktiken verhielten sich (auch) in unserer Untersuchung nicht immer kongruent zu den in den Interviews erkennbaren Überzeugungen. Partizipation wird folglich zwar vielfach nominell ein hoher Stellenwert eingeräumt, die konsistente Überführung in entsprechende reflexive Handlungspraktiken stellt jedoch eine weiterführende Herausforderung dar (vgl. auch Ali-Tani, 2017a), was Möglichkeiten zur Reflexion impliziert.

Für Bildungsteilhabe und Partizipation als zentrale Bausteine inklusiver Praxis kann hiervon ausgehend festgehalten werden, dass die Kind- und Situationsorientierung sowie Reflexivität entscheidende Gelingensbedingungen darstellen. Eine pädagogische Orientierung an der Gleichbehandlung aller Kinder wirkt dagegen, dies lässt sich an den Szenen ablesen, als Barriere für Inklusion im Kitaalltag, weil so die unterschiedlichen Voraussetzungen der Kinder nicht berücksichtigt werden und dies die Bildungsteilhabe einzelner Kinder innerhalb der Kita erschwert. Ein wichtiger Impuls für die Initiierung von inklusiver Qualitätsentwicklung kann deshalb darin gesehen werden, das Verhältnis von Gleichheit und Differenz in inklusiven Settings gemeinsam mit den pädagogischen Fachkräften zu reflektieren und gedanklich auszuloten, wie Bildungsangebote so gestaltet werden können, dass sie gleichberechtigte Teilhabe und eine individuelle Ausgestaltung entsprechend der eigenen Voraussetzungen der Kinder ermöglichen (vgl. Seitz & Hamacher 2019).

Viele der Beispiele machen deutlich, dass die Öffnung für mehr Partizipation von Kindern damit verbunden ist, dass pädagogische Fachkräfte ihre eigene Perspektive reflektieren und überprüfen, welche Interessen und Bedürfnisse dem eigenen Handeln zugrunde liegen. Dies impliziert auch, das generationale Machtverhältnis zwischen pädagogischen Fachkräften und Kindern kritisch zu reflektieren, um eine demokratische Kultur zu entwickeln. Dafür ist es wichtig, den Rahmen für die Selbst- und Mitbestimmung von Kindern zu definieren (vgl. Hansen et al. 2011, S. 26 ff.).

Bildungsverständnis und Partizipation: Gestaltungsangebote bieten vielfältige Anlässe für selbsttätige Aneignungsprozesse der Kinder und die Stärkung der sozialen Einbindung der Kinder in der Gruppe. Das Potenzial solcher inhaltlichen Angebote für die Stärkung der Teilhabe an gemeinsamen Aktivitäten muss hierfür jedoch gesehen und aktiviert werden, wie sich in folgendem Beispiel erkennen lässt:

Nach dem Frühstück teilen die Erzieherinnen die Kinder in Gruppen ein, bzw. verweisen sie auf Aktivitäten und die jeweils dafür zuständige Erzieherin. Einige werden dazu aufgefordert, mit einer der Erzieherinnen in den Nebenraum zu gehen. Zwei Kindern wird hier die Aufgabe gegeben zu puzzeln und an ihrem "Kindergartentrainer" (ein Lernmaterial) zu arbeiten. Eine andere Gruppe aus drei Kindern soll mit Fingerfarben malen. Dies geschieht nach Vorlage der Erzieherin. Das Thema ist „Freundschaft", deshalb wird aus Fingerfarben heute die Maus aus dem Bilderbuch „Freunde" von Helme Heine gemalt. Die Erzieherin hat diese als Umriss vorgezeichnet und die Kinder sollen nun die vorgegebenen „richtigen" Farben zum Ausmalen benutzen. Die Kinder fragen mehrmals, ob sie die Farbe mit den Fingern verteilen dürfen, die Erzieherin antwortet: „Nein! Nur tupfen! Ich möchte, dass da lauter Tupfer sind!" Die Erzieherin achtet darauf, dass nur getupft wird und nichts verwischt und dass die Kinder nacheinander tupfen. Dabei führt sie zum Teil die Hände der Kinder. Als der Schwanz der Maus an der Reihe ist, sollen die Kinder erst auf einem Bild nachsehen, welche Farbe hierfür verwendet werden muss, bzw. wie der Schwanz einer Maus naturgetreu auszusehen hat. Max, ein Junge, der in der Gruppe von einer Integrationshelferin unterstützt wird, ist ebenfalls im Raum, wird aber von den Erzieher:innen nicht aufgefordert an einer Gruppenaktivität teilzunehmen. Seine Integrationshelferin fragt die Erzieherin mehrmals, ob Max zuschauen darf oder ob noch Platz für ihn an dem Tisch ist. Die Erzieherin sagt: „Ist ein bisschen eng da!". Sie geht auf die Anfrage nicht weiter ein (Ausschnitt aus einem Beobachtungsprotokoll).

Aus der Anweisung zum Malen nach konkreter Vorlage und mit einer bestimmten Fingerfarbentechnik (Tupfen) lässt sich schließen, dass auf Seiten der pädagogischen Fachkraft eine klare Vorstellung davon besteht, wie das Endprodukt der Aktivität aussehen soll. Diese ist verbunden mit einer bestimmten Idee von „richtig" und „falsch", die an der Sache orientiert ist (dem Bilderbuch „Freunde"; Heine 1982) und von der Fachkraft definiert wird. „Richtig" ist das Tupfen von Fingerfarben mit den Fingern, „falsch" ist das großflächige Gestalten von Flächen mit den Fingern oder der Hand. Die Kinder werden in der Situation nicht ermutigt, eigene Vorstellungen einer Maus, die (dem Bilderbuch folgend) ein Freund ist, zu entwickeln und gestalterisch umzusetzen. Ziel ist es vielmehr, auf der vorgegebenen Vorlage zu malen und nur die für eine naturgetreue Maus „richtigen" Farben benutzen. Entsprechend kommuniziert die Fachkraft dies an die Kinder und sichert das von ihr definierte Gelingen ab, indem sie die Hände der Kinder führt. Durch die engen Vorgaben wird der Raum für selbsttätige Aneignungsprozesse der Kinder in der Auseinandersetzung mit dem Thema „Freunde" und dem Material (Fingerfarben) stark eingegrenzt. Ein Einbringen eigener Vorstellungen durch die Kinder scheint nicht möglich.

Parallel zum Malen in der Kleingruppe finden verschiedene spezifische Lern- und Förderaktivitäten statt, die im Tagesablauf für die Zeit nach dem Frühstück vorgesehen sind. Es kann somit sein, dass auch beim angeleiteten Malen ein Förderziel handlungsleitend ist, möglicherweise soll über das gezielte Einsetzen der Fingerspitzen die Feinmotorik gefördert werden. Damit rücken neben dem Potenzial für kreatives Ausprobieren und Selbstausdruck über das Malen auch der Bildungsgehalt des Bilderbuches, zu dem gearbeitet wird, und die diesbezüglichen Aneignungsprozesse der Kinder in den Hintergrund. Auch ko-konstruktive Prozesse der Kinder sind somit nur schwer zu initiieren.

Die Integrationshelferin bittet mehrmals darum, Max an den Tisch zu lassen, was die Erzieherin jedoch mit dem Hinweis auf fehlenden Platz am Tisch ablehnt. Bei der Beobachterin entsteht hier der Eindruck, dass am Tisch leicht Platz geschaffen werden könnte und es hintergründig um etwas anderes geht – dies könnten möglicherweise rollenbezogene Verantwortlichkeiten sein, die hier ausgehandelt werden oder die Einschätzung, das Angebot sei nicht passend für Max, womöglich auch die Einschätzung, seine Teilhabe könne ein Risiko für die Qualität des angestrebten Arbeitsergebnisses darstellen.

Als Barriere für die Partizipation von Max wirken hier damit vermutlich die Fokussierung auf ein gelungenes Endprodukt im Verbund mit der Geschlossenheit des Auftrags und fehlender Differenzierungsmöglichkeiten - vielmehr scheint von allen teilnehmenden Kindern erwartet zu werden, dass sie die Aufgabe in der gleichen Weise umsetzen und Max wird dies offenbar nicht zugetraut. Über das in dieser Form gestaltete pädagogisch-didaktische Arrangement wird er folglich zu einem „anderen" Kind gemacht, das die gestellten Leistungsanforderungen im Blick der Erzieherin nicht erfüllt (vgl. Joyce-Finnern 2017,

S. 129 ff.). Dass andere Kinder ebenfalls Schwierigkeiten haben, den Erwartungen der Erzieherin bei der Ausführung der Maltechnik gerecht zu werden, führt hier nicht dazu, die Anforderung insgesamt zu hinterfragen. Auch die soziale Dimension des Angebotes, die gemeinsame Aktivität der Kinder und das Malen in der Gruppe, gerät so aus dem Blick und wird nicht als Chance zur Unterstützung sozialer Einbindung und Bildungsteilhabe aller Kinder genutzt.

Die Verantwortung für die Partizipation an Bildung von Kindern, denen eine Integrationshelferin zugeteilt ist, wird hier offenbar nicht als Teamaufgabe begriffen, sondern als alleinige Aufgabe der Integrationshelferin. Mit dem Argument es sei *„ein bisschen eng da"* wird auf einer zweiten Ebene der Kommunikation offenbar nicht nur der Aktivitätsradius der einzelnen Kinder eingegrenzt. Vielmehr werden so auch hintergründig Verantwortlichkeiten zwischen den Erwachsenen ausgehandelt – die Aussage ist offen gehalten und kann sowohl auf das Kind als auch auf die Integrationshelferin bzw. auf beide bezogen werden. Die Fachkraft benennt abstrakt die räumlichen Bedingungen und nimmt damit eine distanzierte Beobachtungsposition ein, denn für den knappen Raum trägt sie keine Verantwortung. Sie macht aber damit zugleich deutlich, dass sie sich nicht in der Verantwortung für die soziale Einbindung des Jungen oder für ein individualisiertes Angebot sieht. In der Situation findet somit zum einen hintergründig eine Rollenklärung hinsichtlich der pädagogischen Verantwortlichkeiten der anwesenden Erwachsenen statt und wird zum anderen Differenz innerhalb der Kindergruppe hergestellt. Die getrennten Zuständigkeiten von pädagogischer Fachkraft und Integrationshelferin stellen somit eine weitere Barriere für Partizipation und Bildungsteilhabe dar.

Methodenidee für Fortbildung und Fachberatung

Thema: Wie soll die Maus aussehen?
Methode: Erkundung
Gruppengröße: mind. 2
Material: Kopien der Beobachtungssituation

Bei einem gemeinsamen Rundgang durch die Kita mittels Protokollblock oder tablet (mit Fotofunktion) suchen die Fachkräfte gezielt nach Produkten und Artefakten der Kinder – Leitfragen hierfür:

- Wie und wo wird Kinderkunst in unserer Kita ausgestellt?
- Welche Kunstwerke stehen im Mittelpunkt? Welche werden im Hintergrund oder möglicherweise gar nicht präsentiert?
- An wen richten sich die Kunstwerke und Artefakte, wer soll angesprochen werden und warum?
- Bringen wir mit der Präsentationsweise der Produkte und Artefakte unsere Wertschätzung für die Kinder zum Ausdruck?

- Wie viel von den Kindern selbst (Eigensinn und Kreativität) steckt in den Werken?
- Inwiefern gleichen sich die Arbeitsergebnisse der Kinder, wie individuell sind sie?

Für weitergehende konzeptionelle Überlegungen kann im Team gemeinsam diskutiert und vereinbart werden, wie Angebote für Kinder gestaltet werden sollten und welche Zielsetzung dabei im Vordergrund stehen. Gibt es Unterschiede bezüglich der angesprochenen Bildungsbereiche? Gibt es Unterschiede in Bezug auf die Altersgruppen der Kinder? Wie können Kinder bei der Planung und Umsetzung der Angebote mitentscheiden und mitgestalten?

Vertiefende Reflexion mithilfe des INDEX FÜR INKLUSION

Für eine vertiefende und weiterführende Auseinandersetzung mit der Thematik eignen sich folgende Indikatoren und Reflexionsfragen aus dem Index für Inklusion (GEW 2015):

Thema Gestaltung:
C.1.3 Spiel und Lernen gestalten: Die Aktivitäten ermutigen alle Kinder zur Teilnahme (GEW 2015, S. 80), z. B.:

g) *Erkennen die Pädagog:innen an, dass der Sinn der Aktivität nicht nur darin besteht, am Ende ein Ergebnis oder ein Produkt vorzeigen zu können?*

i) *wird die eigene Ausdrucksfähigkeit, z. B. durch Malen, Musik und Tanz sowie über Sprache gefördert?*

Thema Verantwortlichkeiten:
C.1.11 Spiel und Lernen gestalten: Zusätzliche Fachkräfte mit besonderen Aufgaben unterstützen Spiel, Lernen und Partizipation aller Kinder (GEW 2015, S. 88), z. B.:

c) *Sind die zusätzlichen Fachkräfte in die Gruppenarbeit eingebunden, oder sind sie nur mit einzelnen Kindern befasst?*

d) *Sind die zusätzlichen Fachkräfte darauf bedacht, die Partizipation aller Kinder zu erhöhen?*

Eine Beteiligungskultur entwickeln: Eine klare strukturelle Verankerung von Partizipation unterstützt die Ausbildung entsprechender Orientierungen und Praktiken der Fachkräfte und ermöglicht es den Kindern, in ihrer Kita mitzugestalten und mitzubestimmen (vgl. Hansen et al. 2006, S. 17). Auch wenn noch nicht in allen der beteiligten Einrichtungen Beteiligungsgremien (wie Kinderparlament oder Gruppenrat) und Beschwerdeverfahren für Kinder etabliert wurden, zeigen die folgenden Beispiele, dass im Kontext des Projekts eine deutliche Entwicklung in Richtung Beteiligungskultur stattgefunden hat:

„Früher mussten auch die Kinder alle schlafen, bis Viereinhalb mussten alle schlafen und das ist jetzt auch anders. Die Kinder dürfen mitbestimmen, ob sie schlafen wollen oder ob sie nicht schlafen wollen. Also dass wir mehr mit den Kindern ins Gespräch gehen, also das hat das Projekt auf jeden Fall gebracht, wir haben schon immer gesagt Partizipation ist wichtig, aber im Endeffekt schon „Partizipation ist wichtig, aber naja, wenn wir es wollen, machen wir es dann doch so wie wir wollen (lachend)" und dass wir viel mehr mit den Kindern ins Gespräch gehen und dann auch sagen, wir hatten jetzt ein Kind gehabt, wo die Mutter gesagt hat, das Kind möchte nicht mehr in den Kindergarten, weil es schlafen muss und wo wir gesagt haben „Also das ist ja was. Das geht ja gar nicht" (Pädagogische Fachkraft, Interview I).

In der Aussage dieser Fachkraft wird deutlich, dass der Partizipation von Kindern grundsätzlich ein hoher Stellenwert beigemessen wird, dass der Umsetzung in der Praxis aber mitunter eigene Bedürfnisse, z. B. nach einem reibungslosen Ablauf, im Weg stehen (*„wenn wir es wollen, machen wir es dann doch so, wie wir wollen")*. Dies selbstkritisch zu reflektieren wird dem Projekt als Verdienst zugeschrieben (*„das hat das Projekt auf jeden Fall gebracht")*. In dieser Kita sind durch das Projekt vielfältige Reflexionsprozesse angestoßen und sowohl Sichtweisen als auch pädagogische Handlungspraktiken verändert worden. Es wird verstärkt darauf geachtet, mit den Kindern ins Gespräch zu gehen, sie anzuhören, ihre Perspektive ernst zu nehmen und ihnen mehr Selbstbestimmungsrechte zu geben. In diesem Zusammenhang wurde der Tagesablauf verändert: Während es früher für alle Kinder bis zum Alter von viereinhalb Jahren obligatorisch war, sich nach dem Mittagessen schlafen legen zu müssen, kann nun jedes Kind selbstbestimmt entscheiden, ob es schlafen will oder nicht. Diese Regelung wurde vom Team gemeinsam vereinbart und hatte zur Folge, dass auch innere Organisationsprozesse in der Einrichtung angepasst werden mussten, da es nun eines Betreuungsangebots bedarf für die Kinder, die nicht schlafen. Die Beschreibung steht damit beispielhaft für die Feststellung, dass im Zuge von Inklusionsentwicklung oftmals Veränderungen der Abläufe und Organisationsweisen in der Kita insgesamt notwendig werden, um die verschiedenen Bedürfnisse und Interessen der Kinder berücksichtigen zu können.

Der folgende Ausschnitt aus einem Beobachtungsprotokoll stammt aus dem Morgenkreis einer anderen Kita. Den Kindern wird hier das Recht eingeräumt, bei Entscheidungen, die die Gemeinschaft betreffen, mitzubestimmen:

Nach dem Spiel erklärt die Erzieherin den Kindern, dass sie für Weihnachten wieder Geschenke für ihre Eltern basteln können. Sie habe daher ein paar Bilder gezeichnet, damit die Kinder wählen können, was sie für die Eltern gestalten möchten. Sie stellt die verschiedenen Optionen anhand der Bilder vor. „Was habe ich hier gemalt?" Sie erklärt dann, um was für ein Geschenk es sich handelt und was man damit machen kann, z. B.: eine Sterndose zum Bekleben, ein Glas als Kerzenhalter oder Holzklammern als Kerzenhalter. Anschließend bekommt jedes der Kinder einen Stift. Die Kinder sollen ihren Stift jeweils einzeln auf die Zeichnung legen um abzustimmen, was sie für ihre Eltern machen wollen. Als jedes Kind seinen Stift auf eine Zeichnung gelegt hat, dürfen die Kinder gemeinsam die Anzahl der Stifte auf den einzelnen Zeichnungen zählen. Die Erzieherin fragt die Kinder dann: „Wo liegen am wenigsten Stifte, wo liegen am meisten Stifte?" Es gilt die Mehrheitsentscheidung. Nur für das Geschenk mit den meisten Stimmen werden Materialien eingekauft (Ausschnitt aus einem Beobachtungsprotokoll 2016).

In dieser Situation wird gemeinsam mit den Kindern entschieden, welches Material eingekauft wird. Die Erzieherin setzt den Entscheidungsrahmen fest, indem sie Vorschläge für unterschiedliche Gestaltungsangebote in die Gemeinschaft der Kinder einbringt und moderiert den Entscheidungsprozess. Auffallend ist die dialogische Gesprächsführung, die die Erzieherin praktiziert. Sie veranschaulicht die verschiedenen Optionen durch Visualisierung. Im anschließenden Abstimmungsprozess hat jedes Kind eine Stimme. Auch hier wird für Transparenz gesorgt und das Ergebnis gemeinsam und nachvollziehbar mit den Kindern als (mehrheitsdemokratisches) Prinzip erarbeitet.

In einer anderen Kita werden Kinderkonferenzen dafür genutzt, sich auszutauschen, Ideen zu sammeln und Lösungen für Situationen zu finden, die Unstimmigkeiten hervorrufen. Zum Zeitpunkt der Beobachtung war das „Spielen in der Wachgruppe" ein zentrales Thema. In der Zeit nach dem Mittagessen kam es häufig zu Konflikten darüber, welche Kinder im oberen und welche im unteren Stockwerk spielen dürfen. Eine gleichmäßige Aufteilung der Kinder auf beide Stockwerke war den Fachkräften wichtig, weil es sonst zu laut sei und die Kinder in den Schlafräumen gestört würden. Gemeinsam mit den Kindern sollten daher Lösungen gesucht und ausprobiert werden. Diesen Prozess beschreibt eine Fachkraft im Interview wie folgt:

„Beim Thema, da haben wir auch die Kinder mit einbezogen. Also erst haben wir als Team diskutiert und dann haben wir mit den Kindern darüber geredet. Wir sind jetzt mittendrin. Letzte Woche hatten wir so ein Haus gebastelt mit den Kindern, dann war ein Stockwerk oben und unten und dann hatte jedes Kind so eine Klammer, wo ein Bild von sich drauf ist. Dann haben die montags entschieden „Ich will jetzt oben spielen nach dem Mittagessen oder unten," und das ist dann eine Woche so geblieben. Und dann haben wir die Kinder immer wieder gefragt „Wie geht es euch dabei?", haben das auch aufgeschrieben, haben dann donnerstags auch uns mit allen zusammengesetzt, dass sie zuhören können, was die anderen sagen, wie es ihnen ergangen ist. Und dann haben wir beide überlegt: Was für Ideen gibt es noch? Und dann kam jetzt von den Kindern, sie würden gerne mal Jungen und

Mädchen trennen. Dann haben wir mal durchgezählt und da sind wir jetzt diese Woche dabei. Gestern waren die Jungs oben, Mädchen unten und heute ist es andersherum. Machen wir aber nur einmal, weil es Kinder gibt, die haben Probleme, weil sie wollen lieber nur in ihren Stammgruppen sein. Und da haben wir gesagt, zum Probieren wäre es doch ganz nett und dann haben sie halt ein Kuscheltier mitgenommen und dann ging das auch. Und dann kommen noch weitere Ideen, dass man zum Beispiel ein Seil legt und die Kinder stellen sich auf, oben unten, auf einer Seite und auf die andere. Das wollen wir diese Woche noch machen, das sehen Sie ja dann visuell wie viele Kinder das sind. Und eventuell wollen wir es auch nach Zufallsprinzip machen, diese Woche. Aber da standen nicht alle Kinder dahinter, deshalb machen wir es auch nur ein, zwei Tage und nicht eine ganze Woche. Und nächste Woche wollten wir ausprobieren, dass wir oben und unten machen. Also alle Kinder die normalerweise unten sind, bleiben auch in der Wachgruppe unten, damit sie ihren vertrauten Raum haben, ihre Freunde und die Erzieher, die sie kennen, die Bezugserzieher. Und das wollten wir eine Woche durchziehen und dann halt immer im Gespräch sein mit den Kindern und auch ganz am Schluss fragen: Was machen wir jetzt?" (Pädagogische Fachkraft, Interview).

Die Länge des Interviewausschnitts zu dieser Frage zeigt bereits an, wie viel Aufmerksamkeit hier der kommunikativen Klärung der Konfliktsituationen sowie dem Prozess der Meinungsbildung der Kinder gewidmet wird. Es wird nicht nur eine Idee aufgenommen und umgesetzt, sondern alle Kinder mit ihren Meinungen und Ideen werden angehört und an der Lösungsfindung beteiligt. Die Entscheidung ist dabei prozesshaft und wird an das Handeln und Ausprobieren gebunden, womit Entwicklungsspezifika junger Kinder Berücksichtigung finden. Der Prozess wird von den Fachkräften moderiert und begleitet und ist mit Suche nach Konsens unterlegt: „*Aber da standen nicht alle Kinder dahinter*".

Zum Zeitpunkt der teilnehmenden Beobachtung wurde eine im Interviewausschnitt angesprochene Idee der Kinder in Bezug auf die Regelung der „Wachgruppen" umgesetzt.

Folgende beobachtete Szene zeigt exemplarisch, wie die beschriebene partizipative Handlungspraxis aussehen kann:

Nach dem Mittagessen versammeln sich die „Wachkinder" im Flur. Die Erzieherin legt ein Seil in die Mitte des Flures und teilt auf diese Weise den Raum. [...] Die pädagogische Fachkraft erklärt den Kindern, dass es wieder darum geht, wer oben und wer unten spielt und dass sie heute Jans Idee für die Aufteilung ausprobieren wollen. Sie sagt, Jan solle dies selbst erklären, was er auch macht: die Kinder, die oben schlafen wollen, sollen sich auf eine Seite des Seils stellen und die, die unten schlafen wollen, auf die andere. Die Kinder teilen sich auf. Auch die Jüngsten (Zweijährigen) äußern sich ganz klar: oben! oder auch: unten! Es stehen schließlich 5 Kinder mehr auf der Seite für „oben" als auf der Seite für „unten". Die Erzieherin lässt die Kinder durchzählen und fragt dann wer noch mit nach unten gehen würde. Zwei Mädchen erklären sich bereit und treten über das Seil. Dann schiebt ein Junge einen anderen kleineren Jungen über das Seil. Die Fachkraft sagt: „Nein! Er darf selbst entscheiden!“ Schließlich entschließen sich zwei ältere Jungen, denen es ursprünglich sehr wichtig war oben zu spielen, noch in den Bereich für „unten“ zu wechseln. Die Erzieherin ist sichtlich beeindruckt, von der Kompromissbereitschaft der Kinder. Zwar seien es jetzt zu viele Kinder „unten“, sagt sie, aber für heute wollte sie es dabei belassen (Ausschnitt aus einem Beobachtungsprotokoll).

In diesem Partizipationsprozess wird den Kindern nicht nur ermöglicht, eigene Ideen zu entwickeln, sondern auch, sich eine Meinung zu bilden, indem sie verschiedene Strategien ausprobieren können und Mitverantwortung für die Konfliktlösung übernehmen. Dabei werden die Fähigkeit zur sozialen Perspektivenübernahme sowie Problemlösungs- und Kommunikationsfähigkeiten gestärkt.

Das konzentrierte gemeinsame Handeln, die gelingende Kommunikation der Kinder und deren Kompromissbereitschaft zeigen, welche Potenziale eröffnet werden, wenn Problemlösungen nicht von Erwachsenen vorgegeben werden, sondern Kindern zugetraut wird, eigene Lösungsstrategien zu entwickeln und Verantwortung für ihr Handeln zu übernehmen. Da sich die Kinder für das Verfahren entschieden haben, fällt es ihnen in der Situation leicht, sich mit der Regelung zu arrangieren und sie sind daher auch bestrebt, zu einer für alle passenden Lösung zu gelangen. An der Beschreibung des Prozesses zeigt sich zwar, dass die Beteiligung von Kindern Zeit in Anspruch nimmt. Zugleich lässt sich aber auch hervorheben, dass der Beteiligungsprozess fundamentale Bildungsaspekte beinhaltet und bei den Kindern Kompetenzen für die Lösung von Problemen aktiviert werden (vgl. Hansen et al. 2011, S. 98 ff.).

Auch das folgende Gedächtnisprotokoll eines Gespräches mit einer pädagogischen Fachkraft zeigt eine Alltagspraxis der Beteiligung:

Eine Erzieherin berichtet, dass es in einer Gruppe täglich zu Auseinandersetzungen dazu kam, welches Kind die Tür zum Außengelände öffnen darf. Es gab ständiges Geschrei: „Ich!“ „Ich!“ „Ich!“, weil jeder die Tür öffnen wollte, wenn die Gruppe nach draußen geht. Also haben wir das Thema in der Gruppe gemeinsam besprochen und dadurch erfahren, warum es für die Kinder so wichtig ist, die Tür aufzumachen: Weil man dann als Erstes draußen ist! Dann haben wir gemeinsam mit den Kindern überlegt, was man machen kann, damit es keine täglichen Auseinandersetzungen mehr gibt und die Kinder schlugen vor: „Abwechseln!“ Wir fragten die Kinder: „Wie weiß man, wer dran ist?“ und der Vorschlag der Kinder war: „Indem man Fotos von den Kindern macht, diese aufhängt und mit einer Klammer markiert, wer jeweils dran ist!“ Dieser Vorschlag wurde zeitnah umgesetzt und praktiziert (Gedächtnisprotokoll).

Deutlich wird hier noch einmal, wie wichtig es ist, mit den Kindern zu kommunizieren, damit die hinter Konfliktsituationen verborgenen Motivlagen nachvollziehbar werden und darauf aufbauend Lösungen gefunden werden können. Wenn diese dann in im Konsens vereinbarte Regelungen münden (wie dem Abwechseln), werden diese von allen getragen. Den Erwachsenen fehlte der Schilderung zufolge zunächst ein Verständnis dafür, warum es bei der Frage, wer die Tür zum Außengelände öffnet, immer wieder Konflikte gibt. Anstatt dies jedoch als „sinnlosen Streit" abzutun oder eine Lösung zu bestimmen, wurden im geschilderten Fall die Kinder nach ihren Motiven gefragt und dazu angeregt, darüber nachzudenken, wie eine gerechte Lösung aussehen könnte. Die Fachkräfte erkundigten sich bei den Kindern nach ihren Ideen hierzu und setzten diese anschließend gemeinsam mit ihnen um. Da die Kinder für die gefundene Lösung verantwortlich waren, hatten sie nun offenbar ein eigenes Interesse daran, dass die Regelung beachtet und eingehalten wird.

In der Gesamtschau der Beobachtungen in den verschiedenen Gruppen dieser und anderer Kitas zeigt sich, dass eine Beteiligungskultur in der Einrichtung insgesamt nur entstehen kann, wenn sich das Team über die Beteiligung von Kindern verständigt. Auf diese Weise kann zugleich eine gemeinsam getragene Vorstellung von inklusiver Qualität in der Arbeit mit den Kindern entwickelt und vereinbart werden.

5.4 Gender – Ungleichbehandlung erkennen

Das Geschlecht bzw. Gender spielt bei Kindern im Alter von 0-6 Jahren eine gewichtige Rolle, da Kinder in diesem Alter lernen, ihre Geschlechtsidentität auszubilden (vgl. Rohrmann 2009, S. 18). Dabei werden, dem dominanten Diskurs folgend, Mädchen und Jungen je nach zugeschriebener Geschlechtszugehörigkeit unterschiedliche Denk-, Gefühls- und Handlungsmuster zugebilligt und hierdurch Entwicklungslinien, die einem gesellschaftlich geteilten Normalitätsverständnis von „männlich" und „weiblich" entsprechen, vorgezeichnet (vgl. Focks 2002, S. 62; Rohrmann 2012, S. 3). Die in dieser dominanten Zweiteilung mit den Geschlechtern verbundenen „typischen" Fähigkeiten, Vorlieben oder Verhaltensweisen werden jedoch vielfach nicht als gesellschaftlich konstruiert, sondern als „natürlich" gegeben angesehen und reproduziert und so Kindern vermittelt. Diese Form der Einsozialisierung in eine „Kultur der Zweigeschlechtlichkeit" (Rabe-Kleberg 2003, S.86) hat zumeist zur Folge, dass Kindern durch das ihnen zugeschriebene Geschlecht und die damit verbundene Eindeutigkeit nur spezifische und somit eingeschränkte Entfaltungsmöglichkeiten geboten werden. In der frühpädagogischen Praxis kann dies bedeuten, dass das wahrgenommene Geschlecht der Kinder sich (unbewusst) auf die Interaktionen der Fachkräfte auswirkt und daher weniger auf individuelle Bedürfnisse der Kinder eingegangen wird, sondern diese vorab geschlechtsbezogen vordefiniert werden.

Dies kann sich auch in der Sprachlichkeit wiederfinden, wie folgender kurzer Ausschnitt aus einem Beobachtungsprotokoll verdeutlicht:

Zu einem Mädchen sagt die Erzieherin: „Auf Mäuschen! Das schaffst du!“. Zu einem Jungen sagt sie: „David! Brauchst du einen Extrasitz?“ Und danach: „Setz dich hin, Freund! Oder soll ich es machen?“. Ein anderer Junge ergänzt: „Sonst kriegst du Verbot!“ (Ausschnitt Beobachtungsprotokoll).

Die Ansprache an die Kinder erfolgt hier geschlechtsbezogen unterschiedlich. Die Ansprache dem Jungen gegenüber erweckt den Eindruck von Ironie, jedenfalls scheint die Frage nach dem Extrasitz rhetorisch gemeint und keine Antwort nötig zu machen. Vor dem Hintergrund des Gesamteindrucks, dass hier Kinder und Erwachsene mit unterschiedlichen Zugriffsrechten auf Regeln ausgestattet sind, wirkt die Ansprache als „Freund" ironisch, denn sie verhält sich paradox zu dem im gleichen Satz geäußerten disziplinierenden Drohung und verstärkt damit die Differenz zwischen Kindern und Erwachsenen. Dies scheint in der dokumentierten Szene dazu zu führen, dass sich andere Kinder dem angesprochenen Kind gegenüber nicht solidarisch zeigen, sondern ihn ebenfalls ermahnen. Während also zum einen viele der Jungen über Ermahnungen und Drohungen (*„Oder soll ich es machen?")* als Störende angesprochen werden, werden die Mädchen auffallend oft mit Verniedlichungen angesprochen (*„Mäuschen"*).

Es haben sich hier offenbar Kulturen der Herstellung von Differenz entlang der Geschlechterdifferenz Mädchen – Junge entwickelt, die in den pädagogischen Interventionen jeweils sozial hergestellt und hierüber verfestigt werden (auch bezeichnet als „doing gender", West & Zimmerman 1987; Faulstich-Wieland 2001).

Methodenidee für Fortbildung und Fachberatung

Thema: Geschlechtsspezifische Spitznamen und Etikettierungen
Methodenvorschlag: Sprache reflektieren
Gruppengröße: mind. 2 Personen
Material: eventuell größere Papierbögen für Gruppenplakate

1. Die Fachkräfte erstellen ein Blatt oder Plakat, auf dem alle Kinder, die zur Gruppe gehören, namentlich aufgeführt sind. Im Rahmen eines bestimmten Zeitraums (z. B. eine oder zwei Wochen lang) sammeln die Fachkräfte - ganz frei und ohne Zensur – möglichst viele Spitznamen, Begriffe, Äußerungen, Adjektive, Bezeichnungen … usw. die zu den einzelnen Kindern im Alltag gesagt werden, mit denen sie angesprochen werden oder die von anderen

Kolleg:innen aufgeschnappt werden. Diese werden als Stichworte zu dem jeweiligen Kind notiert.

2. Die Ergebnisse werden danach im Gruppenteam in Orientierung anhand folgender Impulsfragen reflektiert:
   - Welche Etikettierungen kommen in unserer Kita vor? Welche Kinder tragen welches Etikett und welche Erwartungen an Verhaltensweisen, Eigenschaften, Aussehen etc. werden hierdurch vermittelt? Wie unterscheiden sich diese geschlechtsspezifisch? Welches gesellschaftliche Normalitätsverständnis wird hier gegebenenfalls sichtbar?
   - In welchen Situationen verwenden wir Etikettierungen und Spitznamen? (Beschreiben Sie die Situation und die eigenen Gefühle/Bedürfnisse währenddessen)
   - Inwieweit beeinflusst das wahrgenommene Geschlecht die Ansprache? Stellen Sie sich anhand konkreter Kinder vor, das angesprochene Mädchen wäre ein Junge und/oder umgekehrt! Wie würde sich Ihre Wahrnehmung, Beurteilung, Bewertung und Bezeichnung von Verhaltensweisen verändern?
   - Was bedeuten die Ergebnisse und Erkenntnisse für die Persönlichkeitsentwicklung und Entfaltungsmöglichkeiten der Kinder? Welche Schritte können wir gehen und welche Vereinbarungen treffen wir als Team, um eine gendersensible Sprache im Alltag zu entwickeln und Etikettierungen zu vermeiden?

Alternative: Wenn diese Methode direkt durchgeführt werden soll, können Etikettierungen und Bezeichnungen der Kinder auch aus der Erinnerung heraus gesammelt werden. Empfehlenswert ist jedoch, insbesondere die spontanen Gedanken und Äußerungen im Alltag festzuhalten und zu reflektieren.

Vertiefende Reflexion mithilfe des Index für Inklusion

Für eine vertiefende und weiterführende Auseinandersetzung mit der Thematik eignen sich folgende Indikatoren und Reflexionsfragen aus dem Index für Inklusion (GEW 2015):

B 2.6 Vielfalt als Ressource nutzen: Grundsätze des Miteinanders in der Kindertagesstätte sind für alle transparent (GEW 2015, S. 74), z. B.:

l) *Wird vermieden, den Jungen eher ungeliebte Verhaltensweisen zuzuschreiben als dies gegenüber Mädchen geschieht?*

m) *Treten die pädagogischen Fachkräfte der Ansicht entgegen, dass aggressives Verhalten zum normalen „maskulinen“ Verhalten der Jungen gehört?*

Diese Form der Interaktion zwischen Fachkräften und Kindern ließ sich auch in Spielsituationen beobachten:

Im Verkleidungsraum hat sich ein Junge als Astronaut verkleidet, zwei Mädchen tragen Kleider und spielen „bügeln“. Eine Erzieherin kommt mit einem Mädchen an der Hand in den Raum. Sie fragt das Mädchen: „Magst du ein Kleid anziehen? Oder magst du mich frisieren? Dann setz ich mich hin und du machst mir die Haare schön!“. Die Erzieherin setzt sich auf einen Stuhl und lässt sich von dem Mädchen kämmen (Ausschnitt aus einem Beobachtungsprotokoll).

In dieser Situation wird zunächst deutlich, dass in dem Spielverhalten der Kinder stereotype Rollen übernommen werden. Es zeigt sich aber auch, dass diese geschlechterrollenbezogenen Interessen und Spielvorlieben seitens der Fachkraft angenommen und bestärkt werden.

Dem Mädchen an ihrer Hand, das die Erzieherin offenbar zum Spielen animieren möchte, werden jedenfalls Handlungsoptionen zur Auswahl gestellt, die dem weiblichen Geschlechterstereotyp entsprechen (vgl. Faulstich-Wieland 2001). Das angesprochene Kind bekommt somit von der erwachsenen Fachkraft aktiv vermittelt, dass es geschlechtsspezifische „normale“ Interessen und Spielvorlieben gibt, wie in diesem Fall das Kleidertragen und Frisieren.

Alternative Strategien der geschlechtersensiblen Erziehung folgen demgegenüber der Idee, gerade in der frühen Lebensphase, in der Kinder Geschlechteridentitäten herausbilden, allen Kindern ein möglichst breites Spektrum an Handlungsoptionen zu vermitteln, die sie flexibel erproben können. Dies bedeutet z. B., dass Rollenspiel- und Verkleidungsutensilien vielfältig nutzbar sind und dies auch räumlich klar gemacht wird, sodass es z. B. möglich ist, Astronaut:innenkleidung zu bügeln oder ein glänzendes Verkleidungsutensil sowohl als Abendgarderobe, als auch für die Raumfahrt einzusetzen.

Die Bedeutsamkeit der pädagogischen Interventionen in diesem Zusammenhang wird, auch dies zeigt die Situation, durch die angebotenen Materialien und die Raumgestaltung vorstrukturiert, die Fachkräfte stellen jedoch wichtige Moderator:innen dieser materialen Umgebung dar. Dies zeigt auch folgendes Beispiel:

Emma ist die Einzige, die immer wieder auch den Kontakt zu Elias sucht. Dieser ist ansonsten meistens abseits. Emma versucht ihn mit einzubeziehen. Sie macht am Tisch Platz und bietet ihm an, sich neben sie zu setzen. Die Erzieherin kommentiert dies in Richtung Elias: „Willst du etwa zu den Mädchen?“ Zu Luca, der kein Gemüse essen möchte, sagt sie: „Wenn du Gemüse isst, bekommst du Muckis!“ Luca antwortet daraufhin: „Wenn ich ein Papa bin, muss ich mit ner Stange trainieren, DANN kriege ich Muskeln!“ (Ausschnitt aus einem Beobachtungsprotokoll 2016).

Elias, der Junge aus diesem Beispiel, spielte in der Gruppe meist alleine. Emma, die sich auch als Einzige regelmäßig Elias als Spielpartner sucht, rückt am Frühstückstisch an seine Seite und lädt ihn ein, sich zu ihr zu setzen, was Elias sofort annimmt.

Von der Erzieherin wird dies allerdings öffentlich hinterfragt. Mit der Formulierung „*Willst du etwa zu den Mädchen?*" wird die geschlechtergemischte Sitzordnung in Frage gestellt und damit zu etwas „Unnormalem". Es wäre der Fachkraft schon bei der Einladung Emmas vorab möglich gewesen, dies als normalitätsabweichend zu kommentieren. Da es sich hierbei jedoch um ein prosoziales Handeln geht, das von Empathie zeugt, ist dies nur schwer in Frage zu stellen. In der Folge darf Emma offenbar Elias einladen, aber Elias gegenüber wird die Erwartung geäußert, die Einladung abzulehnen. Erst als er auf das Angebot eingehen möchte, wird die Situation von der Fachkraft umgedeutet zu einer Geschlechterdramaturgie.

Dabei wird das prosoziale Handeln von Emma wirkungslos gemacht und Emmas souveräne Einladung erfährt durch die Umdeutung der Fachkraft der Situation plötzlich eine andere Bedeutung - ihre Anfrage ist in der Folge gar keine Einladung mehr, sondern eine unterwürfige Bitte. Denn die demonstrierte Ungläubigkeit der Anfrage an Elias von Seiten der Fachkraft macht deutlich, dass sie von Elias eine Ablehnung des Angebots erwartet, da er mit seiner Sitzplatzwahl entgegen der Norm handelt und es zudem nicht seinem sozialen Status als „Jungen" entspricht, sich zwischen „Mädchen" zu setzen. In die Peer-Situation und Freundschaftsdynamik zwischen Emma und Elias wird damit nicht nur eine geschlechterdichotome Gegenüberstellung und damit eine soziale Distanz, sondern auch eine geschlechterhierarchische Dramatik eingezogen und die Peer-Situation letztlich unterminiert.

Auch in der direkt folgenden Ansprache an den anderen Jungen, Luca, werden genderstereotype Begründungen angeführt. Hier wird Luca darauf hingewiesen, er würde „Muckis" bekommen, wenn er Gemüse isst. Dass Luca diesbezügliche stereotype Erwartungen an seine Geschlechterrolle bereits verinnerlicht hat, verdeutlicht seine Antwort: „*Wenn ich ein Papa bin, muss ich mit ner Stange trainieren, DANN kriege ich Muskeln!*"

Methodenidee für Fortbildung und Fachberatung

Thema: Spielmaterial und Räume gendersensibel gestalten
Methodenvorschlag: Erkundung/Materialanalyse
Gruppengröße: ab 2 Personen
Material:
Die Fachkräfte gehen auf Erkundungstour in den Räumlichkeiten der Kita, um das Spielmaterial und die Ausstattung unter dem Aspekt "Gender" zu analysieren. Sie suchen nach stereotypen Darstellungen, Angeboten, Gestaltungsarten

sowie einseitigen, geschlechtsspezifischen Entfaltungsmöglichkeiten (bzw. Einschränkungen). Folgende Fragen können für die Analyse und Reflexion hilfreich sein:

Räume

- Welche Spielbereiche haben wir in unserer Einrichtung, wie benennen wir sie und welche Bereiche werden bevorzugt von Jungen bzw. Mädchen genutzt?
- In welchen Farben sind die Bereiche gestaltet? Mit welchen Materialien sind die Bereiche ausgestattet? Was können die Kinder dort spielen bzw. in welche Rollen können sie schlüpfen?
- Welche Spielbereiche sind aus dem Gruppenraum ausgelagert? Weshalb? Laden sie zu lautem, wildem Spielen ein?
- Wie können wir gewährleisten, dass die Spielbereiche von allen Kindern gleichermaßen genutzt werden? Welche stereotypen Vorerwartungen haben in die Gestaltung eingewirkt? Wie können wir "klassische" Aufteilungen (Puppenecke – Bauecke) aufbrechen?

Spielmaterial/Bücher

- Welche Geschichten von Mädchen und Jungen erzählen unsere Bilderbücher? Wieviele Figuren sind männlich/weiblich? Wer sind die Hauptfiguren? Was erleben die Mädchen und Jungen? Welche Eigenschaften und Verhaltensweisen zeigen sie? Welche Kleidung tragen sie und in welchen Farben sind sie dargestellt? Welche Berufe üben Frauen/Männer aus? Welche Hobbys haben Mädchen/Jungen?
- Wie sind Mädchen/Jungen an unseren Wänden (Bilder, Poster, Plakate etc.) dargestellt? Welche Spielfiguren (z. B. Playmobil) haben wir in der Kita und welche Funktion haben diese in Zusammenhang mit ihrem Geschlecht? In welchen Spielbereichen befinden sich die jeweiligen Figuren?
- In welche Rollen können die Kinder im Verkleidungsbereich schlüpfen? Spiegeln die Kleidungsstücke die Vielfalt an Berufen, Farben, Lebenswelten, Geschmäckern etc. der Realität wider?

Variante:
Um die Sensibilität für geschlechterstereotype Darstellung zu schulen kann auch ein spezifischer Fokus auf Kinder-/Bilderbücher gelegt werden. Hierzu kann z. B. der Bestand in der Kita als Material dienen oder speziell ausgewählte Bücher (von zu Hause, aus der Bücherei etc.). Zwei Fachkräfte lesen und betrachten jeweils ein Buch und reflektieren Bild und Inhalt kritisch hinsichtlich stereotyper Darstellungen. Gemeinsam wird darüber diskutiert, ob Bücher aussortiert werden oder bestimmte Inhalte als Gesprächsanlass mit den Kindern zum Thema Gender genutzt werden.

Vertiefende Reflexion mithilfe des Index für Inklusion

Für eine vertiefende und weiterführende Auseinandersetzung mit der Thematik eignen sich folgende Indikatoren und Reflexionsfragen aus dem Index für Inklusion (GEW 2015):

C.1.5: Spiel und Lernen gestalten: Die Aktivitäten wirken Vorurteilsbildung entgegen (GEW 2015, S. 82), z. B.:

h) *Vermeiden es die Pädagog:innen, den Kindern beim Spiel stereotype Rollen zuzuteilen, z. B. nach Aussehen, Haaren oder Hautfarbe?*

l) *Lenken die Pädagog:innen die Aufmerksamkeit der Kinder auf Bücher, Bilder, Puppen und Schilder, die Männer, Frauen, Jungen und Mädchen in nicht-stereotyper Weise zeigen?*

In einer Einrichtung fiel sowohl auf, dass dort weder geschlechtergetrennt noch auffallend geschlechterstereotyp gespielt wurde. Das Spielzeugmaterial war dort deutungsoffener und wurde von Mädchen und Jungen gleichermaßen genutzt. Auch in den direkten Interaktionen der Kinder untereinander konnten immer wieder geschlechtergemischte und flexible Spielsituationen beobachtet werden, wie folgender Ausschnitt aus einem Beobachtungsprotokoll verdeutlicht:

Viele der Kinder verkleiden sich. Ein Junge möchte sich ein großes Hemd überziehen und fragt: „Kann mir jemand mal bitte zu machen?“ Sofort antwortet ein Junge: „Ja! Ich!“ Es wird variantenreich gespielt: Zwei Jungen kochen am Puppenherd und ein Junge zieht sich Kleid, Kette und hochhackige Schuhe an und trägt diese den ganzen Morgen. Er sagt laut: „Ich verkleide mich als Mädchen!“ Ein Junge, dem er begegnet lacht kurz und fragt: „Warum verkleidest du dich denn als Mädchen?“ Der Verkleidete antwortet: „Neeeein! Ich bin ein Opa-Mädchen!“. Das scheint als Erklärung zu reichen, es wird nicht weiter thematisiert. Der Junge hat eine feste Spielpartnerin, Zoé, die ebenfalls ein Kleid trägt und mit der er die ganze Zeit zusammen spielt. Sie scheinen eine Familie zu sein, Zoé spielt „schwanger sein“, sie nimmt die Puppe als Kind und der Junge baut das Bügelbrett auf (Ausschnitt aus einem Beobachtungsprotokoll 2016).

Wie die Beobachtungen in diesen Einrichtungen zeigten, scheinen sich die Kinder hier in einer breiten Spanne an Rollenmöglichkeiten ausprobieren zu können. Die Verkleidung eines Jungen als Mädchen wird von einem peer kurz hinterfragt, dies führt jedoch offensichtlich nicht zu Verunsicherung, vielmehr wird die gewählte Rolle in der Antwort neu gedeutet. Mit der Bezeichnung „Opa-Mädchen“ wird dabei Zweigeschlechtlichkeit ins Spiel gebracht und damit die Geschlechterdichotomie, die in der Anfrage transportiert wird („Warum verkleidest du dich denn als Mädchen?“), kreativ überstiegen.

Methodenvorschlag Fallreflexion

Thema: Geschlechtsbezogenes Spiel
Methode: Kinderinterivews
Material: Protokollbogen, evtl. Aufnahmegerät

Einzelne Fachkräfte führen mit je einem Kind ein Interview: Wo und womit spielst du am liebsten? Welche Räume oder bzw. Spielecken magst du gar nicht? Eine Fachkraft kann beispielweise mit dem jeweiligen Kind durch den Raum bzw. die Räume gehen. Visualisierungen für die Bewertungen der Kinder, wie lachende oder weinende Smileys, können dabei hilfreich sein. Als Variante können auch Kinder sich gegenseitig interviewen und das Gesprochene aufnehmen.

Die Ergebnisse der Kinderinterviews werden anschließend zusammengetragen und mit den Kindern diskutiert bzw. ausgewertet. Hierfür eignet sich z. B. eine Tabelle, in denen die Spielbereiche und die Bewertungen der Kinder veranschaulicht werden.

In der Kindergruppe bzw. dem Kinderrat kann hier anknüpfend die Frage diskutiert werden, ob die Spielangebote in der Kita für Mädchen und Jungen gleichermaßen attraktiv sind oder nicht und es können gemeinsam Ideen für flexiblere Spielmöglichkeiten entwickelt werden.

Vertiefende Reflexion mithilfe des Index für Inklusion

Für eine vertiefende und weiterführende Auseinandersetzung mit der Thematik eignen sich folgende Indikatoren und Reflexionsfragen aus dem Index für Inklusion (GEW 2015):

C 1.5 Spielen und Lernen gestalten: Die Aktivitäten wirken Vorurteilsbildung entgegen (GEW 2015, S. 82), z. B.:
k) *Werden Geschlechterstereotypien vermieden, wenn es um die Erwartungen an Leistungen, Berufe und Beschäftigungen geht?*

5.5 Transition – Übergänge inklusiv gestalten

Auffassungen über die Aufgaben und Anforderungen der Schule als Folgeinstitution von Kitas sind bedeutsam für die frühpädagogische Praxis in Kitas. Vorstellungen über schulisches Lernen bestimmen nicht allein die Ausgestaltung des Übergangs (Albers & Lichtblau 2014), sondern sind hintergründig einflussreich für die gesamte Bildungspraxis in der Kita, dies zeigte auch unsere Untersuchung. Schulvorbereitende Programme und Praktiken in den Kitas nehmen dabei häufig Bezug auf normorientierte Vorstellungen von Schulfähigkeit und fokussieren den gezielten Erwerb von entsprechenden Handlungskompetenzen und Haltungen wie etwa Anstrengungsbereitschaft und Selbstdisziplinierung. Hieraus können sich Barrieren für die inklusionsbezogene konzeptionelle Entwicklung von Kitas ergeben (vgl. Joyce-Finnern 2017, 227 f.) und viele pädagogische Fachkräfte in Kitas sehen diese Anforderungen als widersprüchlich zu dem von ihnen selbst vertretenen Bildungsverständnis, das sie vor allem geprägt sehen von Kindorientierung und Bildungsbegleitung.

In unserer Untersuchung stimmten vor Projektbeginn nur 36,5 % der befragten Fachkräfte der Aussage voll zu: „Alle Kinder, unabhängig von sozialer Herkunft, Religion, Kultur, Entwicklungsstand und Förderbedarf, sollen zusammen lernen und eine Schule besuchen“ (n=125), damit fand sich hier eine deutlich skeptischere Sichtweise zur Inklusion in der Schule als zur Inklusion in der Kita (vgl. Kap 3.1). Wie in den folgenden Interviewausschnitten deutlich wird, ist dies weniger als Ablehnung inklusiver schulischer Praxis einzuordnen, sondern vielmehr als Ausdruck der Einschätzung einer nur schwach ausgeprägten inklusionsbezogenen Qualität derselben. Da zum Projektende der gleichen Aussage 47 % zustimmten (n=107), ist zu vermuten, dass durch die Projektinhalte Möglichkeitsräume und Handlungsoptionen eröffnet wurden, die den Fachkräften trotz gleicher (struktureller) Bedingungen zum Projektende inklusive Praxis auch in der Schule als eher umsetzbar erscheinen lassen.

Die Schule als hartes Pflaster: In den folgenden Passagen aus zwei Interviews[10] werden Systemunterschiede zwischen Kita und Schule thematisiert und es wird eine kritische Sichtweise gegenüber der Schule als Institution zum Ausdruck gebracht:

„[D]as Kind kommt in die Schule und muss da sein Leben bewältigen und muss sich da vielleicht einem System anpassen, das ganz anders ist als unser System und das die Kinder von uns so ganz anders gewohnt sind. Und in dem Hinblick müssen wir auch immer wieder in Gesprächen sein. Wie die Kinder darauf vorbereitet sind und gestärkt sind, um die Schule zu bewältigen. Leider ist es schon so, dass wir immer wieder feststellen, dass gerade das Thema Inklusion in unseren Grundschulen zwar theoretisch sicherlich ein Thema ist, aber in der Praxis nicht immer so durchgeführt wird wie wir uns das vorstellen und wie wir das kennen“ (Pädagogische Fachkraft, Interview 2015).

10 In leitfadengestützten Interviews (Erhebungsphase II) wurden sowohl den Leitungs- als auch den Fachkräften die folgenden Fragen gestellt: „Im Anschluss an die Zeit in der Kita kommen die Kinder in die Schule – spielt dies eine Rolle in der täglichen Arbeit der Kita? Wenn ja, welche ?“ „Wie gehen Sie damit um, wenn Sie den künftigen Schulerfolg eines Kindes als gefährdet einschätzen?“ Darüber hinaus wurden in den vier Kitas mittels Beobachtungen Praktiken schulvorbereitender Förderung von Kindern erhoben.

Schule wird hier als Ort beschrieben, der „ganz anders" ist, als die Kita und für den die Kinder gestärkt werden müssen. Fast scheint die Kita eine Gegenwelt zur Schule zu sein, deren pädagogische Praktiken als qualitativ weniger weit entwickelt und als nicht immer kompatibel mit den eigenen Vorstellungen eingeschätzt werden.

„Wenn die Kinder in die Schule kommen, sind sie ganz Feuer und Flamme, die wollen lernen, die wollen wissen, nur sie merken, sie können es nicht schaffen. Und ich denke, Schule ist schon ein hartes Pflaster im Gegensatz zum Kindergarten, ist dieser Schutzraum schon gar nicht mehr so da. Und wenn dann ein Kind ein klein bisschen dieses, wie soll ich sagen, dieses mit zwei Füßen im Leben stehen, so dieses „ja, das packe ich trotzdem und ich bin trotzdem gut", wenn es dieses Polster nicht hat, dann sind die ziemlich verloren" (Pädagogische Fachkraft, Interview).

Hier wird die Kita explizit als „Schutzraum" beschrieben, in der Kinder mit einem „Polster" ausgestattet werden sollten, damit sie auf dem „harten Pflaster" der Schule bestehen können. Der Übergang ist zugleich ein Prozess des Cooling-Out, d. h. des Abkühlens von Erwartungen an sich selbst im Sinne der Anpassung an unvermeidbar scheinende Erlebnisse des Scheiterns und der Enttäuschung. Dies wird zugespitzt und bildhaft beschrieben *(„sind sie ganz Feuer und Flamme, die wollen lernen, die wollen wissen, nur sie merken, sie können es nicht schaffen")*, Motivation, Neugier und Lernbegeisterung scheinen der Wahrnehmung folgend „gelöscht" zu werden.

Beide Interviewpassagen verdeutlichen den von den Fachkräften wahrgenommenen Gegensatz zwischen den beiden Institutionen: Der Schonraum der Kindertageseinrichtung auf der einen Seite und die Grundschule als ein Ort, an dem Kinder „schutzlos" den Anforderungen der Leistungsgesellschaft ausgesetzt sind, auf der anderen. Nach Ansicht der Befragten haben es insbesondere Kinder, die nicht den – mit Schule assoziierten – Leistungsanforderungen und Normvorstellungen entsprechen dort schwer und sind verstärkt Diskriminierung und Marginalisierung ausgesetzt. Um die Schule zu bewältigen, braucht ein Kind aus Sicht der Fachkräfte deshalb Widerstandsfähigkeit. Wie im Folgenden deutlich wird, stehen diese Bilder von der Schule auch in einem Zusammenhang mit Praktiken der Kitas zur Vorbereitung der Kinder auf die Schule.

Vorschulprogramme als Vermeidungsstrategie gegen drohende Exklusion:

In vielen Kitas zeichnete sich die Schulvorbereitung durch regelmäßige gruppenübergreifende Angebote für Vorschulkinder aus. Dazu gehörten Schulbesuche, Ausflüge im Ort, Verkehrserziehung, Angebote zur Stärkung des Selbstbewusstseins und der Selbstständigkeit oder des sozialen Miteinanders.

In drei Kitas wurde hingegen mit spezifischen Programmen zur Förderung von „Vorläuferfähigkeiten" gearbeitet, wie z. B. dem „Würzburger Trainingsprogramm" zur Vorbereitung auf den Erwerb der Schriftsprache (vgl. Küspert & Schneider 2018) oder dem „Zahlenland" zur mathematischen Bildung (Friedrich & Galgóczy, 2004).

„Also in erster Linie ist es ja eigentlich so, dass man nicht darüber nachdenken sollte, dass die Kinder jetzt schulfähig sein sollten. Also das ist ja nicht der erste Gedanke hier. Aber man hat das trotzdem als zweiten Gedanken im Hinterkopf, dass das wichtig ist, dass die Kinder auch schon alles dort können. Erstens, dass sie nicht dort gehänselt werden, weil da ja auch von anderen Kindergärten viele Kinder in einer Klasse sind und man weiß ja auch nie wie die das dort handhaben. Deswegen ist ja schon wichtig, dass wir hier dann auch so Vorschulprogramme machen" (Pädagogische Fachkraft, Interview 2015).

Diese Fachkraft beschreibt im Interview eine Ambivalenz zwischen ihrer Vorstellung, dass sich die Arbeit in der Kita eigentlich nicht auf Schulfähigkeit konzentrieren sollte und ihrer Auffassung, dass die Kinder, wenn sie in die Schule kommen, auch *„schon alles dort können"* sollten. Welche Kompetenzen konkret für die Schule wichtig sind, führt sie nicht aus, aber sie erläutert, warum es ihr wichtig ist, dass die Kinder in der Schule bereits bestimmte Kompetenzen mitbringen, nämlich damit *„sie nicht dort gehänselt werden"*. Dabei wird auch der soziale Vergleich mit Kindern unterschiedlicher Kitas, die in der Grundschule zusammentreffen, zum Auslöser von Unsicherheit. Die Vorschulprogramme sind aus dieser Perspektive eine Strategie gegen das exkludierende Feld der Schule sowie eine Anpassung an die Leistungsstanderwartungen an Grundschulkinder.

„[...] die Fähigkeiten, die Kinder haben sollten, wenn sie in die Schule kommen, sind halt letztendlich relativ fest gesetzt. Sie sollten sich möglichst alleine anziehen, sie sollten Selbstbewusstsein haben in der Schule alleine zu sein. Viele Lehrer setzen auch voraus, dass die Kinder ihren Namen schreiben können oder sich in einem bestimmten Zahlenbereich auskennen. Sie setzen voraus, dass die Kinder mit einer Schere umgehen können" (Pädagogische Fachkraft, Interview 2015).

Auch in der Kita der hier interviewten Fachkraft werden Vorschulprogramme zur Vorbereitung der Kinder auf die Schule eingesetzt. In diesem Interviewausschnitt beschreibt die pädagogische Fachkraft ebenfalls eine Ambivalenz zwischen der Maßgabe, die Kita nicht als „Zubringer" für die Schule zu sehen und der von ihr wahrgenommenen Notwendigkeit, den Kindern die von der Schule definierten Fähigkeiten zu vermitteln, von denen sie vermutet, dass sie rigide vorausgesetzt werden. Die Fachkraft konkretisiert ihre Vorstellungen über die Fähigkeiten, die Kinder in der Schule mitbringen sollten und beschreibt weiterführend ihren Zwiespalt:

„Und es ist immer so ein bisschen emotionaler Druck, vor allem selber, wenn man auch merkt, ein Kind braucht etwas länger. Und dann wirklich so zu agieren, dass man nicht wirklich sagt: „ich setz es unter Druck“. Aber auch nicht zu sagen: „oh, dann lernen sie es einfach später“. […] Wir wissen alle, wenn Kinder erst einmal in die Schule kommen, sind ein halbes Jahr in der Schule, haben wieder Schwierigkeiten, werden relativ viele Kinder dann irgendwie entweder wieder in die Vorschule zurückgeschickt oder machen aber negative Erfahrungen. Und um das den Kindern zu ersparen, versuchen wir hier, soweit es geht, die Kinder in vielen Bereichen auf den Stand zu bringen, dass sie schulfähig sind.“ (Pädagogische Fachkraft, Interview).

Diese Fachkraft beschreibt das Dilemma, die Kinder nicht unter Druck setzen zu wollen, aber selbst den gegenteiligen inneren Druck zu verspüren, sie dazu zu befähigen, den von ihr imaginierten Anforderungen der Schule gerecht zu werden. Ihre Argumentationslinie ähnelt dabei der des vorangegangenen Interviewausschnitts. Sie möchte das Kind vor negativen Erfahrungen in der Schule schützen und richtet deshalb in der Kita ihre Angebote an den (vermuteten) Erwartungen der Schule aus. Die Ambivalenz zwischen dem eigenen Anspruch, Kinder in ihren individuellen Bildungsprozessen zu begleiten und zugleich die Normanforderungen der Schule berücksichtigen zu müssen und der Eindruck, dieser Situation ausgeliefert zu sein, formulieren noch viele andere Fachkräfte:

„Aber das sind halt diese Zwänge, denen wir auch manchmal ausgesetzt werden. Die sind auch von oben wieder runter gebrochen worden“ (Pädagogische Fachkraft, Interview 2015).

Da die Grundschule als Institution erlebt wird, die bestimmte Normen und Fähigkeiten bei Kindern voraussetzt und Kinder, die diese Anforderungen nicht erfüllen, marginalisiert, orientieren sich die Fachkräfte an den Anforderungen der Schule, die als mächtigere Institution gesehen wird. Diese Anforderungen werden an die Kinder weitergegeben, auch wenn dies im Widerspruch zu den eigenen Vorstellungen frühpädagogischer Bildungspraxis steht. Der wahrgenommene Leistungsdruck der Schule scheint daher in eine präventiv ausgerichtete Strategie der Anleitung zur Anpassung gewendet zu werden, um diese zukunftsbezogen vor einem möglichen Scheitern im schulischen Kontext zu schützen.

Die eigene konzeptionelle Ausrichtung der Kita als Bildungsinstitution wird in diesem Zusammenhang von vielen Befragten als unzureichend eingeschätzt, um den Ansprüchen der Schule gerecht zu werden und Kinder gut auf die Schule vorzubereiten. Viele Fachkräfte sind nicht überzeugt davon, ein ansprechendes und motivierendes Bildungsangebot vorzuhalten, das den Erwerb schulbezogen als relevant eingeschätzter Fähigkeiten ohne Druck und Zwang ermöglicht.

Stärker an den Kindern ausgerichtete Bildungspraktiken, die etwa Partizipation in den Vordergrund stellen und das Vertrauen der Kinder in die eigene Entwicklung stärken könnten, werden von vielen Einrichtungen zwar als relevant, aber als nicht ausreichend resilienzfördernde Maßnahmen zur Bewältigung des Übergangs in die Grundschule gesehen. Vielfach kreisen die Überlegungen darum, wie Erwachsene die Kinder einschätzen und was sie als wichtig für einen gelingenden Übergang erachten. Wenig geht es hingegen um die Perspektiven und Wünsche der Kinder für ihren Übergang in die Grundschule und ihre Selbsteinschätzungen. Die Kinder werden an den Entscheidungen und Planungen sowie der Gestaltung von spezifisch hieran ausgerichteten Themen und Aktivitäten nur vereinzelt und damit auffallend weniger als in anderen Bereichen beteiligt. Dies ist auch deshalb erstaunlich, weil Selbständigkeit von den Fachkräften als zentrale Kompetenz im Übergang beschrieben wird.

Nicht nur die Konzeption, sondern auch der Umfang, in dem die schulvorbereitenden Maßnahmen stattfinden, war in den Kitas sehr unterschiedlich. In einigen der Einrichtungen trafen sich die Vorschulkinder einmal wöchentlich für eine Stunde, in anderen hingegen jeden Vormittag für drei Stunden. Diese tägliche Trennung der Vorschulkinder von den anderen Kita-Kindern am Vormittag sollte nach Aussagen der Fachkräfte insbesondere die soziale Gemeinschaft der Vorschulkinder stärken und ihre Sozialkompetenz fördern:

Stuhlkreis der Vorschulgruppe. Es sind zwei Fachkräfte anwesend und 24 Kinder. Die Erzieherin leitet den Kreis und prüft, ob alle Kinder da sind. Sie achtet darauf, dass die Kinder aufzeigen, wenn sie etwas sagen wollen. Dann fragt sie: „Wer möchte zählen?“ Sophie meldet sich und wird drangenommen. Sie geht im Kreis herum und zählt die Kinder. Sie verzählt sich. „Darf ich zählen“, fragen andere Kinder. Die Erzieherin ignoriert die anderen, stellt sich neben Sophie und hilft ihr die Kinder einzeln zu zählen. Als sie fertig sind, setzen sich beide wieder hin. Die Erzieherin fragt: „Wie viele Kinder sind wir sonst? Normalerweise?“ Die Kinder wissen es nicht. „28“, sagt sie. „Wie viele fehlen?“, fragt sie. Einige Kinder raten: „Acht!“ oder „Drei!“. „Vier“, sagt ein Kind. „Richtig“, sagt die Erzieherin: „Wie hast du das gerechnet?“ Sie erhält keine Antwort. Also zählt die Erzieherin laut und zeigt mit den Fingern: „25,26,27,28 zähle ich ab – vier!“ […] Es ist Mitbring-Tag, sodass Kinder Spielsachen von zu Hause mitbringen können. Die Kinder dürfen der Reihe nach ihr Spielzeug im Kreis zeigen, wenn sie möchten. Die Kinder kommen der Reihe nach dran. „Die anderen sind bitte ruhig und hören ganz gut zu, das möchte ich nicht immer sagen müssen“, sagt die Erzieherin, wenn die anderen Kinder unruhig sind und reden. „Hast du auch was dabei?“, fragt die Erzieherin ein Kind. „Zwei Dinos“, sagt das Kind. „Die haben zwei verschiedene Farben –

welche Farben sind das?", fragt die Erzieherin. Die Kinder rufen „grün und orange".[...] Manche Kinder haben nichts von Zuhause mitgebracht. „Vergessen!", sagt die Erzieherin dann (Ausschnitt aus einem Beobachtungsprotokoll).

Im Stuhlkreis werden von den „Vorschulkindern" Fähigkeiten gefordert und Wissensbereiche abgefragt, die für den Übergang in die Schule Relevanz haben. Dabei werden auch Techniken für das schulische Zeigen von Leistung und Anpassung eingeübt:

- aufzeigen, wenn sie etwas sagen wollen
- im Kreis vor anderen sprechen können
- ruhig sitzen können und zuhören
- die Farben benennen können
- zählen können

Im weiteren Verlauf der Szene nimmt das Präsentieren von Eigentum einen großen Raum ein. Spielzeug mitzubringen ist für die Kinder in dieser Situation scheinbar kein gänzlich freiwilliges Angebot, sondern wird von ihnen erwartet, denn wenn sie nichts mitgebracht haben, wird dies vor der Gruppe mit dem Kommentar „vergessen" bewertet.

Spielzeuge fungieren unter Kindern häufig als Statussymbol, mit dem sie sich messen und mit anderen konkurrieren (vgl. Ali-Tani, 2017b). Es ist somit Ausdruck von materiellem Besitz und zeigt damit zugleich den sozio-ökonomischen Status der Familie an, anhand dessen Kinder zwischen „arm" und „reich" unterschieden können, was zur Folge hat, dass Kinder mit dem „besseren", neueren Spielzeug, oftmals ein höheres Ansehen in der Kindergruppe genießen (vgl. MacNaughton 2006, S. 22). In dieser Episode werden andere Gründe, außer dem „Vergessen", die ausschlaggebend sein könnten, dass ein Kind kein Spielzeug mitgebracht hat, etwa Angst vor Beschämung, nicht in Betracht gezogen. Die soziale Praktik erhält vielmehr im Kontext des unterrichtsnahen Settings den Charakter einer von Bewertung begleiteten Leistungssituation – es geht insgesamt um das Zeigen von Fähigkeiten und persönlichem Besitz.

Die Situation kann anhand der Fragen reflektiert werden:

- Wie gestalten wir Sitzkreise?
- Welche „Meldepraktiken" haben wir und warum?
- Was würde passieren, wenn Kinder den Kreis abwechselnd leiten und sich auch die Erwachsenen melden würden?
- Geraten die Motive der Kinder im Beispiel möglicherweise in den Hintergrund, weil hier schulisches Verhalten „geübt" wird?

Bildungsverständnis im Kontext der Vorbereitung auf die Schule: In einer der Kitas gibt es neben den wöchentlich stattfindenden gruppenübergreifenden

Treffen der Vorschulkinder zusätzlich verpflichtende Wochenaufgaben, die die Vorschulkinder bearbeiten sollen. In einem Sitzkreis spricht eine pädagogische Fachkraft mit den Kindern über den Wochenplan:

Ab neun Uhr, wenn die Kinder in ihren Gruppen sind, wird das Freispiel von bestimmten verpflichtenden Aufgaben unterbrochen: Die Kinder sollen an Wochenplänen arbeiten, an bestimmten Bastelaktivitäten teilnehmen oder werden, wenn sie untätig sind, von den Erzieherinnen zu Tätigkeiten (meistens Puzzles oder Lernspiele) angehalten. Eine Erzieherin sagt zu zwei Mädchen, die mit einem Buch auf dem Sofa sitzen: „Lina! Wenn du mit deinem Buch fertig bist, kannst du auch mal was am Tisch machen, ja? Denk mal an deinen Wochenplan! Das gilt auch für Samira!" (Ausschnitt aus einem Beobachtungsprotokoll).

Das Bearbeiten des Wochenplans ist für die Vorschulkinder in dieser Kita obligatorisch. Die Freiwilligkeit als institutionentypische Kultur der Kita wird hier offensichtlich durch Pflicht und Kontrolle ersetzt. Die pädagogischen Fachkräfte achten dabei darauf, dass die Kinder den von den Erwachsenen für sie vorbereiteten Wochenplan vollständig erfüllen – selbst dann, wenn dafür andere Aktivitäten unterbrochen werden müssen. Die Situation erweckt bei der Beobachterin den Eindruck, als solle durch diese Organisationsform Stillarbeit und die individuelle Bearbeitung einer Aufgabe trainiert werden. Die Ausgestaltung geht dabei mit einer Disziplinierung der Kinder einher, die von ihnen Bedürfnisaufschub und den Verzicht auf Kind-Kind-Interaktion verlangt – was hintergründig mit dem nahenden Übergang in die Schule eine Begründung erhält.

Dies erfolgt offenbar mit der Erwartung, dass dies die vorherrschende Lernform in der Grundschule ist, weshalb die Kinder in der Kita hier herangeführt werden. Dabei scheint der Lebenswelt und dem Entwicklungsabschnitt der Kita kein eigener Gestaltungsraum zugestanden zu werden, vielmehr wird das gesamte pädagogische Setting hier den vermuteten zukunftsbezogenen Anforderungen der Grundschule untergeordnet und hieran ausgerichtet.

Ein konkreter Ertrag der Teamqualifizierung zur Inklusion im Projekt bestand in den Kitas darin, die Praktiken zur Schulvorbereitung kritisch zu hinterfragen und teilweise Veränderungen einzuziehen:

„Bei uns gibt es ja noch die Vorschulgruppe, das heißt sie sind abgespalten von den anderen Kindern. Und das kriegen die auch ganz oft gesagt. „Und du bist ja jetzt bald ein Schulkind und du großes Vorschulkind, schau mal, also du kannst jetzt mal diese Aufgabe übernehmen, das kannst du doch, oder?" Aber ich denke so im Hinterkopf, ist schon so „warum hebt man das eigentlich so hervor? Warum soll das eigentlich so sein? Warum ist das nicht eine Entwicklungsphase wie jede andere auch?" Also auch die eines Zweijährigen, der dann lernt seine Schuhe alleine anzuziehen oder so" (Pädagogische Fachkraft, Interview 2015).

Mit der Separation der Vorschulgruppe, der rollenbezogenen Adressierung als „Vorschulkinder“ sowie dem Übertragen von bestimmten, verantwortungsvollen Aufgaben werden Kinder im Vorschulalter in ihrer Gruppe in hohem Maße exponiert. Wie die Erzieherin reflektiert, zeigt sich darin die besondere Akzentuierung der Übergangsphase in der Einrichtungskultur.

Mit der Rolle des Vorschulkindes sind Normerwartungen und konkrete Anforderungen verknüpft. Kinder, die den entsprechenden Erwartungen der Fachkräfte an ein „Vorschulkind“ nicht gerecht werden und Kinder, die ihnen übertragene Aufgaben nicht oder nicht eigenständig bewältigen können, werden vor dem Hintergrund dieser Normvorstellungen als weniger kompetent wahrgenommen. Hier können Barrieren für Inklusion entstehen, wenn einzelne Kinder in der Folge weniger Anerkennung für ihre individuellen Fähigkeiten erhalten (vgl. Joyce-Finnern 2017, S. 133 ff.).

„Aber ich denke, wir haben da in diese Richtung einen großen Schritt getan. Das wir einfach von unserem Gedankengut mal wegkommen, zu sagen „das Kind muss das und das gemacht haben, weil es muss ja irgendwann in die Schule“. Nee, das muss es nicht gemacht haben. Es kann auch drei Tage hintereinander in der Bauecke sitzen und Türme bauen, weil die Türme werden zum Beispiel immer größer und höher und höher und immer diffiziler in der Bauweise. Das sind so Sachen, wo wir sagen „das ist alles da. Ich muss mir da jetzt keine Gedanken machen“. Ich glaube, das hat uns schon ein Stück weiter gebracht. Dieses genauere Hinschauen, glaube ich, ist ein großer Meilenstein“ (Pädagogische Fachkraft, Interview).

Die Qualifizierung hat diesen Aussagen folgend dazu beigetragen, ein subjektorientiertes Bildungsverständnis zu fördern, welches die sinnhafte und tätige Auseinandersetzung des Kindes mit der vorgefundenen Welt in den Vordergrund stellt und mit Anerkennung versieht.

Ein Perspektivwechsel dahingehend, die Lebenswelt und Interessen der Kinder stärker zu respektieren und sich weniger an definierten Bildungsaufgaben zu orientieren, lässt sich auch in weiteren Interviews wiederfinden. Im Rückblick auf die im Rahmen des Projektes stattgefundenen Fortbildungen beschreibt eine Fachkraft ihren individuellen Lernprozess wie folgt:

„Man hat so als Erwachsener so seine Vorstellung „das täte ich jetzt gern mit Kindern arbeiten“. Lege alles schön in die Mitte, sollen sie selbstständig bei uns schaffen, alles so wie man das so gern hätte. Und doch erwische ich mich immer dabei, wo ich denke „nee, wenn es jetzt eine Blume ist. Warum jetzt die Farbe oder die Blätter jetzt spitz? Ich habe doch rund die Blumen vermischt“, dass man nicht seine Vorstellung versucht auf die Kinder überzustülpen. Ich meine, die Kinder haben selber eine Vorstellung. Es heißt nicht, dass meine Vorstellung jetzt genau das sein muss, was die Kinder machen. Also es sind so Sachen, wo ich dann doch ganz viel

dazu gelernt habe. Also das habe ich jetzt gelernt: mich zurückzunehmen bei ganz vielen Sachen und mehr so ein bisschen in die Beobachterrolle zu kommen und wenn es wichtig ist, einzugreifen, aber erst einmal abzuwarten. Nicht gleich so mit der Tür ins Haus fallen so vorschnell. Das ist so für mich, wo ich ganz viel aus der Fortbildung mitgenommen habe. So dieses erst ein bisschen noch Schritt zurück und gucken und dann erst etwas tun, wenn es gebraucht wird" (Pädagogische Fachkraft, Interview 2015).

Hier wird ein verändertes Rollenverständnis in der Arbeit mit den Kindern beschrieben. Die Fachkraft ist nun Beobachtende und Begleitende der Bildungsprozesse der Kinder. Den Kindern gewährt sie dabei einen größeren Raum, um eigene Ideen umzusetzen.

Das Vertrauen in die individuellen Bildungsprozesse der Kinder zu stärken, statt die eigenen Bildungsvorstellungen vorwegnehmend an Leistungsnormen der Schule zu orientieren, ist als ein wichtiger Schritt in Richtung inklusiver Einrichtungskulturen zu sehen (vgl. Hamacher & Seitz 2020).

Partizipation ist jedoch auch im Rahmen der auf Schule hin orientierten Bildungspraxis möglich, wie folgendes Beispiel deutlich macht. Hier erarbeiten die Kinder, begleitet von den pädagogischen Fachkräften, gemeinsam ein „Programm" für das letzte Kitajahr und sind für die Planung und Umsetzung verantwortlich:

„Dann werden Ideen gesammelt, dann wird gefragt ‚Was wäre euch denn wichtig? Was sollen wir denn machen?' und dann gemeinsam abstimmen und gemeinsam auch organisieren. Das heißt nicht die Kinder wünschen sich jetzt wir gehen hierhin, dorthin und wir Erzieher kümmern uns darum, dass das klappt, sondern auch zu überlegen ‚okay, wenn wir das machen, was brauchen wir? Wie können wir das machen?'" (Pädagogische Fachkraft, Interview 2015).

Diese Form der Schulvorbereitung ermöglicht es, Kinder mit unterschiedlichen Fähigkeiten und Fertigkeiten einzubinden und die Kooperation der Kinder zu fördern, indem sie sich einer gemeinsamen Aufgabe widmen.

Um die Kompetenzen von Kindern zu fördern und Kinder für den Übergang zur Schule „stark" zu machen, bedarf es nicht expliziter Förderprogramme oder spezifischer Aufgabenstellungen. Kinder werden für die Schule gestärkt, indem sie sich als selbstwirksam erleben: indem sie sich in selbst gewählten Projekten engagieren, mit anderen Kindern kooperieren, gemeinsam planen und Entscheidungen treffen und für die Umsetzung der Ideen verantwortlich sind (vgl. Seitz & Joyce-Finnern 2015).

Vertiefende Reflexion mithilfe des Index für Inklusion

Für eine vertiefende und weiterführende Auseinandersetzung mit der Thematik eignen sich folgende Indikatoren und Reflexionsfragen aus dem Index für Inklusion (GEW 2015):

A 2.3 Inklusive Werte verankern. Von allen Kindern wird viel erwartet (GEW 2015, S. 59), z. B.:

d) *Werden alle Kinder ermutigt, hohe Erwartungen an ihre Fortschritte bei Spiel, Lernen und Partizipation zu haben?*
g) *Sind die Pädagog:innen davon überzeugt, Kinder nicht nur nach ihrem aktuellen Leistungsvermögen, sondern nach ihren individuellen Entwicklungsmöglichkeiten zu betrachten?*
h) *Werden die Leistungen der Kinder im Verhältnis zu ihren eigenen Möglichkeiten, statt zu denen anderer Kinder wertgeschätzt?*

5.6 Zusammenarbeit mit Familien stärken

Gewohnheiten, Deutungsmuster, Traditionen und Perspektiven der Familie prägen jedes Kind in seinem Denken, Handeln und Fühlen und fungieren als primärer Bezugsrahmen (vgl. Wagner 2014, S.20). Eine gute Zusammenarbeit mit den Eltern und Familien oder Bezugspersonen der Kinder ist deshalb von hoher Bedeutung für inklusive Praxis. Sie birgt aber auch viele Herausforderungen, denn keine Familie ist wie die andere und es ist nicht immer einfach, pädagogische Handlungskonzepte abzustimmen (Betz et al. 2019).

Mit inklusionsbezogen Einrichtungsentwicklungen können auch neue Vermittlungsaufgaben einhergehen, wie folgender Interviewausschnitt zeigt:

„Also es sind Ängste da: ‚Könnt ihr das überhaupt, wenn ihr euch darum noch kümmern müsst? Fallen unsere Kinder dann hinten runter?' Also es sind schon Ängste, die wir auch ernst nehmen und wo wir uns schon auch überlegen, wie wir das Eltern klar machen können" (Leitung, Interview 2015).

Die Kitas sehen sich hier in der Situation, Eltern und Bezugspersonen die Realisierung inklusiver Pädagogik zu vermitteln. Das Unverständnis, mit dem sie sich konfrontiert sehen, ist dabei auch vor dem Hintergrund der spezifisch in Deutschland lange währenden Tradition der Aussonderung zu sehen, in deren Folge der Mehrheit der Erwachsenen immer noch eigene biografische Erfahrungen mit inklusiven Settings in Kita und Schule fehlen (vgl. Seitz & Joyce-Finnern 2015).

„Also es gab eine spitze Bemerkung, ob wir denn jetzt zu den vielen kleinen auch noch behinderte Kinder kriegen. Also das war dann auch so sehr enttäuschend, wo wir auch gar nicht damit gerechnet haben und ich auch nicht damit gerechnet habe, dass es wirklich so Vorurteile dazu gibt, aber ich denke, dass wir das ein gutes Stück aus dem Weg räumen konnten" (Leitung, Interview 2015).

Auch hier wird inklusive Pädagogik offenbar mit dem Merkmal „Behinderung" assoziiert und als zusätzliche Aufgabe verstanden, die neben der Öffnung der Kita für sehr junge Kinder „auch noch" bewältigt werden sollte.

In beiden Beispielen wird deutlich, wie wichtig es ist, mit Familien zu kooperieren und zu kommunizieren, damit alle Sichtweisen zusammengeführt werden können und die Arbeit der Kita bzw. der Fachkräfte für die Familien verständlich wird, denn einige Familien sahen durch das Projekt die Aufmerksamkeit für das eigene Kind gefährdet und gingen zunächst in Distanz zu den pädagogischen Konzeptideen der Kita. Zentral war daher die Information der Familien und bedeutsam außerdem ein neuer und bewussterer Blickwinkel auf die Heterogenität der Familien (*„Es wird noch bewusster geschaut, wer da kommt, was die Familien und Kinder mitbringen"*). Dies wurde auch in den geführten Interviews deutlich. So antwortete eine Fachkraft auf die Frage, wie sie die Eltern und Familien, die die Einrichtung besuchen beschreiben würde:

„Also wir haben sehr unterschiedliche Eltern. Also wir haben sehr unterschiedliche familiäre Strukturen. Halt einerseits so diese klassische Familie. Wir haben aber auch sehr viele Familien, die in diesem Patchwork-Bereich sind. Wir haben auch sehr viele Familien, die in wechselnden Patchwork-Bereichen sind. Wir haben Alleinerziehende." (Pädagogische Fachkraft).

Ein reflexiver Umgang mit unterschiedlichen Familienformen ist ein wichtiger Baustein inklusionsbezogener Qualität, wie im Folgenden deutlich wird:

„Und das nehmen wir wahr, versuchen auch unsere Angebote danach auszurichten. Und wir versuchen das auch familiären Strukturen gegenüber, die einem selber so schwierig vorkommen, also wir haben Familien, da gibt es drei Kinder von drei unterschiedlichen Vätern, es ist etwas, das ist einem zunächst erst einmal so fremd. Aber wir haben gut gelernt, fast alle im Team, den Familien genauso Wertschätzung entgegen zu bringen wie einer klassischen Familie. Und wir versuchen auch immer, dass man allen Familienstrukturen möglichst viel Wertschätzung entgegenbringt. Ich glaube, wichtig ist das Bewusstsein, dass man wertschätzend sein muss und das auch möchte. Jeder für sich alleine ist dann aber auch noch einmal unterschiedlicher auch selber geprägt inwieweit er das gut kann oder weniger gut kann" (Pädagogische Fachkraft, Interview).

Diese Fachkraft beschreibt, wie sich die pädagogische Orientierung im Team verändert hat im Hinblick auf die Wertschätzung unterschiedlicher Familienstrukturen. Diese beschreibt sie teilweise als different zu den eigenen biografischen Erfahrungen. Im Interview reflektiert sie dies anhand der eigenen Normalitätsvorstellungen als perspektivengebunden (*„die einem selber erstmal so schwierig vorkommen“*). Sie beschreibt und reflektiert dann den Entwicklungs- und Bewusstseinsprozess im Rahmen des Projekts, der zur Wertschätzung und Anerkennung von Verschiedenheit geführt habe (*„Aber wir haben gut gelernt, also fast alle, im Team: den Familien genauso solche Wertschätzung entgegen zu bringen wie einer klassischen Familie“*).

Gerade wenn es um die Mitbestimmung von Familien in einer Einrichtung geht oder um die Inanspruchnahme von Angeboten, ist es häufig ein privilegierter Kern der Elternschaft, der sich besonders angesprochen fühlt bzw. auf den diese Strukturen und Angebote habituell (unbewusst) zugeschnitten sind, während Familien, die diesem dominanten, zumeist monokulturellen Bild nicht entsprechen oft außen vor bleiben. Nicht nur die beschriebenen familiären Strukturen, sondern z. B. ethnisch und/oder sozio-ökonomisch bestimmte Wahrnehmungen von Fremdheit gegenüber einer „Normalvorstellung” von Familien sind hier von Bedeutung.

Auch aus anderen Einrichtungen werden in den Interviews diesbezügliche Veränderungen im Projektverlauf beschrieben, die mit konkreten Strategien verbunden sind, um allen Familien Partizipation zu ermöglichen, wie z. B. in folgendem Interviewausschnitt:

„Und für uns halt auch selbst zu sehen, dass vielleicht auch einmal die, die normal nicht so eine Stimme haben vielleicht jetzt auch im Elternausschuss jetzt auch eine Stimme bekommen. Das ist ein ganz praktisches Beispiel, was jetzt morgen Abend bei der Elternausschusswahl sichtbar sein wird, dass sich da mal ganz andere zusammenstellen. Überwiegend waren es gut situierte Frauen, deren Männer gut verdienen, die selbst berufstätig waren, überwiegend waren die im Elternausschuss verankert. Und jetzt möchten wir gerne, dass auch alle da, alle Familien ein Ohr finden“ (Pädagogische Fachkraft, Interview).

In dieser Aussage ist gewachsene Sensibilität erkennbar, die in klare Strategien mündet, um die erkannte Mittelschichtsorientierung in der Zusammenarbeit und speziell in der Organisation von Mitbestimmungsmöglichkeiten von Familien zu verändern. Weiterführend zeigt dies auch, dass Inklusion viele Ebenen miteinbeziehen muss und gelingende Partizipation von Familien kein „Selbstläufer” ist, sondern reflexiv erarbeitet werden muss. Nur so kann z. B. erkannt werden, dass bislang nur die Belange eines bestimmten Profils der Familien berücksichtigt wurden und dass es veränderter Strategien bedarf, um eine vielfältigere Elternschaft für den Elternausschuss zu gewinnen.

Die Sensibilität, Offenheit und Wertschätzung scheint insgesamt gewachsen zu sein nicht nur gegenüber der Vielfalt der Kinder, sondern ebenso der der Familien:

„Was mir als Leitung aufgefallen ist, dass ganz viel sich in den Köpfen verändert hat. Das ganz viel mehr das Thema wie nehme ich auch die Eltern also, nicht nur wie nehme ich jedes Kind mit, sondern auch wie nehme ich die Eltern der unterschiedlichen Kulturen wahr, auch die Mama, die jetzt nicht so viel Geld hat. Also wie nehme ich die Eltern auch nochmal, wie gehe ich darauf ein. Bin ich bei jedem Kind, jedes Elternteil, wie spreche ich das an. Und da hat sich in so Diskussionen im Team ganz viel getan" (Leitung, Interview 2015).

Auch in diesem Interviewausschnitt ist die reflexive Dimension der Arbeit mit den Prozessbegleitungen deutlich erkennbar (*„dass ganz viel sich in den Köpfen verändert hat*") und wird verknüpft mit einer gewachsenen Sensibilität gegenüber kultureller und sozioökonomischer Diversität in den Familien, die zu einer veränderten Kommunikation führt (*„wie spreche ich das an").*

In dieser Einrichtung wurden Eltern in das Index-Team miteinbezogen und es wurde im Flur eine Infowand „Index für Inklusion" in verschiedenen Sprachen erstellt, mit Informationen über inklusive Werte, die Protokolle der Index-Teamsitzungen, eine Postbox sowie Zettel zum Ausfüllen mit Ideen und Anregungen für die Box. Insbesondere durch die Teamfortbildungen hat bei vielen Fachkräften eine Sensibilisierung bezüglich eigener Vorurteile stattgefunden, womit ein bewussterer und selbstreflexiver Blick auf die Familien einherging:

„Ja, dass man einfach auch ein bisschen sensibler wurde im Bereich Elternarbeit. Was wissen wir eigentlich über die Eltern, was wissen wir über die Kulturen, was wissen wir über die Familiensituation. Also auch dieses Vorurteilsfreie, wo wir an uns selbst gemerkt haben, ‚oh wir haben immer noch Vorurteile', auch Eltern gegenüber. Stecken doch oft noch Eltern in eine Schublade. Ich glaube, bei den Kindern passiert es uns weniger, aber bei den Eltern, da müssen wir noch ganz viel dran arbeiten und das war auch bei den Mitarbeitern sowas, wo ich gemerkt habe, sie machen sich da Gedanken" (Pädagogische Fachkraft, Interview 2015).

Methodenidee für Fortbildung und Fachberatung

Thema: Familienbilder
Methodenvorschlag: Materialanalyse
Gruppengröße: ab 2 Personen
Material: Protokollbogen mit Reflexionsfragen

Gemeinsam oder in Arbeitsaufteilung sehen die Fachkräfte Bilder, Bücher und Spielmaterial der Kita durch und werten es aus anhand der Leitfragen:

- Welche Personen finden sich in den geschilderten / dargestellten Familien?
- Welche Rolle kommt den Kindern in den dargestellten Familien zu?
- Welches Bild von Familie wird Kindern hier vermittelt?
- Werden in der Darstellung hintergründig Bewertungen vorgenommen dahingehend, was eine „normale" bzw. eine „gute" oder „unnormale" / „weniger gute" Familie ausmacht?
- Inwiefern „passen" die Darstellungen oder Beschreibungen zur Lebenswelt der Kinder?
- Wie können wir mit Kindern über unterschiedliche Familienformen ins Gespräch kommen und dabei vermitteln, dass dies nicht mit Bewertungen verknüpft wird?
- Wie können wir in solchen Gesprächen sensibel auf Kinder mit traumatisierenden Erfahrungen eingehen, etwa weil sie bereits den Verlust eines Elternteils oder Gewalt in der Familie erlebt haben?

Vertiefende Reflexion mithilfe des Index für Inklusion

Für eine vertiefende und weiterführende Auseinandersetzung mit der Thematik eignen sich folgende Indikatoren und Reflexionsfragen aus dem Index für Inklusion (GEW 2015):

A 1.5 Gemeinschaft bilden. Es besteht eine gute Kooperation zwischen Mitarbeiter:innen und Eltern (GEW 2015, S. 53), z. B.:

b) *Wird allen Familien, unabhängig von ihrer Lebenssituation und -art, mit gleichem Respekt begegnet?*
c) *Respektieren die Eltern die Mitarbeiter:innen unabhängig von ihrem Status und Arbeitsverhältnis?*
d) *Sind alle Eltern gut informiert über die pädagogischen Ziele und Aktivitäten der Einrichtung?*

A 1.6 Gemeinschaft bilden. Die Pädagog:innen stellen eine Verbindung zwischen der Einrichtung und der Kultur der Kinder zuhause her (GEW 2015, S. 54), z. B.:

a) *Spiegeln die Angebote und Aktivitäten der Einrichtung die verschiedenen Lebenswelten, Kulturen und Lebensarten der Kinder, Eltern und Mitarbeiter:innen wider?*
g) *Wird die Familienkultur und die Lebenssituation jedes einzelnen Kindes von den Pädagog:innen als einzigartig/besonders wahrgenommen?*

Zusammenfassend ist die (selbst-)kritische und reflexive Arbeit zur Verschiedenheit von Familien und zur bewussteren Wahrnehmung von Ungleichheiten ein wichtiger Meilenstein der inklusionsbezogenen Qualitätsentwicklung von Kitas, denn nur die Kommunikation im Team hierüber ermöglicht auch die „Verflüssigung" von vielfach unbewussten Vorurteilen und das Hinterfragen von Handlungs- und Denkweisen dahingehend, ob allen Familien gleichermaßen wertschätzend begegnet wird. Auf dieser Basis können sich dann veränderte Kommunikationsmuster und Mitbestimmungsformen entwickeln.

5.7 Inklusion als partizipativer Prozess

Inklusion in der pädagogischen Praxis von Kitas fokussiert zuvorderst gelingende Partizipation und gleichberechtigte Bildungsteilhabe der Kinder. Damit dies gelingt, ist es jedoch notwendig, Partizipation auf verschiedenen Ebenen der Organisation in den Blick zu nehmen und umzusetzen, folglich auch in Bezug auf das gesamte dort tätige Team. Nur so kann es zur (Weiter-) Entwicklung inklusiver Kulturen in der Einrichtung kommen (vgl. GEW 2015, S. 24, S. 46 ff.). Auf der Ebene des in der Kita tätigen Personals gilt es dabei konkret, Möglichkeitsräume für Partizipation und partizipative Praktiken zu schaffen, diesbezügliche Barrieren abzubauen und die Vielfalt innerhalb des Teams als Ressource anzuerkennen. Auch in der hier zugrunde gelegten Studie erwies sich diese Dimension als bedeutsame Gelenkstelle für die Entwicklung inklusiver Qualität.

Rolle der Leitung: Leitungen spielen eine entscheidende Rolle bei der qualitativen Entwicklung pädagogischer Praxis (vgl. Viernickel et al. 2013; Strehmel 2015). Die (Weiter)Entwicklung einer Einrichtung in Richtung inklusiver Qualität gelingt dann besonders gut, wenn dies von Seiten der Leitung mit klaren Leitideen unterstützt wird, zugleich aber die Kommunikation im Team hierüber in der Weise gelingt, dass alle einbezogen werden und unterschiedliche Verantwortlichkeiten geklärt und akzeptiert werden, sodass auf dieser Basis konsensual getragene Ideen entwickelt und dann gemeinsam umgesetzt werden können.

Im Projekt, auf das wir uns hier beziehen, nahmen die Prozessbegleiter:innen eine zentrale Rolle ein, indem sie die Fortbildungen leiteten und in Orientierung an dem Modulhandbuch „Eine Kita für alle – Vielfalt inklusive" (Schmude & Pioch 2015; Dennig et al. 2017) Inhalte bestimmten und Arbeitsaufträge an die Teams vergaben. Die Leitungskräfte erhielten gemeinsam mit ihren Teams Schulungen, wurden jedoch nicht direkt bei der Steuerung, Begleitung und Stabilisierung von Veränderungsprozessen in Richtung inklusiver Praxis gestärkt. Dabei zeichnen sich Kindertageseinrichtungen häufig durch flache und mitunter auch durch negierte Hierarchien aus, mit einem Führungsstil, der ein vergleichsweise hohes Maß an Partizipation des Teams ermöglicht (vgl. Strehmel & Ueber 2014, S. 67). Daher verlaufen Teamentwicklungsprozesse in der Regel nicht reibungsfrei, insbesondere wenn gewachsene Kommunikationsmuster, Koalitionen und soziale Rollen durch Impulse von außen hinterfragt werden und an diesen „rütteln". Leitungen nehmen folglich eine Schlüsselposition für die Qualität in der Einrichtung ein und tragen in diesen Prozessen die professionelle Verantwortung für Organisationsentwicklung (vgl. Nentwig-Gesemann, Nicolai & Köhler 2015)

Dabei forderte im Projekt insbesondere die Bildung der Index-Teams in den Kitas Leitungskräfte in ihrer Rolle heraus. Index-Teams haben für die Entwicklung inklusiver Qualität in Kindertageseinrichtungen eine Steuerungsfunktion und sorgen für Nachhaltigkeit der Prozesse (GEW 2015, 8). Die Bildung eines Index-Teams in der Kita verlangt eine Teilung der Entscheidungsmacht der Leitung mit der Steuerungsgruppe. Trotzdem war sie gefordert, die Veränderungsprozesse, die angestoßen werden, zu strukturieren und zu verantworten. Die Aufgabe der Leitung in einem am Index orientierten Inklusionsprozess besteht somit vor allem darin, zunächst einen Rahmen zu schaffen, in dem Mitarbeiter:innen die Veränderungen aktiv mitgestalten und dabei erleben, dass sie selbst erfolgreich Dinge bewegen können. Nur so kann sichergestellt werden, dass Veränderungen sich stabilisieren und Impulse z. B. im Rahmen von Prozessbegleitung nachhaltig wirken können.

In Einrichtungen, in denen die Leitungen in den Interviews eine eigene Vision für die Entwicklung von inklusiver und demokratischer pädagogischer Praxis formulierten und dies im Projektverlauf durch Engagement und Strukturierung der Prozesse maßgeblich unterstützten, zeigten die Qualitätsentwicklungsprozesse auf allen Ebenen stärkere Wirkung. Damit erwies sich das Leitungshandeln als Schlüsselstelle für die Weiterentwicklung inklusionsbezogener Entwicklungen in Kitas.

Teamdynamiken: Veränderungsprozesse in den Teamdynamiken erhielten im Projekt insbesondere durch die gemeinsamen Fortbildungen und die enge Zusammenarbeit mit den Prozessbegleiter:innen Imulse und wurden hier begleitet. Dies betraf zuvorderst die Kommunikation im Team, wie eine Prozessbegleitung im Rückblick beschreibt:

„Die Arbeit macht auch im Team Menschen, die vielleicht vorher sich nicht so getraut haben mutig, also nicht im gesamten Team, aber sie suchen sich so langsam ihre Kanäle, wo es so heraus kann. Und wenn der Kanal gerade ich bin (Prozessbegleitung), die gerade da ist. Also nicht bewusst, sondern es entsteht dann halt. Das entsteht so langsam über das Vertrauen auch. Das kommt jetzt immer mehr in die Teams. So langsam wird die Oberfläche abgekratzt, jetzt kommen auch Emotionen heraus und das ist ganz interessant. Es werden ja Hierarchien hinterfragt. Ja, ich sage mal, das Teammobile gerät durcheinander" (Prozessbegleitung, Gruppeninterview 2016).

Deutlich wird an diesem Ausschnitt zunächst, dass die Prozessbegleitungen eine zentrale Rolle für die Teamdynamiken spielten. Die externe Begleitung des Teams in den Fortbildungen über einen längeren Zeitraum führte offenbar dazu, dass die Prozessbegleitung zunehmend die Rolle einer Vertrauensperson erhielt und auch bei zurückhaltenden Teammitgliedern insgesamt mehr Mut entstanden ist, mitzureden. Dies eröffnete dann den Raum dafür, dass auch emotional aufgeladene oder konflikthafte Aspekte angesprochen und bearbeitet werden konnten. Ihre eigene Rolle beschreibt die Prozessbegleitung hier mit dem Bild eines „Kanals", der die Möglichkeit dazu eröffnet, auch lange bestehende Unzufriedenheiten erstmals zur Sprache zu bringen (*„wo es so heraus kann")* und lange Unausgesprochenes, das bislang überdeckt wurde (*„So langsam wird die Oberfläche abgekratzt")* bzw. gärende Konflikte anzugehen.

Das hieß auch, dass im Inklusionsprozess eingeschliffene Selbstverständlichkeiten kritisch hinterfragt wurden: Das Infragestellen, Aushandeln und Diskutieren über (Macht)-strukturen innerhalb des Teams und somit auch der jeweils eigenen Position, stellten die Teams vor eine große Herausforderung.

Auch in den Rückmeldungen der Fachkräfte zu den Fortbildungen wurde dabei deutlich, dass die Teams sich durch das Projekt sehr viel mehr mit der Vielfalt und den Partizipationsmöglichkeiten innerhalb des Teams und deren Bedeutsamkeit auseinandergesetzt haben, wie eine Fachkraft im Interview beschreibt:

„Wir haben uns davor schon sehr unterstützt im Team, aber ich denke, jetzt ist es noch mehr. Gerade in der einen Fortbildung hatten wir es, wo wir in Kleingruppen, da ging es um Kulturen und jeder hat so seine Geschichte soweit er es erzählen wollte, über seine Kultur, über seine Familie, erzählt. Und da sind eigentlich Dinge zum Vorschein gekommen, die man vorher so gar nicht gesehen hat, also ich hatte zum Beispiel eine Kollegin mit Krankheitsgeschichte, wo ich schon immer gedacht habe ‚boah, das ist immer so ein ruhiges Mäuschen' und so, ja? Hier muss man immer so ein bisschen rauskitzeln, aber das gibt einfach die Kultur her. Und das war einem nicht bewusst. Und ich glaube, seit wir das so voneinander bemerkt haben, denkt man darüber anders. Ich glaube, so geht man auch auf die Kinder anders zu" (Pädagogische Fachkraft, Interview).

Die Arbeit mit den Prozessbegleiter:innen eröffnete hier den Raum für den Aufbau von Vertrauen im Team und ermöglichte es, sich erstmals über bislang Unausgesprochenes auszutauschen, z. B. über biografische Erfahrungen. Dies ermöglicht es der Befragten im geschilderten Fall, ein reflektiertes und verändertes Verständnis (*„denkt man darüber anders"*) für die Persönlichkeitsmerkmale der Kollegin zu entwickeln. Dieses Bewusstsein wirkt sich dann, so reflektiert sie, auf die eigenen pädagogischen Praktiken aus.

Die Fachkraft einer anderen Einrichtung betonte in diesem Zusammenhang, dass die Vielfalt innerhalb des Teams eine Ressource darstellte:

„Ich glaube aber, dass wir da auf einem guten Weg sind. Aber dass wir eigentlich im Moment noch am Anfang sind, weil es eigentlich auch, denke ich, ein längerer Weg ist. Was ich eigentlich schon gut finde, dass wir ein vielfältiges Team haben, was ich vorhin schon gesagt habe. Mit jung, alt, verschiedene Nationalitäten, Männer, Frauen. Was wirklich inklusiv ist und wo man auch gucken muss, dass man da vielleicht auch von jedem einzelnen seine Stärke noch besser nutzen kann." (Pädagogische Fachkraft, Interview).

Hier wird beschrieben, dass Reflexionsprozesse dieser Art langfristigen Charakter haben und damit schlicht Zeit brauchen, aber auch stets unabgeschlossen sind. Eine andere befragte Fachkraft bringt dies im Rahmen der zweiten Fragebogenerhebung im Zusammenhang mit Herausforderungen, die sich auf dem Weg zur Inklusion ergeben, treffend auf den Punkt:

„Vielfalt im Team: Wer Inklusion will, muss sich kontinuierlich reflektieren und verändern" (Antwort einer pädagogischen Fachkraft, Fragebogenerhebung [11]).

Veränderungsprozesse bringen jedoch auch teambezogene Konflikte mit sich, wenn Steuerung und Kooperation nicht konsistent sind, wie folgender Kommentar aus der schriftlichen Befragung zeigt:

„Man hat sehr oft das Gefühl oder den Eindruck, dass das Wort "Inklusion" verwendet wird, wenn einige Kolleginnen sich Vorteile für sich schaffen wollen oder es einsetzen, wenn im Team Regeln besprochen werden heißt es, man ist doch inklusiv. [...] Eher eine Spaltung fürs Team, da einige entscheiden oder immer alles überstürzen wollen, wenn es um neue Themen der Inklusion geht."

Die in diesem Kommentar erwähnte „Spaltung für das Team" weist darauf hin, dass der Prozess, gemeinsam geteilte Werte in der Kita zu entwickeln, eine hohe Anforderung darstellt, die nicht nur Zeit und Geduld, sondern auch Kraft erfordert und im Einzelfall durchaus mühevoll aussehen kann. So antwortet eine andere Fachkraft auf die offene Frage in der schriftlichen Befragung, was sich durch das Projekt verändert habe:

„Wir reden mehr miteinander und beobachten uns gelegentlich (aus den Augenwinkeln). Wir sind sehr verschieden und streiten öfter miteinander als vor dem Projekt" (Schriftliche Befragung).

---

11 Originalfrage im Fragebogen: Wenn Sie an die Vielfalt denken, die Ihnen in Ihrer pädagogischen Arbeit täglich begegnet… Wo sehen Sie die größten Herausforderungen?

Die intensivierte Kommunikation in der Arbeit mit den Prozessbegleitungen hat hier offensichtlich zu einer bewussteren Wahrnehmung der Verschiedenheit in den konzeptionellen Auffassungen und zu einer offeneren Auseinandersetzung damit im Team geführt, in denen Verschiedenheiten der Positionen ausgehandelt werden. Ähnlich wie in der Beschreibung der Prozessbegleitung finden wir damit auch hier Hinweise dahingehend, dass die gemeinsame Arbeit als Katalysator für (ohnehin) anstehende Teamentwicklungsprozesse und damit auch für die Bearbeitung „liegen gebliebener", möglicherweise auch überfälliger Konflikte im Team fungierte. Das Mehr an Streit, auf das hingewiesen wird, wäre dann weniger ein Problemanzeiger, sondern eher ein Indikator für einen lebendigen Prozess im Sinne offenen Arbeitens am Konsens und wachsenden Vertrauens.

Zusammenfassend lässt sich damit sagen, dass mit der Entwicklung einer inklusiven pädagogischen Praxis die Reflexion der eigenen Werte und handlungsleitenden Orientierungen notwendig wird. Die Auseinandersetzung auch mit Vorurteilen oder Diskriminierungen ging einzelnen Teams offenbar „an die Substanz" und brachte mehr Bewegung in die Teamdynamik, als von den Beteiligten erwartet worden war. Mit Blick auf diese Befunde erwies sich der Zeitrahmen von zwei Jahren, in dem das Projekt aktiv durchgeführt wurde, als kurz bemessen. Teamentwicklungsprozesse brauchen Zeit, um eine gemeinsame pädagogische Zielrichtung auszuhandeln. Die enge und offene gemeinsame Zusammenarbeit an einer Thematik hat das Team gestärkt, wie folgender Interviewausschnitt verdeutlicht:

„[...] auf jeden Fall, hat es uns sehr gut getan für die Team-Zusammengehörigkeit. Es ist oftmals so, da geht mal einer auf eine Fortbildung und da geht einer auf die Fortbildung, dann versucht er das ins Team zu bringen und dann „was hat er denn jetzt damit gemeint? Das verstehe ich jetzt aber gerade einmal gar nicht" und so es war jeder mit dabei. Man kann dann einfach auch noch einmal darüber sprechen. Und das ist einfach unwahrscheinlich gut, dass mal ALLE mit dabei sind. Das ist einfach super positiv. Jeder weiß, worüber gesprochen wurde. Also das bringt es einfach auch nochmal für das gesamte Team, weil wir sonst die Zeiten oftmals nicht haben uns zu unterhalten. Und dann sind einfach diese Teamfortbildungen super" (Pädagogische Fachkraft Interview)

Teams, die bereits mit stabiler Vertrauensbasis in das Projekt starteten, konnten im Vergleich früher gemeinsam getragene grundlegende Ziele vereinbaren und von hier aus schneller eine höhere Aufgabenorientierung entwickeln (Tuckman 1965), wobei dann über das Erleben der erfolgreichen Aufgabenbewältigung ein engerer Zusammenhalt erreicht werden konnte, bis hin zu gemeinsam getragener Verantwortung (Kauffeld 2001). Ist dies in Teams erreicht, kann von hier aus leicht der Entwicklungsschritt zum wertschätzenden und konstruktiven Aushandeln von Positionen und von hier aus zum produktiven Umsetzen einer veränderten Praxis gegangen werden. Der Weg ist dann frei für inklusive Praktiken auf der Basis geteilter Werte, wobei auch dies beständige Weiterarbeit und Rückversicherung erfordert.

Auf den Zusammenhang zwischen der Arbeit mit den Prozessbegleitungen im Team und veränderter Praxis bzw. auf eine gewachsene Qualität der im Team reflektierten Praxis verweisen viele Antworten der pädagogischen Fachkräfte in der zweiten schriftlichen Befragung:

„Wir sprechen als Team deutlich mehr und strukturierter über notwendige Veränderungsprozesse und dadurch konnten konkrete Veränderungen stattfinden.“
„Das Team ist für viele Themen sensibilisiert, reflektiert die Arbeit und den Alltag auf neue Weise. Strukturen und eingefahrene Regeln / Gewohnheiten wurden geändert. Zwar erst langsam, aber stetig.“

In der zweiten schriftlichen Befragung sollten die Fachkräfte unterschiedliche Optionen hinsichtlich ihrer Relevanz bezüglich der Aufrechterhaltung und Weiterentwicklung des Inklusionsprozesses bewerten.[12] Der regelmäßige Austausch im Team und die konkrete Zusammenarbeit an der Thematik wurde hier von 77 % der Fachkräfte als sehr wichtig und von 23 % der Fachkräfte als wichtig erachtet[13], womit diese Option neben der Verbesserung personeller Rahmenbedingungen und der regelmäßigen Reflexion und Arbeit an der eigenen Haltung/Einstellung als eine der drei wichtigsten bewertet wurde.

Zusammenarbeit mit Integrationshelfer:innen: Integrationshelfer:innen kommen zumeist regelmäßig für mehrere Stunden pro Woche in eine Einrichtung, um ein Kind intensiv zu betreuen und um ergänzend und unterstützend mit den pädagogischen Fachkräften in der Gruppe zu arbeiten. Im Zusammenhang mit inklusionsbezogener Qualität ist vor allem die Diffusität der Rolle der Integrationshelfer:innen im Kitaleben problembehaftet. Da die personellen Ressourcen von Integrationshelfer:innen kindbezogen zugeordnet werden, kommt es in der pädagogischen Praxis oftmals zu widersprüchlichen Situationen, denn Kitaalltag bedeutet Gruppenalltag und Zuständigkeiten für einzelne Kinder stehen damit im Widerspruch zu dem Auftrag von Kitas. Häufig wird dieser Widerspruch in

12 Originalfrage: „Um den Prozess und die Weiterentwicklung im Hinblick auf die Umsetzung von Inklusion aufrecht zu erhalten und stetig weiter zu entwickeln, braucht es insbesondere…“
Zur Bewertung wurden 12 Optionen aufgeführt, für die es je vier Antwortmöglichkeiten, je nach Relevanz, gab: Sehr wichtig-wichtig-weniger wichtig-nicht wichtig.

13 Insgesamt antworteten 107 Fachkräfte. In absoluten Zahlen bewerteten 82 Personen den Austausch und die Zusammenarbeit im Team mit „Sehr wichtig“ und 23 Personen mit „Wichtig“.

der Praxis in der Form aufgelöst, dass das zu betreuende Kind von der Gruppe separiert wird, was effektiv Partizipation verhindert (vgl. Joyce-Finnern 2017, 139 ff.).

Während der teilnehmenden Beobachtung in den vier verschiedenen Kitas, in denen auch unterschiedliche Integrationshelfer:innen tätig waren, wurde deutlich, dass diese ihre Arbeit sehr unterschiedlich organisierten und auch deren Position innerhalb der Einrichtung unklar war bzw. dass es teilweise an Austausch zwischen ihnen und den Fachkräften fehlte.

Wie unterschiedlich die Integrationshelfer:innen agierten bzw. welche Beziehung sie zu „ihrem" Kind hatten, verdeutlichen folgende Ausschnitte aus Beobachtungsprotokollen:

Eine Integrationshelferin kommt mit dem Jungen, den sie betreut, in den Frühstücksraum. Wir sitzen an dem Tisch, an dem sie sich auch mit dem Jungen, den sie betreut, setzt. (...) Sie sagt: „Ich weiß gar nicht, was ihr hier beobachten wollt! Alles hängt sowieso nur davon ab, wie das Team zusammenarbeitet!" Sie hält sich während der gesamten Frühstückszeit an seiner Seite auf. Als der Junge sein Geschirr nicht abräumen möchte, sagt sie: „Sonst kannst du das doch auch!" Auch betont sie uns gegenüber, was der Junge alles schon gelernt habe, seitdem sie ihn betreut und was für Fortschritte er gemacht habe. (Ausschnitt aus einem Beobachtungsprotokoll).

Diese Integrationshelferin begleitet hier das Kind, dem sie formal zugeordnet ist, in der beobachteten Situation eng. Sie ist offenbar nicht informiert über die Anwesenheit der Forscherin und eröffnet dabei das Gespräch gegenüber der Beobachterin, indem sie explizit auf die Relevanz der Zusammenarbeit im Team hinweist, verbunden mit der Information, es gäbe in der Situation selbst nichts zu beobachten. Damit führt wie eine zweite Ebene in die pädagogische Situation ein, denn der Umstand, dass hier pädagogisches Handeln beobachtet wird, wird damit explizit. Dies wird noch verstärkt, indem sie die Fortschritte des Kindes mit ihrer Professionalität verknüpft und so der Beobachterin gegenüber Rollensicherheit signalisiert. Ihre Rolle sieht sie dem folgend hauptsächlich darin, den Jungen in Einzelbetreuung zu fördern und zu unterstützen. Während des Essens hat der Junge keinen erkennbaren Kontakt zu anderen Kindern. Im Gespräch mit den Beobachterinnen deutet die Integrationshelferin das Verhalten des Jungen jeweils in Bezug auf seine Beeinträchtigung. Mit Blick auf die formale Zuordnung der Integrationshelferin zu dem Kind, die sich allein über eine, bei dem Kind diagnostizierte Beeinträchtigung begründet, kann dies als Rollenversicherung in Bezug auf einen eigentlich unerfüllbaren Auftrag gesehen werden (Joyce-Finnern 2017). Denn die Anwesenheit der Integrationshelferin ist formal über ein Defizit des Kindes begründet, ihr Zuständigkeitsbereich ist allein kindbezogen. Entsprechend schwierig ist es für sie, auf dieser Basis eine pädagogische Praxis zu entwickeln, die dies übersteigt und Partizipation des Kindes am Gruppengeschehen stärkt. Würde das Kind von ihr als selbstständig agierendes und kompetentes Individuum gesehen und so adressiert werden, so würde dies ihre eigene „Daseinsberechtigung" in der Gruppe in Frage stellen.

Es ist nicht klar, ob die Weigerung des Kindes, sein Geschirr abzuräumen von der Integrationshelferin als Entwicklungsrückschritt oder Widerstand gegen Fremdbestimmung gedeutet wird (*„Sonst kannst du das doch auch immer").* In der gruppenöffentlichen Kommentierung seiner Weigerung bzw. seines Unvermögens wird das Kind dabei nicht erkennbar als handlungsfähiger Akteur adressiert, sondern als defizitäres und entsprechend gezielt zu förderndes oder zu disziplinierendes Wesen. Im Kita-Alltag gibt es viele Kinder, die nicht jeden Tag ihr Geschirr abräumen. Auch an diesem Tag verließen viele Kinder den Essensraum, ohne ihren Platz aufzuräumen. Die Ansprachen an diese Kinder erfolgten aber nicht in der gleichen Weise entwicklungs- oder disziplinierungsbezogen. Es zeigt sich somit die Relevanz von Rollenklärungen im gesamten pädagogischen Personal der Kita, womit auch die Beteiligung aller dort Tätigen an entsprechenden Entwicklungsprozessen, Fortbildungsmaßnahmen etc. impliziert ist.

In einer anderen Einrichtung wurde die Betreuung eines Mädchens durch eine Integrationshelferin so ausgeführt, dass das Mädchen durchgängig von der Gruppe separiert war und keinerlei Kontakt zu Gleichaltrigen beobachtet werden konnte, wie folgender Ausschnitt aus einem Beobachtungsprotokoll beschreibt:

In der Gruppe kommt kurz vor 9 Uhr eine Frau in den Raum. Ich kenne ihre Funktion nicht, deshalb denke ich zunächst, es sei eine weitere Erzieherin. Sie sagt „Hallo!". Die drei Fachkräfte (zwei Erzieherinnen und eine Praktikantin) grüßen kurz zurück, blicken aber nicht auf. Die Frau geht in den Nebenraum, um ihre Sachen abzulegen und ich gehe hinterher, um mich vorzustellen. Sie erzählt mir dann, dass sie für die Einzelbetreuung von Anna zuständig sei, sie benutzt für sich selbst dabei die Bezeichnung „Krankenpflegerin". Als Anna in die Gruppe gebracht wird, verlässt die Integrationshelferin mit ihr den Gruppenraum, deshalb ist mir zunächst nicht bewusst, dass Anna auch zur Gruppe gehört, weil sie kaum im Raum ist und auch von den Erzieherinnen nicht beachtet wird: Für Anna scheint nur die Integrationshelferin zuständig zu sein. […] Einige Zeit später kommt die Integrationshelferin wieder mit Anna in den Gruppenraum und setzt sich mit ihr an einen separaten Tisch, wo sie Anna beim Essen unterstützt. Mit den anderen Kindern oder den Erzieherinnen gibt es keine Interaktion. Parallel dazu gibt es für die anderen Kinder einen Gemüseteller mit Rohkost als Zwischenmahlzeit. Dieser wird auf einem anderen Tisch abgestellt, die Kinder setzen sich dort und können sich frei bedienen. […] Einmal steht eine Erzieherin auf und bietet Anna den Teller an, bzw. fragt, ob Anna auch etwas möchte. Die Integrationshelferin antwortet für sie. Sie verneint es, da Anna bei ihrem eigenen Frühstück schon Gurke hatte. Die Erzieherin stellt den Teller wie-

der zu den anderen Kindern auf den Tisch. [...] Auch am Morgenkreis nimmt Anna nicht teil. Die Integrationshelferin setzt sich, während die anderen Kinder mit den Erzieherinnen im Morgenkreis sitzen mit Anna auf ein Sofa in einer anderen Ecke des Raumes, wo sie sich ihr zuwendet. Weder Anna, noch die Integrationshelferin werden in die Aktivitäten der Gruppe einbezogen. Es gibt keinerlei Kontakte zwischen Anna und den anderen Kindern und auch die Integrationshelferin kommuniziert kaum mit den Erzieherinnen.

In dieser Gruppe wird der widersprüchliche Auftrag, nämlich die exklusive Zuständigkeit der Integrationshelferin für ein einzelnes Kind innerhalb der sozialen Situation des Gruppenalltags, in der Weise gelöst, dass das soziale Setting „Gruppe" von Seiten der Integrationshelferin ignoriert wird, während umgekehrt die Anwesenheit des Kindes Anna und der Integrationshelferin von Seiten der Erzieherinnen fast vollständig ausgeblendet wird.

Die Erzieherinnen gehen nicht in Kontakt zu Anna und beziehen sie nicht in Aktivitäten ein. Den Kindern, die zeitgleich mit Annas Frühstück eine „Gemüsepause" machen, d. h. eine Zwischenmahlzeit einnehmen, wird diese auf einem anderen Tisch bereitgestellt, sodass Anna mit ihrer Integrationshelferin separiert sitzt. Der einzige Kontakt, der zwischen der Gruppe mit der Erzieherin und Anna mit der Integrationshelferin beobachtet werden konnte, besteht darin, dass eine der Erzieherinnen aufsteht und mit dem Gemüseteller zu Anna geht, um ihr hiervon etwas anzubieten. Die Integrationshelferin antwortet stellvertretend für das Kind und lehnt es ab, ohne Annas Reaktion abzuwarten. Die hier beobachtete separierende Praxis der Fachkräfte fand sich in dieser Kita im sozialen Handeln der Kinder wieder – ein systemischer Effekt, der auch aus anderen Studien bekannt ist (vgl. Joyce-Finnern 2017). Jedenfalls nahmen die Kinder ebenfalls keinen Kontakt zueinander auf. Beide soziale Situationen verliefen fast durchgehend so, als wären die jeweils anderen Personengruppen nicht im gleichen Raum. Gruppensituation und Einzelzuwendung fanden somit zwar im gleichen Raum statt, aber in voneinander getrennten sozialen Sphären. Es war in der Beobachtungssituation nicht ersichtlich, ob Anna von den Kindern als Teil der Gruppe betrachtet wird. Während des beobachteten Vormittags war sie nur ungefähr eine halbe Stunde im Gruppenraum und dies nur in enger Einzelbetreuung mit ihrer Integrationshelferin. Annas sozialer Kontakt in der Kita beschränkt sich offensichtlich mehr oder weniger auf eine Erwachsene, während alle anderen Kinder miteinander und mit verschiedenen Erwachsenen in Interaktion treten.

Unverbundenes Agieren der Erzieher:innen mit der Kindergruppe auf der einen Seite und der Integrationshelferin mit „ihrem" Kind auf der anderen Seite wurde auch in einzelnen anderen Gruppen beobachtet, allerdings auch Handlungsalternativen hierzu, die eine stärker an Partizipation ausgerichtete Rolle der Integrationshelferin im Kita-Alltag ermöglichen:

Im Bauraum kommt um kurz vor neun Uhr eine Integrationshelferin herein. Sie wird, sobald sie den Raum betreten hat, von vielen Kindern freudig begrüßt. Während sie mit mir auf der Bank sitzt, kommen mehrere Kinder zu ihr, begrüßen sie, erzählen ihr von ihren Sorgen/Geschehnissen/dem Alltag oder wollen unbedingt mit ihr spielen. Sie scheint für die Kinder generell eine Vertrauens- und Bezugsperson zu sein. Ihr „Betreuungskind" begrüßt sie sehr freudig und herzlich. Danach verlässt sie mit einer Teilgruppe die Kita, da diese alle zusammen einen Ausflug machen (Ausschnitt aus einem Beobachtungsprotokoll).

Diese Integrationshelferin ist hier merklich Teil der Gruppe, was insbesondere durch die vielfältigen Interaktionen zwischen ihr und vielen verschiedenen Kindern deutlich wird. Alle Kinder sprechen sie als Bezugsperson an, es wird hier keine Einzelbetreuungssituationen kreiert, sondern eine Gruppenaktivität, bei der sowohl die Integrationshelferin als auch das von ihr betreute Kind in bestehende Aktivitäten integriert sind.

Im Verlauf des Projektes wurde eine separierende Arbeit der Integrationskräfte zunehmend kritisch hinterfragt. In der zweiten Fragebogenerhebung antwortete eine Fachkraft auf die Frage, was sich durch das Projekt verändert habe:

„Wir sind kritisch dazu, wie die Integrationshelfer arbeiten – ihr Kind rausziehen aus der Gruppe, mit ihm was ganz Eigenes machen, das nicht mit uns abgestimmt ist. Das gibt immer ein halbes Drama für das Kind."

Die Rolle der Integrationshelfer:innen ist, wie oben ausgeführt, widersprüchlich zum pädagogischen Setting in Kitas und damit nicht eindeutig. Aus den Beobachtungen heraus lässt sich insgesamt sagen, dass diese Struktur eine Barriere für Inklusion darstellt. Die Zusammenarbeit mit Integrationshelfer:innen und die soziale Teilhabe von Kindern mit Integrationshelfer:innen in der Gruppe sollten daher im Rahmen der Entwicklung inklusiver Qualität unbedingt kritisch geprüft werden.

Vertiefung mit dem Index für Inklusion

Für eine weiterführende Auseinandersetzung mit der Thematik eignen sich z. B. folgende Indikatoren und Reflexionsfragen aus dem Index für Inklusion (GEW 2015)

A 1.3: Gemeinschaft bilden. Das Gesamtteam arbeitet gut zusammen (GEW 2015, S. 51), z. B.:

e) *Wie werden die unterschiedlichen Kompetenzen der Mitarbeiter:innen im Team genutzt?*
i) *Werden alle Mitarbeiter:innen zu den Teamsitzungen eingeladen?*
k) *Ist die Kooperation zwischen den Erwachsenen ein Modell für die Kooperation zwischen den Kindern?*

5.8 Rolle der Träger

Mit Veränderungsimpulsen und Qualitätsanforderungen geht zumeist die Forderung nach besseren Rahmenbedingungen einher, konkret nach mehr Personal, mehr zeitlichen Ressourcen und der Verbesserung räumlicher Rahmenbedingen. Im Kontext von Inklusion in Kindertageseinrichtungen wird hierin je nach Blickwinkel entweder eine Grundvoraussetzung oder eine logische Konsequenz der menschenrechtlichen Verpflichtungen zur Realisierung inklusiver Bildung gesehen. Damit sich eine Kindertageseinrichtung wirkungsvoll weiterentwickeln und neue Ideen gewinnbringend umsetzen kann, ist deshalb eine enge Zusammenarbeit mit dem und eine konkrete Unterstützung durch den Träger relevant.

Die an dem Projekt teilnehmenden Kitas gehörten zu unterschiedlichen kommunalen, sowie kirchlichen und privaten Trägern. In der zweiten Fragebogenerhebung gaben 70 % der Fachkräfte (n=107) an, die Unterstützung durch den Träger als sehr wichtig zu erachten. Die meisten der befragten Leitungskräfte wünschten sich mehr Engagement des Trägers. Der konkrete Austausch zwischen dem Träger und dem Team bzw. der Leitungskraft der Kitas im und zum Projekt wird seitens der Kitaleitung als unterschiedlich intensiv beschrieben.

Wunsch nach Öffentlichkeitsarbeit: In vielen Interviews wurde der Wunsch nach Öffentlichkeitsarbeit seitens des Trägers formuliert:

„Ja, vom Träger brauchen wir die Unterstützung, dass er hinter uns steht. Und deshalb ist es auch immer ein Punkt, das Bild in der Öffentlichkeit, dass man sich halt als Einheit präsentiert mit dem Träger zusammen. Das wollen wir jetzt einfach auch vermehrt machen" (Leitungskraft, Interview 2015).

Unterstützung durch den Träger wird in diesem Interview auch als öffentliche Darstellung und Würdigung der Leistungen der Kita verstanden und Öffentlichkeitsarbeit mit einer loyalen Haltung von Seiten des Trägers verknüpft. Dieser soll „hinter der Einrichtung" stehen, sodass beide von außen als „Einheit" wahrgenommen werden können.

„Und den Wunsch von meiner Seite die Öffentlichkeit mehr zu informieren. Der Öffentlichkeit klar zu machen, dass es halt nicht zum Nulltarif gehen wird. Auch wenn die Träger unterschrieben haben, dass sie da alle mitmachen, werden die Träger, denke ich, relativ schnell sagen „aber finanziell sind uns die Hände gebunden." Also da auch klar zu machen Inklusion bedeutet nicht nur „wir lösen etwas, was so oder so auf uns zukommt", sondern Inklusion bedeutet auch, dass die, die es umsetzen sollen, auch die Unterstützung brauchen der Gesellschaft, der Politik und vor allen Dingen auch die finanziellen Ressourcen. Das ist das, was ich mir eigentlich so wünsche. Also „tu Gutes und sprich darüber" (Leitungskraft, Interview 2015).

Betont wird hier mehr die Zielrichtung eines politischen und gesellschaftlichen Wirkens des Trägers, um auf die Notwendigkeit einer angemessenen finanziellen Ausstattung für inklusives Arbeiten aufmerksam zu machen. Außerdem wird vom Träger gefordert, verlässliche Rahmenbedingungen zu schaffen, um die angestrebte inklusionspädagogische Qualität der eigenen Arbeit abzusichern:

„Also, wenn jetzt für jedes Kind, unabhängig davon ob es eine Beeinträchtigung hat oder nicht, Platz da sein sollte, dann müsste natürlich auch entsprechend Personal da sein, dann müssten die Räumlichkeiten da sein. Das sind dann Dinge, die halt der Träger auch in Angriff nehmen muss. Also das wären so Dinge, wo man einfach Unterstützung braucht" (Leitungskraft, Interview 2015).

Neben der Forderung nach angemessenen Rahmenbedingungen in der Breite wird hier auch betont, dass es als große Unterstützung wahrgenommen wird, die Möglichkeit zur Teilnahme an den Fortbildungen (Schließtage für Fortbildungen) durch den Träger erhalten zu haben. Dieser Punkt ist auch mit Blick auf die oben herausgearbeitete spezifische Stärke der Verknüpfung von Fortbildung und Prozessbegleitung über einen längeren Zeitraum von besonderer Bedeutung.

Vertiefende Reflexion mithilfe des Index für Inklusion

Für eine vertiefende und weiterführende Auseinandersetzung mit der Thematik eignen sich folgende Indikatoren und Reflexionsfragen aus dem Index für Inklusion (GEW 2015):

A 1.7 Gemeinschaft bilden. Die Beschäftigten arbeiten gut mit dem Träger zusammen (GEW 2015, S. 55), z. B.:

- e) *Sind die Trägervertreter:innen willkommen, sich an den Veränderungsprozessen der Einrichtung zu beteiligen?*
- f) *Sind die Kompetenzen und Zuständigkeiten der Trägervertreter:innen bekannt und werden sie geschätzt?*
- g) *Nehmen Trägervertreter:innen und Beschäftigte gemeinsam betriebliche Fortbildungsmaßnahmen wahr?*

Zusammenfassend lässt sich damit sagen, dass der Unterstützung durch den Träger für die Weiterentwicklung und Umsetzung von Inklusion eine vergleichsweise hohe Bedeutung zukommt, die in ähnlichen Projekten unbedingt Aufmerksamkeit erfahren sollte.

6 Schlüssel zur Inklusion: Konzeptionelle Schlussfolgerungen

Abschließend werden in diesem Kapitel Gelingensfaktoren und Qualitätshebel zusammenfassend dargelegt, die inklusionsbezogene Entwicklungen in Kitas bestärken können, um diese für Transfer und Entwicklungen in die Breite nutzbar zu machen.

6.1 Einrichtungsentwicklung und Professionalisierung

Die Entwicklung einer inklusiven Frühen Bildung, Erziehung und Betreuung in Kindertageseinrichtungen stellt mit Blick auf die aktuelle gesellschaftliche Lage und menschenrechtliche Weisungen als programmatisches Ziel eine nicht verhandelbare Notwendigkeit dar.

Programmatiken aber können nicht einfach „top-down" verordnet werden, sondern brauchen kommunikative Vermittlung und Begleitung, um vor Ort in pädagogische Praktiken gewendet werden zu können. Es genügt folglich nicht, Kitas dazu per Verordnung „anzuweisen" oder mittels normativ vermittelter Argumente dahingehend unter sozialen Druck zu setzen, alle Kinder im Sinne inklusiver Einrichtungsqualität willkommen zu heißen. Auch genügt es nicht, spezifische Wissenskataloge zur Verfügung zu stellen, die dann „gelernt" und standardisiert angewendet werden könnten. Denn kennzeichnend für professionelles Handeln pädagogischer Fachkräfte ist vor allem, in der Handlungspraxis fallbezogen und situationsangemessen reagieren zu können (Nentwig-Gesemann, Fröhlich-Gildhoff, Harms & Richter, 2011). Die Professionalität von pädagogischen Fachkräften in der Frühen Bildung ist daher insgesamt weder auf eine Haltung noch auf technologisch anzuwendende Strategien zu reduzieren. Sie entwickelt sich vielmehr aus der Verknüpfung von Wissen und Reflexion (Oevermann 1996), indem kritisch auf das situationale Handeln (zurück)geblickt wird (vgl. auch Hamacher & Seitz 2020). Das Kompetenzmodell (Nentwig-Gesemann, Fröhlich-Gildhoff, Harms & Richter, 2011, S. 11 ff.), das auch der Konzeption des Modulhandbuchs zugrunde gelegt wurde (Schmude & Pioch 2015) greift dies auf und zielt insgesamt auf eigenverantwortliches und fachlich begründetes Handeln in komplexen, mehrdeutigen und nicht vorhersehbaren Situationen ab.

Grundlegend für die hier reflektierte Projektkonzeption war folglich der Gedanke, dass es eine – komplexe – Verbindung gibt zwischen den Dispositionen (auch: Haltungen, Überzeugungen, handlungsleitenden Orientierungen), die auch unbewusst sein können, und dem beobachtbaren Handeln von pädagogischen Fachkräften im Kita-Alltag (Fröhlich-Gildhoff, Nentwig-Gesemann & Pietsch, 2011, S. 17 ff; Nentwig-Gesemann, Fröhlich-Gildhoff, Harms & Richter, 2011, S. 11 ff.). Beispielsweise sind unbewusste normative Vorstellungen zur Zweigeschlechtlichkeit bedeutungsvoll für die Beobachtung von Spielsituationen zwischen Kindern und das diesbezügliche pädagogische Handeln. Diese Orientierungen leiten das Handeln jedoch nicht in einer einfachen kausalen Wirkungskette, sondern sind eingebettet in unterschiedliche situationsbezogene Reflexionen und werden dabei „abgestimmt“ mit dem unterschiedlichen professionellen Wissen, verinnerlichten pädagogischen Leitideen und fallspezifischen Einschätzungen der konkreten Situation. Dies wurde auch in den oben dokumentierten Beobachtungen und herausgefilterten Schlüsselthemen deutlich (vgl. Kap. 5). Dabei zeigte sich aber auch, dass diese komplexen Verflechtungen über reflexiv angelegte Methoden von Prozessbegleitung bewusst gemacht werden können und diese Methoden so einen Beitrag zur Professionalisierung leisten können (Fröhlich-Gildhoff, Weltzien, Kirstein, Pietsch & Rauh 2014; Seitz & Hamacher 2020).

Das konkrete Handeln der Einzelnen ist dabei zugleich in die Dynamik der jeweiligen Einrichtungen eingebunden, denn pädagogische Orientierungen werden innerhalb der Einrichtungskulturen offen oder unbewusst verhandelt und aufeinander abgestimmt. Daher ist die professionelle Entwicklung Einzelner kein solitärer Prozess, vielmehr sind die pädagogischen Handlungs- und Gestaltungsspielräume und Entwicklungsmöglichkeiten der pädagogischen Fachkräfte eingebettet in die Kommunikation im Team, das Einrichtungsklima und das pädagogische Gesamtkonzept der Kita. Anders gesagt sind inklusive pädagogische Praktiken nicht unabhängig von inklusiven Kulturen und inklusiven Strukturen (GEW 2015). Daher können die Verflechtungen von Orientierungen und konkreten Handlungspraktiken am ehesten in der teambasierten reflexiven Auseinandersetzung der Akteur:innen bearbeitet werden, um so gemeinsam an der Entwicklung inklusionsbezogener Qualität in der Kita zu arbeiten.

Die Etablierung inklusiver Pädagogik in der Kita betrifft nicht allein die strukturellen Regularien, sondern auch die sozialen Praktiken und das pädagogische Handeln in Kitas: Vor allem aber berührt es die Orientierungen des in den Kitas tätigen Fachpersonals, die den pädagogischen Praktiken hinterlegt sind und deren Aushandlung im Team. Wirksame Veränderungsprozesse in Richtung inklusiver Qualität lassen sich daher weder allein über die Vermittlung von Wissenskatalogen noch von methodischem „Handwerkszeug“ für das pädagogische Handeln erreichen. Vielmehr erfordert dies die Arbeit am pädagogischen Grundkonsens und die diskursive Auseinandersetzung mit der Kita als Bildungsinstitution, um Gestaltungsspielräume entdecken und ausgestalten zu können, was sich unter anderem im Kontext des Übergangs zur Schule zeigte.

Die von uns herausgearbeiteten positiv wirksamen Schlüssel zur Entwicklung inklusiver Qualität werden in den folgenden Abschnitten zusammenfassend dargelegt und konzeptionell konkretisiert, um sie für anschließende Programme und Projekte transferierbar zu machen.

6.2 Verknüpfung von Fortbildung und Prozessbegleitung

Inhouse-Schulungen können entscheidend dazu beitragen, Reflexionsprozesse und Austausch im Team zu stärken. Über Prozessbegleitung kann es gelingen, auch Impulsen, die Irritationen auslösen, nicht mit Widerstand, sondern mit Offenheit und Veränderungsbereitschaft zu begegnen. Innerhalb der Teams konnten so Orientierungen, Überzeugungen und Handlungsweisen kommuniziert und reflektiert werden und konkrete Veränderungsprozesse im pädagogischen Handeln und der täglichen Kitapraxis initiiert werden. Inklusion wurde dabei von den Fachkräften zunehmend verstanden als Prozess, der ein Bewusstmachen des Vorhandenen erfordert und hieran anknüpft und darüber eine Weiterentwicklung des eigenen Konzepts ermöglicht – und nicht als ein neues Arbeitsgebiet im additiven Sinn. Der deutlich erkennbare Zuwachs an reflexivem Handlungswissen betrifft vor allem soziale Vielfalt, Dominanzverhältnisse, Bildungsgerechtigkeit und Partizipation. Die Fortbildungen regten die Teams vor allem zur Reflexion von Partizipationsmöglichkeiten und Machtdynamiken innerhalb der Einrichtungen an. Dies bezog sich sowohl auf die Hierarchieverhältnisse innerhalb der Teams bzw. zwischen Team und Leitung als auch auf die Partizipation von Kindern und den Machtgebrauch von pädagogisch handelnden Erwachsenen gegenüber Kindern. Darüber hinaus konnten innerhalb der Fortbildungen Barrieren für Inklusion auf verschiedenen Ebenen der Einrichtung identifiziert und bearbeitet werden. Als hinderlich für die gemeinsamen Entwicklungsprozesse der Teams zeigte sich dabei eine hohe Fluktuation von Mitarbeiter:innen in einigen der Teams. In den Teams mit häufigen Wechseln konnte so nur schwer ein gleichsinniger Kenntnis- und Erfahrungsstand im Hinblick auf die umfangreichen und vielfältigen Inhalte der Fortbildungen gewährleistet werden.

Begründet durch standortspezifische Anforderungen und Konzeptunterschiede waren in den Fortbildungen für die verschiedenen Teams unterschiedliche thematische Schwerpunkte relevant, sodass individuelle Zugänge in den Interventionen notwendig wurden. Die Prozessbegleiter:innen lösten sich deshalb im laufenden Prozess zunehmend von den konkreten Vorgaben des Manuals, um Inhalte und Methoden passgenau auf die jeweiligen Bedarfe der Teams zuschneiden zu können. Dieses Vorgehen, bei der das Fortbildungsmanual als Orientierung genutzt wird, die Umsetzung aber auf dieser Basis zielgruppenspezifisch modifiziert erfolgt, setzt eine hohe fachliche und erwachsenendidaktische

Kompetenz der Prozessbegleitung voraus, wenn dabei keine Beliebigkeit entstehen soll. Die fachlich souveräne und zugleich flexible und bedarfsorientierte Vorgehensweise der Prozessbegleitung war dabei ein zentrales Kriterium für den Erfolg der Fortbildungen und erklärt den hohen Zuspruch der Teams, die die Fortbildungen entsprechend als nah an ihrer Praxis und motivierend wahrnahmen.

Für Fortbildungen zur inklusionsbezogenen Entwicklung von Kita-Teams ist es hier anknüpfend zunächst empfehlenswert, diese kontinuierlich, strukturiert und aufeinander aufbauend anzubieten und nicht punktuell. Außerdem ist impliziert, diese prozessnah und an die tägliche pädagogische Praxis anknüpfend anzulegen. Hierfür sollten zunächst die Bedarfe und aktuellen Themen der Teams eruiert werden, um Anschlussfähigkeit abzusichern und auf dieser Basis Inhalte und Methoden auf der Grundlage eines eher allgemeinen Manuals für die Inklusionsfortbildung einrichtungsbezogen anzupassen, anstatt einen Katalog relevanten Wissens bzw. konsekutiven Kompetenzerwerbs lückenlos „abzuarbeiten".

6.3 Der Index für Inklusion als Instrument für Qualitätsentwicklung

Der Index für Inklusion (GEW 2015; Booth, Ainscow & Kingston 2006b) wurde von den Fachkräften mehrheitlich als ein sinnvolles und gewinnbringendes Arbeitsinstrument für die inklusionsbezogene Qualitätsentwicklung bewertet.

Die Arbeit mit dem Index für Inklusion ist dabei insgesamt als ein demokratischer Prozess der Kitaentwicklung konzipiert, sodass allein diese Struktur nicht ohne Einfluss auf das demokratische Klima einer Einrichtung sein kann. Der Konzeption folgend bezieht ein „Index-Prozess" neben Team und Leitung auch weitere Akteur:innen ein und kann so zu einem stärkeren Bewusstsein darüber führen, dass sich Kitas nicht „im luftleeren Raum" entwickeln, sondern in Regularien und Strukturen eingebunden sind und sich diese – wie auch in unserer Untersuchung deutlich wurde – nicht immer reibungsfrei mit dem Inklusionsprozess vereinbaren lassen.

Spezifisch für das Index-Material ist dabei die Arbeit mit offenen Fragen (GEW 2015). Die pädagogischen Fachkräfte gaben dabei im hier beschriebenen Projekt an, dass die „Index-Fragen" zur Reflexion anregten und Impulse für inhaltliche Auseinandersetzungen im Team gaben. Dies entspricht der Konzeptionsidee des Instruments, zu einer reflexiven Durchdringung und Analyse der pädagogischen Arbeit und der demokratischen Einigung über nächste Entwicklungsschritte der Einrichtung als Ganze beitragen zu wollen. Daher sind die Fragen zumeist nicht auf Anhieb zu beantworten, sondern erfordern diskursive Auseinandersetzung der Beteiligten. Sie stellen somit einen Ausgangspunkt für die

Diskussion um Weiterentwicklungsmöglichkeiten einer Kindertageseinrichtung dar, die regelmäßig thematisiert werden sollten und entsprechend Zeit erfordern.

Die Arbeit mit dem Qualitätsentwicklungsinstrument wurde von den pädagogischen Fachkräften insgesamt als neu und ungewohnt beschrieben, was den Zugang zum Index für viele pädagogische Fachkräfte zunächst erschwerte. Hier wäre im Rahmen der Fortbildungen mehr Zeit nötig gewesen, um sich mit dem Material und der Arbeitsweise vertraut zu machen. Selbst einzelnen Mitgliedern der Index-Teams war die Arbeitsweise zum Projektende nach eigenen Aussagen noch fremd und folglich in der Einrichtung noch wenig etabliert, sodass eine nachhaltige eigenständige Weiterarbeit mit dem Index nur bruchstückhaft erfolgte.

Viel Aufmerksamkeit erforderte die Kooperation der Index-Teams mit dem Gesamtteam. Aus Sicht der Index-Teams lag dies an fehlendem Wissen um die Arbeit der Index-Teams oder an Konkurrenz um die damit verbundenen Stundenressourcen, was beides auf die Notwendigkeit von Kommunikation hierzu und Transparenz innerhalb des Gesamtteams hinweist.

Sollen Indexteams als Qualitätshebel wirken, so zeigen sich zunächst auf struktureller Ebene feste und verlässliche Termine, die außerhalb des Gruppenbetriebs liegen, als ertragreich. Auf der kulturellen und praktischen Ebene trägt hierzu vor allem eine enge und vertrauensvolle Kooperation zwischen Index-Team und Gesamtteam bzw. Leitung bei (falls diese nicht im Index-Team vertreten ist). Dabei ist es wichtig, dass allen Personen im Kita-Team von Anfang die Index-Arbeit und die Mitwirkungsmöglichkeiten der Einzelnen transparent gemacht werden. Deshalb erscheint es angezeigt, bei der Planung vergleichbarer Programme und Projekte die Teams früh im Prozess mit dem Arbeitsinstrument und den Arbeitsweisen vertraut zu machen. Das gesamte Team sollte in die Methodik eingeführt werden und den Index-Prozess erproben können, auch um frühzeitig Erfolge im Index-Prozess zu erleben. Über die teambasierte und praxisbezogene Auseinandersetzung mit den Fragestellungen des Index sowie die Identifizierung von Barrieren in den Einrichtungen im Gesamtteam ist es möglich, im Konsens erste Entwicklungsschritte zu sondieren und von hier aus das Index-Team zu beauftragen, weitere Schritte in Kooperation mit dem Gesamtteam zu initiieren und zu stärken.

6.4 Inklusionsbezogenes reflexives Wissen

Eine zentral bedeutsame Veränderung im Entwicklungsprozess betraf das Inklusionsverständnis der Beteiligten. Während zu Beginn der Projektlaufzeit viele Fachkräfte den Begriff Inklusion mit der Differenzkategorie Behinderung verbanden und projektbezogen entsprechende inhaltliche Erwartungen hatten, wurde diese Sicht im Projektverlauf weiter entwickelt zu einem Begriffsverständnis von Inklusion als Reflexionsfolie für die vielfältigen Ein- und Ausschlussprozesse im Alltag von Kindertageseinrichtungen.

Während sich also die Erwartung vieler Fachkräfte an das Projekt zunächst auf den Aufbau eines behinderungsspezifischen Wissens und den Erwerb von entsprechenden Kompetenzen im Umgang mit Behinderung bezog, erweiterte sich hier der Blick umfassend. Diese veränderte Sicht auf Inklusion wird von den Fachkräften im Rückblick als wesentlicher Erkenntnisgewinn der Auseinandersetzung mit Inklusion benannt. Hiermit gehen konkrete Konsequenzen auf unterschiedlichen Ebenen einher: So werden den Schilderungen folgend sowohl die unterschiedlichen Lebenslagen von Familien als auch die Heterogenität innerhalb des Kollegiums als zentrale Aspekte reflexiven pädagogischen Handelns stärker einbezogen.

Dieser veränderte Blickwinkel wirkte vielfach als Impulsgeber für die Entwicklung von Teamstrukturen und als Motor für die Qualitätsentwicklung der Einrichtungen in der Breite. Die im Projekt angestoßenen Veränderungen auf der Ebene der Orientierungen zeigten allerdings nicht zwangsläufig eine Kongruenz zur Umsetzung pädagogischen Handelns, insbesondere hinsichtlich der Partizipation von Kindern.

Dies verweist exemplarisch auf die komplexen Dynamiken zwischen Orientierungen, deren Reflexion und der Kommunikation hierüber sowie deren „Übersetzung" in das konkrete pädagogische Handeln. Denn diese komplexen Zusammenhänge sind nur indirekt von außen steuerbar und erfordern reflexiv angelegte Beratung und Begleitung über einen längeren Zeitraum, etwa in Form von Fachberatung, dies wurde im Projektverlauf deutlich. So können eine dialogische und wertschätzende Haltung gegenüber Kindern und deren Einbezug in Entscheidungsprozesse als zentral bedeutsame Voraussetzungen für Partizipation gesehen werden. Fachkräfte weisen diesen Aspekten eine hohe Bedeutung zu, reflektieren aber auch selbstkritisch die Prozesshaftigkeit der Anforderung, diese Überzeugung in entsprechend reflexives Handeln zu „wenden". Die im Projektverlauf erworbene Selbstreflexionskompetenz deckte an einzelnen Stellen auch Widersprüche zwischen eigener Orientierung und Handlung auf und machte es so möglich, diese zu erkennen und zu bearbeiten. Die externe Perspektive, wie sie im Projekt durch die Prozessbegleitungen bereitgestellt wurde, konnte in diesem Kontext wertvolle Impulse liefern, die zu einer stärkeren Einbeziehung von Kindern beitragen, wie wir zeigen konnten. Es wurde folglich deutlich, dass Selbstreflexionsprozessen nachhaltig Raum und Unterstützung durch externe Begleitung gegeben werden muss, damit sie Wirksamkeit zeigen und die Fachkräfte reflexive Handlungspraktiken entwickeln können.

6.5 Übergänge und Vernetzungen

Die institutionelle Verortung von Kita und Schule im Bildungssystem erwies sich in der Untersuchung als einflussreicher als vorab vermutet. Dabei werden vielfach leistungsbezogene Anforderungen des Schulsystems thematisiert und teilweise problematisiert. Die Grundschule wird dabei, den Aussagen der pädagogischen Fachkräfte folgend, vor allem als exkludierende Institution wahrgenommen, in der eine Orientierung an normierten Leistungsanforderungen stärker ins Gewicht fällt als in Kitas. Kitas werden dem vielfach gegenübergestellt und als Schutzraum für die Kinder beschrieben.

Dieses Selbstverständnis führt jedoch zu widerspruchsreichen Verstrickungen. Denn das Anliegen der pädagogischen Fachkräfte, die Kinder vor künftigen Marginalisierungserfahrungen in der Schule zu bewahren, führt dazu, dass sie – so reflektieren es die befragten Fachkräften in den Interviews – den wahrgenommenen schulbezogenen Leistungsdruck bereits im gegenwärtigen Kita-Alltag an die Kinder weitergeben, um sie auf die antizipierten Anforderungen der Schule ausreichend vorzubereiten. Vorschulprogramme werden aus dieser Perspektive als präventive Maßnahme gegen zu erwartende Diskriminierungs- und Ausschlussprozesse in der Schule begriffen. Zugleich stehen sie aber aus Sicht vieler Fachkräfte im Widerspruch zu den eigenen pädagogischen Überzeugungen, zu denen u. a. eine Orientierung an den Motiven, Stärken und Themen der Kinder zählt.

Insgesamt wird dabei die konzeptionelle Ausgestaltung von Kitas als Bildungsinstitutionen als nicht hinreichend wahrgenommen, um ein späteres schulisches Scheitern zu vermeiden.

Die Tradition schulbezogener und kompensatorisch ausgerichteter Förderung von Kindern in der Kita wirkt hier offenbar in die Arbeit der Kindertageseinrichtungen hinein und führten bei den beteiligten Akteur:innen zu widersprüchlichen Anforderungen, die nur schwer kongruent zusammenzuführen sind. So ist die Normierung von Kindesentwicklung und Bildungsprozessen im Muster von Altershomogenisierung kaum widerspruchsfrei mit dem Anspruch auf Kindorientierung und der im Index für Inklusion explizit formulierten Anforderung, Vielfalt herauszufordern, zusammenzubringen.

6.6 Partizipation als Handlungspraxis

Partizipation ist ein Schlüsselkonzept inklusiver Frühpädagogik (Prengel, 2014). Dabei verbindet sich das Recht auf Teilhabe mit dem auf Selbst- und Mitbestimmung. Auf konzeptioneller Ebene zeigt sich dies als Verflechtung von demokratischer und inklusiver Pädagogik, was bedeutet, dass diese nicht konkurrierend nebeneinander stehen, sondern ineinander aufgehen. Partizipationsprozesse beziehen sich allerdings nicht allein auf Interaktionen zwischen Kindern sowie zwischen Kindern und Erwachsenen, sondern auch auf die Kultur der Einrichtung und die Partizipation unter Erwachsenen in der Zusammenarbeit. In der konkreten pädagogischen Handlungspraxis bedeutet dies, Kinder in Entscheidungsprozesse einzubinden und ihnen Mitsprache- und Entscheidungsrechte zu gewähren, aus denen sich Freiräume für eigenständiges Handeln in sozialer Zugehörigkeit ergeben (Prengel, 2016, S. 51; Seitz & Finnern 2012; GEW, 2015).

Besonders deutlich wurde, dass kooperative Zusammenarbeit im Team und eine geteilte Auffassung von gelingender inklusiver Praxis wichtige Gelenkstellen zur Realisierung von Partizipation darstellen.

Auch wurde deutlich, dass es nötig ist, sich sozialen Dynamiken zwischen Kindern mit einem offenen Blick zu nähern. Denn Partizipation zeigt sich nicht allein darin, dass alle Kinder teilhaben, sondern daran, dass alle als Persönlichkeiten anerkannt werden. Einschließungs- und Ausgrenzungsdynamiken unter Kindern können dabei sehr unterschiedlich motiviert sein. Dies bedeutet unter anderem, dass sich Partizipation auch daran zeigen kann, gemeinsam mit den Kindern eine Streitkultur zu entwickeln, wenn diese auf Wertschätzung und Anerkennung der Kinder beruht. Die pädagogischen Fachkräfte sind dabei wichtige Modelle der Kinder. Sie unterstützen die Kinder dabei, unterschiedliche Perspektiven einzunehmen, die eigenen Gefühle und Bedürfnisse zu formulieren und selbsttätig Lösungen für Probleme zu entwickeln. Darüber hinaus zeigt sich eine partizipative Kultur der Einrichtung insbesondere auch in der Mitbestimmung der Kinder bei der Gestaltung von Alltagssituationen wie den täglichen Mahlzeiten. Indem Kinder gemeinsam Lösungsstrategien für Fragen, die sie betreffen entwickeln, übernehmen sie zugleich Verantwortung für deren Gelingen. Der eigene Anspruch an Partizipation von Kindern, den die meisten der befragten Kitaleitungen als Leitidee für ihre Einrichtung formulierten, wurde in der Praxis nicht durchgängig eingelöst, jedoch wie gezeigt über die reflexiv angelegten Methoden stetig weiterentwickelt.

Auch zeigte sich in diesem Feld das Leitungshandeln als besonders bedeutsam. Jedenfalls konnten die Fortbildungen im Hinblick auf Stärkung von Partizipationsmöglichkeiten der Kinder insbesondere dann Wirksamkeit entfalten, wenn dies von der Leitung als Entwicklungsfeld für die Einrichtung betrachtet wurde. Auf diese Weise konnte in einigen der beteiligten Kitas die Partizipation von Kindern im Rahmen der Fortbildungen deutlich stärker konzeptionell fundiert werden und im Projektverlauf nach und nach in Handlungspraktiken gewendet werden.

6.7 Kooperation im Gesamtteam

Angeregt durch die Inklusionsfortbildungen sind in vielen der Kitas Teamentwicklungsprozesse in Gang gesetzt worden. Der intensive Reflexionsprozess in den Fortbildungen hat jedoch in manchen Einrichtungen auch dazu geführt, dass schwelende Konflikte in den Teams offen zu Tage befördert wurden, welche sowohl eine konstruktive Kommunikation im Team als auch Veränderungsprozesse in Richtung Inklusion behinderten. Wenn Konflikte nicht bearbeitet werden, kann dies dazu führen, dass die Akteur:innen in den Einrichtungen in den Widerstand gehen und Veränderungsprozesse blockieren. Deshalb sind bei tiefgreifenden Konflikten weitergehende Unterstützungsmaßnahmen wie Teamsupervision notwendig. Zusätzlich könnte bei Bedarf das Thema Kommunikation und Kooperation im Team als ein Baustein in der Fortbildung bearbeitet werden. Mit Blick auf den sich fortsetzenden Trend der letzten Jahre, in denen die Teams in den Kitas immer größer wurden (Autorengruppe Fachkräftebarometer 2017) gilt es zu beachten, dass es in großen Einrichtungen mit vielen Teammitgliedern schwerer fällt, eng zusammen zu arbeiten und einen übergreifenden Austausch zu organisieren. Entsprechend wurde auch von großen Modelleinrichtungen, die am Projekt teilnahmen berichtet, dass sich die Reflexions- und Diskussionsprozesse im Rahmen der Fortbildungen und in der Arbeit mit dem Index für Inklusion im großen Team besonderes zeitintensiv gestalten und dadurch nicht im selben Maße gewährleistet werden konnten, wie in kleineren Teams, weil insgesamt nur geringe Zeitressourcen für Kooperation und Austausch zur Verfügung stehen. Die Größe des Teams sollte entsprechend sowohl bei der zeitlichen und didaktischen Planung als auch bei der methodischen Durchführung von Fortbildungen berücksichtigt werden. Für Leitungskräfte ist es wichtig, die Zusammenarbeit und Kommunikation im großen Team gewinnbringend zu strukturieren und für alle Beteiligten fruchtbar zu gestalten. Um diese Herausforderung zu bewältigten, sollten Leitungskräfte bei Bedarf Anregungen und spezifische Unterstützung erhalten.

6.8 Multiprofessionelle Kooperation

Organisationale Rahmungen und Regularien stehen im Zusammenhang mit den Orientierungen und Praktiken multiprofessioneller Kooperation in inklusiven Kitas, wie es an der Problematik der Einbindung von Integrationshelfer:innen in den Prozess inklusiver Qualitätsentwicklung der Einrichtungen illustriert werden konnte. In einigen der beteiligten Kitas waren externe Integrationshelfer:innen beschäftigt. Diese waren an den Team-Fortbildungen und an den weiteren Entwicklungen der Kitas kaum beteiligt. Als ein Grund dafür wurden die fehlenden zeitlichen Ressourcen der Integrationshelfer:innen angegeben.

Für eine inklusive Praxis ist eine Abstimmung zwischen den pädagogischen Fachkräften und den Integrationshelfer:innen, darüber wie die Teilhabe der Kinder von allen Akteur:innen bestmöglich unterstützt werden kann, jedoch zwingend notwendig.

Eine fehlende Kooperation der Gruppenfachkräfte mit den Integrationshelfer:innen ist eine wirksame Barriere für Inklusionsentwicklung. Die Zuordnung einer Person zu einem einzelnen Kind, welche sich formalrechtlich über die Feststellung eines (am Kind festzumachenden) Defizits legitimiert, führt in der Praxis offenbar häufig zur widersprüchlichen Konsequenz, dass sich frühpädagogische Fachkräfte weniger für das Kind mit einer administrativ zugeschriebenen Beeinträchtigung zuständig fühlen, während umgekehrt Integrationshelfer:innen wenig oder gar keine pädagogische Verantwortung für die Kindergruppe als Ganze oder andere Kinder übernehmen (können), obgleich ihre Arbeit in der Kitagruppe bzw. in der Kita stattfindet. Dieses Dilemma wurde von einzelnen Fachkräften im Verlauf des Projekts zunehmend kritisch reflektiert und führte in einigen Fällen auch zu Veränderungen in der Praxis, in der sich zeigte, dass Integrationshelfer:innen, die stärker alltagsintegriert und gruppenbezogen arbeiten, auch von allen Kindern als Bezugsperson anerkannt wurden.

Als Impuls für die Weiterentwicklung sollten diesbezügliche (selbst)kritische Reflexionsprozesse im „Zuständigkeitsdilemma" angestoßen werden. Parallel zur Veränderung pädagogischen Handelns braucht es aber zukünftig auch Reformen auf der Ebene gesetzlicher bzw. rechtlicher Vorgaben, damit auch auf der strukturellen und konzeptionellen Ebene die Kooperation von externen Kräften wie Integrationshelfer:innen, Frühförderkräften oder Therapeut:innen und pädagogischen Fachkräften in der Gruppe entwickelt wird. Wenn es zunächst ein (kritisches) Bewusstsein über die widersprüchlichen Aufträge der einzelnen professionell Handelnden gibt, kann dies auch zu einer pädagogisch begründeten Rollenklärung führen, die an inklusionspädagogischen Prinzipien ausgerichtet ist, sodass separierende Praktiken reflektiert und überwunden werden können.

Über die kitainternen Prozesse und Maßnahmen zur Umsetzung inklusiver pädagogischer Praxis hinaus ist es außerdem wichtig, dass der Sozialraum einer Kita und alle relevanten Akteur:innen, Kooperationspartner:innen und Institutionen miteinbezogen werden, nicht nur die Familien, sondern auch der Träger, aber auch beispielsweise Jugendämter- bzw. Sozialämter und Frühförderstellen, denn hier liegt die organisationale Verantwortlichkeit für einen Teil des in der Kita tätigen Fachpersonals.

6.9 Leitungshandeln

Die Kita-Leitung hat als Impulsgeberin und bei der fortwährenden Steuerung von Veränderungsprozessen eine Schlüsselposition.

Dabei zeigte sich ein Phänomen, das auch bereits in anderen Prozessen berichtet wurde (Jerg, Kaiser & Thalheim 2015), nämlich dass die Rolle der Leitungskräfte im Entwicklungsprozess der Kitas zur Arbeit mit dem Index für Inklusion unspezifisch bleibt. Externe Prozessbegleitung und regelmäßige Reflexionsrunden mit der Leitungskraft (ebd., S. 71) erwiesen sich dort ebenso als förderlich für die Inklusionsentwicklung wie dies im vorliegenden Fall zutraf.

Adressat:innen der Fortbildungs- und Beratungsmaßnahmen im Projekt, auf das wir uns hier beziehen, waren Kita-Teams, nicht aber gezielt Leitungskräfte. Das Projekt zielte in erster Linie auf die Fortbildung und Kompetenzerweiterung von pädagogischen Fachkräften und die Einrichtungsentwicklung als Ganze, ohne dabei jedoch die Leitungskräfte in ihrer Steuerungsfunktion bei der Organisationsentwicklung spezifisch zu unterstützen. Die Wahrnehmung der Vielfalt im Team als Ressource, eine gelingende Kommunikation im Team sowie die Achtung verschiedener Meinungen und die Einbeziehung des Teams in die Entwicklung sind wichtige Gelingensbedingungen für die Weiterentwicklung in Richtung Inklusion. Um die Voraussetzungen dafür zu schaffen, ist das Leitungshandeln gleichwohl maßgeblich.

Für vergleichbare Programme und Projekte ist daher konkret zu empfehlen, Leitungspersonen gezielt zu adressieren. In Workshops und Coachings für Leitungen können zentrale leitungsbezogene Themen wie Change-Management und Führungsstile angeboten werden. Komplementär ist es sinnvoll, kitaübergreifend Möglichkeiten zur Vernetzung zu schaffen. Insgesamt zeigt sich am Leitungshandeln auch eine Limitation in der Arbeit mit dem Index für Inklusion, der Führungs- und Leitungsstile und geeignete Methoden partizipativer und delegierender Personalführung nicht thematisiert.

Die mit dem Leitungshandeln verbundene Unterstützung durch den eigenen Träger wird von den Leitungen durchgehend als hochrelevant beschrieben. Es ist daher in vergleichbaren Projekten anzuraten, Träger frühzeitig aktiv einzubinden, um Leitungen in ihrer „Sandwichposition“ zwischen Trägerauftrag und Projektauftrag zu entlasten.

Viele Leitungspersonen mahnen eine stärkere Begleitung der Entwicklungsprozesse durch (trägerfinanzierte) kontinuierliche Fachberatung sowie insgesamt Interesse an der Qualitätsentwicklung an. Einige Leitungen äußerten außerdem den Wunsch, das Engagement der Kita für Inklusion durch den Träger auch öffentlich stärker zu würdigen, dabei wurden Träger auch aufgefordert, sich auf politischer Ebene einzusetzen um eine inklusionsförderliche finanzielle, personelle und räumliche Ausstattung zu erreichen.

7 Zum Ende: Drei Gedanken für den Anfang

In diesem Buch haben wir auf der Basis empirisch gewonnener Erkenntnisse und der Reflexion von Prozessen der Einrichtungsentwicklung über Prozessbegleitung und Fortbildungen einerseits gezeigt, welchen Gewinn es bringt, Fortbildungsmaßnahmen, die Professionalisierung und Kompetenzentwickelung einzelner Fachkräfte anzielen, prozesshaft und nicht punktuell anzulegen sowie in ein Gesamtkonzept reflexiv angelegter Einrichtungsentwicklung einzubinden. Wir haben dabei über die Analyse des reichhaltigen Datenmaterials Schlüsselthemen entwickelt und in einer Weise aufbereitet, die über die Arbeit an ausgewählten „dichten Szenen“ als Fallsituationen einen Transfer für vergleichbare Projekte, für Fachberatung und Fortbildung sowie für Leitungshandeln ermöglicht.

Drei Überlegungen verbinden insgesamt die aufgezeigten Schlüsselkonzepte und können Ansatzpunkte für die Konzeption von entsprechenden Entwicklungsprojekten und Beratungstätigkeiten bereitstellen. Diese stellen wir daher hier an den Schluss unserer Ausführungen.

1. Jede Kita ist anders: Inklusionsbezogene Einrichtungsentwicklung ist nicht standardisierbar. Die divergierenden Ausgangslagen und konkreten Situationen von Kitas implizieren flexible Maßnahmen und ein fallbezogenes Vorgehen. Impulse müssen sich anschlussfähig zeigen an die bereits entwickelten Stärken und Spezifika von Kitas, um annehmbar zu sein. Hierzu ist zu fragen: Wo steht die Einrichtung? Wie ist die Veränderungsbereitschaft einzuschätzen? Welche Ziele „passen” für diese Kita? Instrumente und Methoden sollten daher flexibel angepasst und eingesetzt werden. Ein vorgefertigtes standardisiertes Manual ist hierfür weniger geeignet als ein „Baukasten”. Dies liegt zunächst an den unterschiedlichen Profilen und Bedarfen der Kitas, aber auch daran, dass die Qualifizierungsprozesse der Beteiligten innerhalb des Teams nicht linear verlaufen. Werden Veränderungsprozesse angestoßen, kommt es in aller Regel auch zu Widerstand, Konflikten und Krisen im Teamgefüge – damit diese in eine neue Qualitätsstufe der Zusammenarbeit münden können, ist es wichtig, die dabei angestoßenen Reflexionsprozesse professionell zu begleiten, damit auch mit Widerstand souverän umgegangen werden kann und Impulse zu fruchtbaren Irritationen werden können.

2. Zusammenarbeit und Kommunikation im Team: Um im Team gemeinsam inklusionsbezogene Strategien zu entwickeln, einander konstruktives Feedback zu geben und auf die Vielfalt der Kinder und ihrer Familien einzugehen, sind kooperative Arbeitsweisen und Kommunikationsstrukturen notwendig. Damit sich die unterschiedlichen Perspektiven und Kompetenzen der pädagogischen

Fachkräfte ergänzen können, ist die Arbeit an Kulturen der Wertschätzung und Vertrauen relevant. Dies bedeutet auch, dass sich Kita-Teams darüber verständigen müssen, welche Werte ihre pädagogische Arbeit leiten, wie sie miteinander sowie mit den Kindern und Familien umgehen wollen und wie genau Werte vermittelt werden bzw. woran sich dies in der Praxis zeigt. Offenheit und Vertrauen sind dabei somit einerseits Voraussetzung und andererseits Ziel gelingender Zusammenarbeit, das über die Verständigungsarbeit zu geteilten Werten und einem pädagogischen Grundkonsens erreicht werden kann. Der Index für Inklusion (GEW 2015) kann diesbezüglich eine wertvolle Arbeitshilfe darstellen, um die verantwortungsvolle Partizipation im Team sicherzustellen. Ein strukturierter Rahmen sowie eine klare inhaltliche Steuerung durch Leitung ist dabei hochbedeutsam, um konkrete Möglichkeitsräume für Veränderung identifizieren zu können und gemeinsam Strategien zu entwickeln und voranzutreiben. Um Leitungskräfte auf die spezifischen rollenbezogenen Anforderungen vorzubereiten und sie in ihrem Führungshandeln zu unterstützen, ist außerdem eine Begleitung durch Fachberatung, eigene Fortbildungsangebote, Supervision und kollegiale Beratung auf dieser Ebene angezeigt.

3. Kontinuität: Professionalität in der Frühen Bildung umfasst das pädagogische Handeln sowie dessen Reflexion im Team und die teambasierte Arbeit an der pädagogischen Konzeption. Professionelles Handeln im Rahmen inklusionsbezogener Qualitätsentwicklung benötigt daher Zeit und Kontinuität: Im hier reflektierten Projekt wurden erfolgreich Veränderungen und Entwicklungen initiiert in Bezug auf die konkreten pädagogischen Praktiken und die hiermit verbundenen Orientierungen. Von besonderem Wert war dabei die teambasierte Arbeit. Wir plädieren daher für kontinuierlich angebotene und systematisch fortlaufende Fachberatung sowie prozessbegleitende Qualitätsentwicklung anstelle punktueller Fortbildung, an denen jeweils nur einzelne Fachkräfte teilnehmen. Notwendig ist daher vor allem die Bereitstellung eines strukturellen Unterstützungsrahmens (u. a. Freistellung für Fortbildung) sowie auf Seiten der Träger auch verantwortliches Handeln im politischen Diskurs und hier ein klares Eintreten für die mit Inklusion verknüpften pädagogischen Leitideen und strukturellen Anforderungen nach innen und nach außen, denn es geht um langfristige Veränderungsprozesse.

„Das wird auch ein ewiger Prozess sein, sowohl der Situationsansatz, als auch Inklusion. Wir werden uns immer weiterentwickeln. Wir werden uns mit jedem neuen Mitarbeiter, Mitarbeiterin, mit jedem Kind, das hier neu hereinkommt, wieder verändern. Und von daher ist das für mich auch nichts, was ich sage, das wollen wir abschließen bis zum Tag X, sondern das ist etwas, was uns immer begleitet. Der Weg ist das Ziel. Es gibt kein Ziel. Sondern das Ziel ist einfach das zu leben jeden Tag" (Leitung, Interview 2015).

Jede Person in einer Kita kann jeden Tag beginnen, denn auch kleine Schritte bringen Veränderungen in ein System. Mit geschärftem Blick gibt es im Kita-Alltag immer wieder eine einzelne Situation, die zum Nachdenken im Team anregt, den Anfang eines Prozesses bildet und am Ende möglicherweise zum Schlüsselthema wird.

Literatur

Aden-Grossmann, W. (2002). *Kindergarten. Eine Einführung in seine Entwicklung und Pädagogik.* Weinheim und Basel: Beltz.

Albers, T. & Lichtblau, M. (2014). *Inklusion und Übergang von der Kita in die Grundschule: Kompetenzen pädagogischer Fachkräfte.* München: WiFF Expertisen.

Ali-Tani, C. (2017a). Partizipation gesucht. Wie viel dürfen Kinder wirklich? Teil 1. In: *Betrifft Kinder* Heft 11–12/2017, S. 6–10.

Ali-Tani, C. (2017b). *Wie Kinder Vielfalt wahrnehmen: Vorurteile in der frühen Kindheit und die pädagogischen Konsequenzen.* www.kita-fachtexte.de/uploads/media/KiTaFT_AliTani_2017_Wie-KinderVielfaltwahrnehmen.pdf (Abruf: 07.04.18).

Ali-Tani, C. (2018). Partizipation gelebt. Wie viel dürfen Kinder wirklich? Teil 2. *Betrifft Kinder*, Heft 01-02/2018, S. 28–32.

Allmendinger, J. (2012). *Schulaufgaben.* Wie wir das Bildungssystem verändern müssen, um unseren Kindern gerecht zu werden. München: Pantheon.

Amirpur, D. (2013). Behinderung und Migration – eine intersektionale Analyse im Kontext der Frühpädagogik. *WiFF-Expertise Nr. 36.* München: Deutsches Jugendinstitut.

Autorengruppe Bildungsbericht (2020). *Bildung in Deutschland 2020.* Ein indikatorengestützter Bericht mit einer Analyse zur Bildung in einer digitalisierten Welt. Bielefeld: wbv.

Autorengruppe Fachkräftebarometer (2017). *Fachkräftebarometer Frühe Bildung 2017.* Weiterbildungsinitiative Frühpädagogische Fachkräfte. München.

Baader, M. (2009). Öffentliche Kleinkinderziehung in Deutschland im Fokus des Politischen. Von den Kindergärten 1848 zu den Kinderläden in der 68er Bewegung. In: Ecarius, J., Groppe, C. & Malmede, H. (Hrsg.), *Familie und öffentliche Erziehung.* Theoretische Konzeptionen, historische und aktuelle Analysen (S. 267–290). Wiesbaden: VS Verlag für Sozialwissenschaften.

Berger, M. (o. J.). „Wie kann ich mit meinen Kräften meinem sozialistischen Vaterland dienen?" Ein Beitrag zur Geschichte des Kindergartens in der sowjetisch besetzten Zone Deutschlands und in der DDR (1945–1990). In: Textor, M. (Hrsg.), *Das Kita-Handbuch.* URL: https://www.kindergartenpaedagogik.de/1239.html

Betz, T., Bischoff-Pabst, S., Eunicke, N. & Menzel, B. (2019). *Kinder zwischen Chancen und Barrieren. Zusammenarbeit zwischen Kita und Familie: Perspektiven und Herausforderungen* (Forschungsbericht 1). Gütersloh: Bertelsmann Stiftung. doi:10.11586/2019043

BMFSFJ – Bundesministerium für Familie, Senioren, Frauen und Jugend (2017). *Kindertagesbetreuung: Zoom.* Zoom auf: Qualitätsentwicklung und Qualitätssicherung. Berlin: BMFSJ.

Booth, T., & Ainsocow, M. (2002). *Index for Inclusion: developing learning and participation in schools.* Revised edition 2002. Bristol: CSIE. Retrieved from http://www.eenet.org.uk/resources/docs/Index %20English.pdf

Booth, T., Ainscow, M. & Kingston, D. (2006a). *Index for Inclusion: developing play, learning and participation in early years and childcare.* CSIE.

Booth, T., Ainscow, M. & Kingston, D. (2006b). *Index für Inklusion (Tageseinrichtungen für Kinder).* Lernen, Partizipation und Spiel in der inklusiven Kindertageseinrichtung entwickeln. Frankfurt am Main: GEW.

Booth, T. & Ainscow, M. (2017). *Index für Inklusion. Ein Leitfaden für Schulentwicklung.* Weinheim und Basel: Beltz.

Brugger-Paggi, E., Demo, H. & Gerber, F. (Hrsg.). (2013). *L'Index per l'inclusione nella pratica. Index für Inklusion in der Praxis.* Come costruire lascuola dell'eterogeneità. Kindergarten und Schule der Vielfalt gestalten. Mailand: Franco Angeli.

Chamberlain, S. (1997). *Adolf Hitler, die deutsche Mutter und ihr erstes Kind.* Über zwei NS-Erziehungsbücher. Psychosozial-Verlag, Gießen.

Cloos, P. (2017). Multiprofessionelle Teams in Kindertageseinrichtungen: Neue Herausforderungen für die Zusammenarbeit. In von Balluseck, H. (Hrsg.), *Professionalisierung der Frühpädagogik. Perspektiven, Entwicklungen, Herausforderungen.* (S. 145–158). 2. aktualisierte Aufl. Opladen, Berlin und Toronto: Barbara Budrich.

Cohn, R. C. (1997). Von der Psychoanalyse zur themenzentrierten Interaktion. Von der Behandlung einzelner zu einer Pädagogik für alle. Stuttgart: Klett-Cotta.

Dannenbeck, C. & Dorrance, C. (2017). Vom Wert der Inklusion. In: Amirpur, D. & Platte, A. (Hrsg.), *Handbuch inklusive Kindheit* (S. 41–50). Opladen & Toronto: Budrich.

Debatin, G. (2016). *Frühpädagogische Konzepte praktisch umgesetzt: Partizipation in der Kita.* Berlin: Cornelsen.

Dennig, T., Dupuis, A., Heck, A., Hösel, M. & Schmude, C. (2017). Projektbericht. Eine Kita für alle – Vielfalt inklusive. Ein Projekt der „Offensive Bildung. Einführung und Grundlagen für Prozessbegleiter_innen: Kindertageseinrichtungen mit dem „Index für Inklusion" begleiten. URL: https://www.caritas-speyer.de/cms/contents/caritas-speyer.de/medien/dokumente/projektbericht/2017-5-projektbericht_eine_kita_fuer_alle_-_vielfalt_inklusive.pdf?d=a&f=pdf

Diehm, I., Kuhn, M., Machold, C. & Mai, M. (2013). Ethnische Differenz und Ungleichheit. Eine ethnographische Studie in Bildungseinrichtungen der frühen Kindheit. *Zeitschrift für Pädagogik* 59 (5), S. 644–656.

Dippelhofer-Stiem, B. (2012). Beruf und Professionalität im frühpädagogischen Feld. In: L. Fried, B. Dippelhofer-Stiem, L. Liegle & M. S. Honig (Hrsg.), *Pädagogik der frühen Kindheit* (S. 129–162). Weinheim und Basel: Beltz.

DJI/WiFF. Deutsches Jugendinstitut/Weiterbildungsinitiative Frühpädagogische Fachkräfte (Hrsg.) (2013): *Inklusion – Kinder mit Behinderung. Grundlagen für die kompetenzorientierte Weiterbildung.* WiFF Wegweiser Weiterbildung, Band 6. München.

Eberwein, H. (2009). In: Eberwein, H. & Knauer, S. (Hrsg.), *Handbuch Inklusionspädagogik.* Kinder mit und ohne Beeinträchtigung lernen gemeinsam. 7. Auflage. Weinheim und Basel: Beltz.

Edelstein, W. (2006). Bildung und Armut. Der Beitrag des Bildungssystems zur Vererbung und zur Bekämpfung von Armut. *Zeitschrift für Soziologie der Erziehung und Sozialisation* 26 (2), S. 120–134.

Faulstich-Wieland, H. (2001). Gender Mainstreaming im Bereich der Kindertagesstätten. In: Ginsheim, G. v. & Meyer, D. (Hrsg.), *Gender Mainstreaming. Neue Perspektiven für die Jugendhilfe* (S. 121–132). Berlin: Stiftung SPI.

Feuser, G. (1982). Integration = die gemeinsame Tätigkeit (Spielen / Lernen / Arbeit) am gemeinsamen Gegenstand / Produkt in Kooperation von behinderten und nichtbehinderten Menschen. *Behindertenpädagogik* 2/1982, S. 86–105.

Feuser, G. (1989). Allgemeine integrative Pädagogik und entwicklungslogische Didaktik. *Behindertenpädagogik* 28 (1), S. 4–48.

Finnern, N.-K. & Thim, A. (2013). Zur Konstruktion und Reifizierung von ‚Behinderung' durch Forschung. In: Dorrance C. & Dannenbeck C. (Hrsg.), *Doing inclusion. Inklusion in einer nicht inklusiven Gesellschaft* (S. 158–167). Klinkhardt, Bad Heilbrunn.

Flick, U. (2008). *Triangulation.* Eine Einführung (2. Aufl.). Wiesbaden: Springer.

Focks, P. (2002). *Starke Mädchen, starke Jungs. Leitfaden für eine geschlechtsbewusste Pädagogik.* Freiburg i.Br.: Herder.

Franke-Meyer, D. & Reyer, J. (2010). Das Verhältnis öffentlicher Kleinkindererziehung zur Familie und zur Schule aus historisch systematischer Sicht. In: P. Cloos, B. Karner (Hrsg.), *Erziehung und Bildung von Kindern als gemeinsames Projekt.* Zum Verhältnis familialer Erziehung und öffentlicher Kinderbetreuung (S. 26–40). Baltmannsweiler: Schneider Hohengehren.

Fried, L. (2008). Professionalisierung von Erzieherinnen am Beispiel der Sprachförderkompetenz – Förderansätze und erste Ergebnisse. In: H. von Balluseck (Hrsg.), *Professionalisierung der Frühpädagogik.* Perspektiven, Entwicklungen, Herausforderungen (S. 256–277). Opladen und Farmington Hills: Budrich.

Friedrich, G. & Galgóczy, V. (2004). Komm mit ins Zahlenland. Freiburg i.Br.: Christophorus-Verlag.

Fritzsche, R. & Schastok, A. (2001). *Ein Kindergarten für alle – Kinder mit und ohne Behinderung spielen und lernen gemeinsam.* Neuwied, Kriftel, Berlin: Luchterhand.

Fröhlich-Gildhoff, K., Nentwig-Gesemann, I. & Pietsch, S. (2011). *Kompetenzorientierung in der Qualifizierung frühpädagogischer Fachkräfte*. Expertise der Weiterbildungsinitiative Frühpädagogische Fachkräfte (WiFF). Band 19. München: Deutsches Jugendinstitut.

Fröhlich-Gildhoff, K., Weltzien, D., Kirstein, N., Pietsch, S. & Rauh, K. (2014). Expertise: Kompetenzen früh-/kindheitspädagogischer Fachkräfte im Spannungsfeld von normativen Vorgaben und Praxis. https://www.bmfsfj.de/blob/86378/67fa30384a1ee8ad097938cbb6c66363/14-expertise-kindheitspaedagogische-fachkraefte-data.pdf

Fuchs, K & Peuker, C. (2006). „... und raus bist Du!" In: Bien, W., Rauschenbach, T., & Riedel, B. (Hrsg.), *Wer betreut Deutschlands Kinder? DJI Kinderbetreuungsstudie* (61-81). Berlin: Deutsches Jugendinstitut.

Fuchs-Rechlin, K. (2014). Der Einfluss des Betreuungsgeldes auf die Betreuungsentscheidung von Eltern. In Forschungsverbund DJI/TU Dortmund: *Kommunale Bedarfserhebungen*. Der regionalspezifische Betreuungsbedarf(U3) und seine Bedingungsfaktoren. http://www.forschungsverbund.tu-dortmund.de/fileadmin/Files/Kindertagesbetreuung/ Kommunale_Bedarfserhebung/Pub_U3-Ausbau_im_Endspurt_Fuchs-ua_2014-10-09.pdf

GEW (2015) (Hrsg.). *Index für Inklusion in Kindertageseinrichtungen. Gemeinsam leben, spielen und lernen*. Frankfurt am Main: Gewerkschaft für Erziehung und Wissenschaft.

Gomolla, M. & Radtke, F.-O. (2007). *Institutionelle Diskriminierung. Die Herstellung ethnischer Differenz in der Schule*. 2. Aufl. Wiesbaden: VS Verlag für Sozialwissenschaften.

Grell, F. (2010). Über die (Un-)Möglichkeit, Früherziehung durch Selbstbildung zu ersetzen. *Zeitschrift für Pädagogik* 56(2), S. 154–167.

Groos, T., Trappmann, C. & Jehles, N. (2018). *Keine Kita für alle*. Zum Ausmaß und zu den Ursachen von Kita-Segregation. Gütersloh: Bertelsmann.

Hamacher, C. (2020). *Vom Kind zum Fall. Eine rekonstruktive Studie zu Fallkonstitutionen in der Zusammenarbeit zwischen Kindertageseinrichtung und Frühförderung*. Bad Heilbrunn: Klinkhardt.

Hamacher, C. & Seitz, S. (2019). Was fällt auf? Normalität und Differenz in der (multi)professionellen Kooperation von Kindertageseinrichtung und Frühförderung. In: Esefeld, M. Müller, K., Hackstein, P., Stechow, E. v. & Klocke, B. (Hrsg.), *Inklusion im Spannungsfeld von Normalität und Diversität*. Band II: Lehren und Lernen (S. 123–130). Bad Heilbrunn: Klinkhardt.

Hamacher, C. & Seitz, S. (2020). „Was könnte denn das Kind haben?" Dynamiken der Kooperation von Kindertagesbetreuung und Frühförderung im Kontext inklusionsbezogener Professionalisierung. *Qualifizierung für Inklusion* 2(3). https://doi.org/10.21248/qfi.42

Hansen, R., Knauer, R., Friedrich, B. (2006). *Die Kinderstube der Demokratie. Partizipation in Kindertageseinrichtungen*. Broschüre des Ministeriums für Soziales, Gesundheit, Familie, Jugend und Senioren des Landes Schleswig-Holstein. https://www.kinder-beteiligen.de/dnld/kinderstubederdemokratie.pdf

Hansen, R., Knauer, R. & Sturzenhecker, B. (2011). *Partizipation in Kindertageseinrichtungen*. So gelingt Demokratiebildung mit Kindern! Weimar/Berlin: Verlag das Netz.

Hardy, I. & Woodcock, S. (2014). Inclusive education policies: discourses of difference, diversity and deficit. *International Journal of Inclusive Education* 19, 2, S. 141–164.

Hasselhorn, M. (2010). Möglichkeiten und Grenzen der Frühförderung aus entwicklungspsychologischer Sicht. *Zeitschrift für Pädagogik*, 56(2), S. 168–177.

Heine, H. (1982). Freunde. Köln: Middelhauve.

Heinrich, M. & Lübeck, A. (2013). Hilflose häkelnde Helfer? Zur pädagogischen Rationalität von Integrationshelfer/inne/n im inklusiven Unterricht. bil*dungsforschung, 10* (1), S. 91–110.

Hemmerling, A. (2007). *Der Kindergarten als Bildungsinstitution*. Hintergründe und Perspektiven. Wiesbaden: VS Verlag für Sozialwissenschaften.

Hoch, V. (2015). *Die kindorientierte Gestaltung von Essenssituationen*. https://www.kita-fachtexte.de/uploads/media/KiTaFT_Hoch_Essensituationen_2015_ 01.pdf

Hock, B., Holz, G. & Kopplow, M. (2014). *Kinder in Armutslagen*. Grundlagen für armutssensibles Handeln in der Kindertagesbetreuung. München: Deutsches Jugendinstitut.

Hormel, U. (2017). Rassismus und Diskriminierung. In Gogolin, I., Georgi, V., Krüger-Potratz, M., Lengyel, D. & Sandfuchs, U. (Hrsg.), *Handbuch Interkulturelle Pädagogik* (S. 81–86). Bad Heilbrunn: Klinkhardt.

Israel, A. (2015). *Krippenerziehung in der DDR – Frühe Kindheit in der staatlichen Institution.* https://www.kita-fachtexte.de/uploads/media/KiTaFT_Israel_DDR_2015.pdf (Abruf: 07.07.2018).

Jerg, J., Kaiser, S. & Thalheim, S. (2015). „Inklusion als Rahmen in dem alles, die ganze pädagogische Arbeit abläuft" – Erfahrungen mit dem Index für Inklusion in vier Kindertageseinrichtungen als Teil des Sozialraums und der Kommune. In Boban, I. & Hinz, A. (Hrsg.), *Erfahrungen mit dem Index für Inklusion.* Kindertageseinrichtungen und Grundschulen auf dem Weg (S. 53–62). Bad Heilbrunn: Klinkhardt.

Joyce-Finnern, N.-K. (2017). *Vielfalt aus Kinderperspektive.* Verschiedenheit und Gleichheit im Kindergarten. Bad Heilbrunn: Julius Klinkhardt.

Kaplan, K. (1993). Gemeinsame Förderung behinderter und nichtbehinderter Kinder. Handbuch für den Kindergarten. Weinheim und Basel: Beltz.

Kauffeld, S. (2001). *Teamdiagnose.* Göttingen, Bern, Toronto: Hogrefe.

Kelle, H., Schmidt, F., Schweda, A. (2017). Entstehung und Abbau von Bildungsungleichheit. Herausforderungen für die empirische Bildungsforschung mit Fokus auf der frühen Kindheit. In: I. Diehm, M. Kuhn & C. Machold (Hrsg.), *Differenz – Ungleichheit – Erziehungswissenschaft. Verhältnisbestimmungen im (Inter-)Disziplinären* (S. 63–80). Wiesbaden: Springer VS.

Klafki, W. (1974). Kategoriale Bildung. Zur bildungstheoretischen Deutung der modernen Didaktik. In ders.: *Studien zur Bildungstheorie und Didaktik* (S. 25–45). Weinheim und Basel: Beltz.

Klein, G., Kreie, G., Kron, M. & Reiser, H. (1987). *Integrative Prozesse in Kindergartengruppen.* Über die gemeinsame Erziehung von behinderten und nichtbehinderten Kindern. DJI Materialien. Reihe: Integration behinderter Kinder. Weinheim & München: Deutsches Jugendinstitut.

Kobelt-Neuhaus, D., Macha, K. & Pesch, L. (2018). Der Situationsansatz in der Kita. Pädagogische Ansätze auf einen Blick. Freiburg i.Br.: Herder.

König, A., Leu, H.R. & Viernickel, S. (Hrsg.) (2015). *Forschungsperspektiven auf Professionalisierung in der Frühpädagogik.* Weinheim und Basel: Beltz Juventa.

Kreuzer, M. (2008). Entwicklung und Rahmenbedingungen der integrationspädagogischen Arbeit im Elementarbereich. In: Eberwein, H. (Hrsg.), *Integration konkret. Begründung, didaktische Konzepte, inklusive Praxis* (S. S. 183–196). Bad Heilbrunn: Klinkhardt.

Kreuzer, M. & Ytterhus, B. (Hrsg.) (2008). *Dabeisein ist nicht alles.* Inklusion und Zusammenleben im Kindergarten. München, Basel: Reinhardt.

Kron, M. (2006). 25 Jahre Integration im Elementarbereich-ein Blick zurück, ein Blick nach vorn. *Zeitschrift für Inklusion.* https://www.inklusion-online.net/index.php/inklusion-online/article/view/185/185.

Kuhn, M. (2013). *Professionalität im Kindergarten: Eine ethnographische Studie zur Elementarpädagogik in der Migrationsgesellschaft.* Wiesbaden: Springer.

Kultusministerkonferenz (KMK) (2020). *Sonderpädagogische Förderung in Schulen 2009 bis 2018.* https://www.kmk.org/fileadmin/Dateien/pdf/Statistik/Dokumentationen/Dok223_SoPae_2018.pdf

Küspert, P. & Schneider, W. (2018). *Hören, lauschen, lernen - Anleitung und Arbeitsmaterial: Sprachspiele für Kinder im Vorschulalter – Würzburger Trainingsprogramm zur Vorbereitung auf den Erwerb der Schriftsprache.* Vandenhoeck & Ruprecht.

Largo, R. H. (2000). *Kinderjahre. Die Individualität des Kindes als erzieherische Herausforderung.* München, Zürich: Piper.

Largo, R.H. (2010). *Babyjahre. Entwicklung und Erziehung in den ersten vier Jahren.* vollst. überarb. Neuausgabe. München und Zürich: Piper.

Löser, J. M. & Werning, R. (2015). Inklusion – allgegenwärtig, kontrovers, diffus? *Erziehungswissenschaft* 26 (51), S. 17-24.

Mayring, P. (2010). Qualitative Inhaltsanalyse. Grundlagen und Techniken. 11. Weinheim u. a.: Beltz Juventa.

MacNaughton, G. (2006). *Respect for diversity. An international overview.* Bernhard van Leer Foundation, Den Haag. Working Papers in Early Childhood Development, Nr. 40. https://files.eric.ed.gov/fulltext/ED522695.pdf

Mecheril, P. & Tißberger, M. (2013). Ethnizität und Rassekonstruktion. Ein rassismuskritischer Blick auf Differenzkategorien. In: Hauenschild, K., Robak, S. & Sievers, I. (Hrsg.), *Diversity Education. Zugänge - Perspektiven - Beispiele* (S. 38–59). 6. Aufl. Frankfurt am Main: Brandes & Apsel.

Ministerium für Bildung, Frauen und Jugend (Hrsg.) (2014). *Bildungs- und Erziehungsempfehlungen für Kindertagesstätten in Rheinland-Pfalz* (BEE). Berlin: Cornelsen.

Montag Stiftung Jugend und Gesellschaft (2015). *Inklusion auf dem Weg.* Das Trainingshandbuch zur Prozessbegleitung. Bonn: Montag Stiftung Jugend und Gesellschaft.

Montessori, M. (1969). *Die Entdeckung des Kindes.* Freiburg i.Br.: Herder.

Nentwig-Gesemann, I., Fröhlich-Gildhoff, K., Harms, H. & Richter, S. (2011). *Professionelle Identität und Haltung frühpädagogischer Fachkräfte.* (WiFF) Expertise, München: Deutsches Jugendinstitut.

Nentwig-Gesemann, I., Nicolai, K. & Köhler, L. (2015). *KiTa-Leitung als Schlüsselposition - Erfahrungen und Orientierungen von Leitungskräften in Kindertageseinrichtungen.* Gütersloh: Bertelsmann.

Oevermann, U. (1996). Theoretische Skizze einer revidierten Theorie professionalisierten Handelns. In: A. Combe &W. Helsper (Hrsg.), *Pädagogische Professionalität.* Untersuchungen zum Typus pädagogischen Handelns (S. 70–181). Frankfurt a.M.: Suhrkamp.

Panagiotopoulou, A. & Rosen, L. (2017). *Zur Inklusion von geflüchteten Kindern und Jugendlichen in das deutsche Schulsystem.* http://www.bpb.de/gesellschaft/migration/kurzdossiers/258059/inklusion-in-das-schulsystem.

Preissing, C. (2000). Demokratie-Erleben im Kindergarten. In: Büttner, C. & Meyer, B. (Hrsg.), *Lernprogramm Demokratie. Möglichkeiten und Grenzen politischer Erziehung von Kindern und Jugendlichen* (S. 81–87). Weinheim und München: Juventa.

Prengel, A. (1993). *Pädagogik der Vielfalt. Verschiedenheit und Gleichberechtigung in Interkultureller, Feministischer und Integrativer Pädagogik.* Wiesbaden: VS Verlag für Sozialwissenschaften.

Prengel, A. (2007). Diversity Education – Grundlagen und Probleme der Pädagogik der Vielfalt. In: Krell, G., Riedmüller, B., Sieben, B. & Vinz, D. (Hrsg.), *Diversity Studies. Grundlagen und disziplinäre Ansätze* (S. 49–69). Frankfurt und New York: Campus.

Prengel, A. (2014). *Inklusion in der Frühpädagogik. Bildungstheoretische, empirische und pädagogische Grundlagen.* Band 5, 2. überarbeitete Auflage. München: WiFF Expertisen.

Prengel, A. (2016). *Bildungsteilhabe und Partizipation in Kindertageseinrichtungen.* Band 47. München: WiFF Expertisen.

Rabe-Kleberg, U. (2003). *Gender Mainstreaming und Kindergarten.* Weinheim und Basel: Beltz.

Reiser, H., Klein, G., Kreie, G. & Kron, M. (1986a). Integration als Prozess. *Sonderpädagogik.* 16 (3), S. 115–122.

Reiser, H., Klein, G., Kreie, G. & Kron, M. (1986b). Integration als Prozess. *Sonderpädagogik.* 16 (4), S. 154–160.

Rohrmann, T. (2009). *Gender in Kindertageseinrichtungen.* Ein Überblick über den Forschungsstand. München: Deutsches Jugendinstitut. https://www.dji.de/fileadmin/user_upload/bibs/Tim_Rohrmann_Gender_in _Kindertageseinrichtungen.pdf (Abruf 03.07.2018).

Rohrmann, T. (2012). Gender im Kontext der Arbeit mit Kindern in den ersten drei Lebensjahren. *KiTa Fachtexte.* https://www.kita-fachtexte.de/uploads/media/FT_Rohrmann_OV.pdf.

Roth, H. (1969). *Begabung und Lernen.* Ergebnisse und Folgerungen neuer Forschungen. Stuttgart: Klett.

Scholz, G. (2012). Teilnehmende Beobachtung. In: Heinzel, F. (Hrsg.), *Methoden der Kindheitsforschung. Ein Überblick über Kindheitsforschung zur kindlichen Perspektive* (S. 116–133). Weinheim und Basel: Beltz Juventa.

Schmude, C. & Pioch, D. (2014). *Schlüssel zu guter Bildung, Erziehung und Betreuung - Kita inklusiv!* Inklusive Kindertagesbetreuung – Bundesweite Standortbestimmung und weitergehende Handlungsnotwendigkeiten. Berlin: GEW.

Schmude, C. & Pioch, D. (2015). *Modulhandbuch – Eine Kita für alle – Vielfalt inklusive.* Unveröffentlicht. Caritasverband für die Diözese Speyer e.V.

Schröder, R. (1995). *Kinder reden mit!* Beteiligung an Politik, Stadtplanung und Stadtgestaltung. Weinheim und Basel: Beltz.

Seitz, S. (2007). Kinder zwischen Begabung und Behinderung. In: Carle, U., Hahn, H. & Möller R. (Hrsg.), *Begabungsförderung in der Grundschule* (S. 39–48). Baltmannsweiler: Schneider Hohengehren.

Seitz, S. (2009). *Mittendrin verschieden sein.* Studienbrief zum Modul: Integrative und inklusive Pädagogik. Studiengang „Inklusive Frühkindliche Bildung" (BIB), Hochschule Fulda.

Seitz, S. (2012). Frühförderung inklusive? Inklusive Pädagogik in Kindertageseinrichtungen mit Kindern bis zu drei Jahren. In: Gebhard, B., Henning, B. & Leyendecker, C. (Hrsg.), *Interdisziplinäre Frühförderung.* Exklusiv – kooperativ – inklusiv (S. 315–322). Stuttgart: Kohlhammer.

Seitz, S. (2014). Inklusion in der Grundschule. In: Franz, E., Trumpa, S. & Esslinger-Hinz, I. (Hrsg.), *Inklusion – Eine Herausforderung für die Grundschulpädagogik* (S. 21–29). Baltmannsweiler: Schneider Hohengehren.

Seitz, S. & Finnern, N.-K. (2015). Inklusion anschlussfähig machen – Inklusion als gemeinsame Herausforderung für Kindertageseinrichtung und Grundschule. In: Urban, M., Schulz, M., Meser, K. & Thoms, S. (Hrsg.), *Inklusion und Übergang.* Perspektiven der Vernetzung von Kindertageseinrichtungen und Grundschulen (S. 19–35). Bad Heilbrunn: Klinkhardt.

Seitz, S. & Finnern, N.-K. (2012). Inklusion in Kindertageseinrichtungen: Eigentlich ganz normal. In Albers, T., Bree, S., Jung, E. & Seitz, S. (Hrsg.), *Vielfalt von Anfang an.* Inklusion in Krippe und Kita (S. 15–27). Freiburg i.Br.: Herder.

Seitz, S., Finnern, N.-K., Korff, N. & Thim, A. (2013). *Kinder mit besonderen Bedürfnissen bis zu drei Jahren in der Tagesbetreuung.* Band 13. München: WiFF Expertisen.

Seitz, S. & Korff, N. (2008). *Förderung von Kindern mit Behinderung unter drei Jahren in Kindertageseinrichtungen.* Abschlussbericht zur wissenschaftlichen Begleitung. Münster: Landschaftsverband Westfalen-Lippe.

Seitz, S. & Hamacher, C. (2019). *Arbeitsmaterial „Inklusion in sächsischen Kindertageseinrichtungen"* – Inklusion und Gruppenprozesse in Kindertageseinrichtungen. Ein Material zur Blickschulung. Institut 3L im Rahmen des sächsischen Landesmodellprojekt – Inklusion in Kindertageseinrichtungen. Dresden: Staatsministerium für Kultur.

Seitz, S. & Hamacher, C. (2021). Schattenseiten der Optimierung – Befunde und Analysen zur Zusammenarbeit zwischen Kindertageseinrichtung und Frühförderung. Frühe Bildung 11(2), S. 119-125. https://doi.org/10.1026/2191-9186/a000528.

Seitz, S., Hamacher, C. & Horst, L. (2020). Zwischen Wollen und Sollen – Partizipationsförderliche Zusammenarbeit zwischen Kindertageseinrichtung und Frühförderung. *Gemeinsam Leben* 28 (3). S. 132–140.

Siraj-Blatchford, I., Sylva, K., Muttock, S., Gilden, R. & Bell, D. (2002). Researching Effective Pedagogy in the Early Years. *Research Report No. 356.* Norwich: Queen's Printer.

Stichweh, R. (2009). Leitgesichtspunkte einer Soziologie der Inklusion und Exklusion. In: Stichweh, R. & Windolf, P. (Hrsg.), *Inklusion und Exklusion:* Analysen zur Sozialstruktur und sozialen Ungleichheit (S. 29–41). Wiesbaden: VS Verlag für Sozialwissenschaften.

Stichweh, R. (2013). Inklusion und Exklusion in der Weltgesellschaft – am Beispiel der Schule und des Erziehungssystems. *Zeitschrift für Inklusion,* 8 (1). http://www.inklusion-online.net/index.php/inklusion-online/article/view/22/22.

Strehmel, P. (2015). Leitungsfunktion in Kindertageseinrichtungen. Aufgabenprofile, notwendige Qualifikationen und Zeitkontingente. In: Viernickel, S., Fuchs-Rechlin, K., Strehmel, P., Preissing, C., Bensel, J. & Haug-Schnabel, G. (Hrsg.), *Qualität für alle. Wissenschaftlich begründete Standards für die Kindertagesbetreuung* (S. 131–252). Freiburg i.Br.: Herder.

Strehmel, P. & Uber, D. (2014). *Leitung von Kindertageseinrichtungen. Grundlagen für die kompetenzorientierte Weiterbildung.* WIFF-Wegweiser Band 10. München: Deutsches Jugendinstitut.

Sulzer, A. & Wagner, P. (2011). *Inklusion in Kindertageseinrichtungen.* Qualifikationsanforderungen an die Fachkräfte. Weiterbildungsinitiative Frühpädagogische Fachkräfte. Band 15. München: WiFF Expertisen.

Tietze, W. (2008). Qualitätssicherung im Elementarbereich. *Zeitschrift für Pädagogik*, 54 (53). Beiheft, S. 16–35.

Tuckman, B. W. (1965). Developmental sequences in small groups. *Psychological Bulletin*, 63, S. 348–399.

United Nations (1989). Convention on the Rights of the Child. http://www.ohchr.org/Documents/ProfessionalInterest/crc.pdf.

United Nations (2006). *Conventions on the rights of persons with disabilities.* http://www.un.org/disabilities/documents/convention/convention_accessible_pdf.pdf

van Ameln, F., Gerstmann, R. & Kramer, J. (2004). Psychodrama in Personal-, Team- und Organisationsentwicklung. In dies. (Hrsg.), *Psychodrama* (S. 455–466). Wiesbaden: Springer.

Viernickel, S., Nentwig-Gesemann, I., Nicolai, K., Schwarz, S. & Zenker, L. (2013). *Schlüssel zu guter Bildung, Erziehung und Betreuung.* Bildungsaufgaben, Zeitkontingente und strukturelle Rahmenbedingungen in Kindertageseinrichtungen. Berlin: Paritätischer Gesamtverband.

Wadepohl, H. (2015). *Professionelles Handeln von frühpädagogischen Fachkräften.* https://www.kita-fachtexte.de/fileadmin/Redaktion/Publikationen//KiTaFT_Wadepohl_2015.pdf

Wagner, P. (2014). *Was Kita-Kinder stark macht. Gemeinsam Vielfalt und Fairness erleben.* Berlin: Cornelsen.

Weiß, H. (2010). Kinder in Armut als Herausforderung für eine inklusive Perspektive. *Inklusion online* 5 (4). http://www.inklusion-online.net/index.php/inklusion-online/article/view/114/114.

West, C. & Zimmerman, Don H. (1987). Doing Gender. *Gender and Society* 1 (2), S. 125–151.

Wygotski, L. S. (1986). *Denken und Sprechen.* Frankfurt a.M.: Suhrkamp.

Nkechi Madubuko
Praxishandbuch Empowerment
Rassismuserfahrungen von Kindern und Jugendlichen begegnen
2021, 228 Seiten, broschiert
ISBN: 978-3-7799-6478-0
Auch als E-BOOK erhältlich

Rassismuserfahrungen von Kindern und Jugendlichen verlangen nach einer Antwort der pädagogischen Professionen und der Sozialen Arbeit. Aus der Betroffenenperspektive heraus analysiert die Autorin, welche Haltung, Reflexion und welches Wissen als Fachkraft unabdingbar ist, um Rassismus zu erkennen und Empowerment mitzudenken. Empowerment-orientierte Handlungskompetenz, Umgang mit Unterschieden, Wirkungen von Rassismuserfahrungen und wie Diskriminierung zu begegnen ist, wird praxisnah vorgestellt und mit Beispielen zur Umsetzung verknüpft. Das Besondere: Erstmals stellen Empowerment-Trainer_innen im Buch ihre Methoden in geschützten Räumen (Safer Spaces) vor.

www.beltz.de
Beltz Juventa · Werderstraße 10 · 69469 Weinheim